1

我的阿嬤是千金小姐

2

3

1 這張照片推算是1939-40年間，父母親和祖父母等攝於
西鄉龍門村老家中。母親手上抱的應該是大哥樑鑑，連續五
個女兒，單傳的呂家好不容易生了個男丁。後排的堂兄全美
和健二是姑姑的孩子們。

2 我的外婆是一位典雅的澎湖女性，擁有一雙修長優美的
手，著墨色長袍、裹著小腳，蕙質仁心，相貌十分標緻。因
為來自書香世家，她的優雅氣質在一般鄉里中獨樹一格，
有她個人的 modest style。

3 我的阿嬤是千金小姐，來自澎湖湖西鄉西溪村陳家的女
陳吻，嫁到良文港龍門村的呂氏家族，適呂再成先生（也就
是我的阿公）。大約是民國四〇年代，當年她也是裹著小
的千金小姐。

2

1

父親
創立大東山的關鍵人物

1 2 我們的父親呂清水，是澎湖水產學校第一屆第一名畢業。當年他改造了澎湖的漁業歷史，嘉惠在地漁民，也開啟了澎湖漁業機航船的歷史。

3 4 父親曾擔任過澎湖區漁會的理事長，這些珍貴畫面，見證當年一群人如何共同成就人力船到機航船的時代。據知當年呂家還是澎湖裕隆製造的總經銷。

4

3

2

1

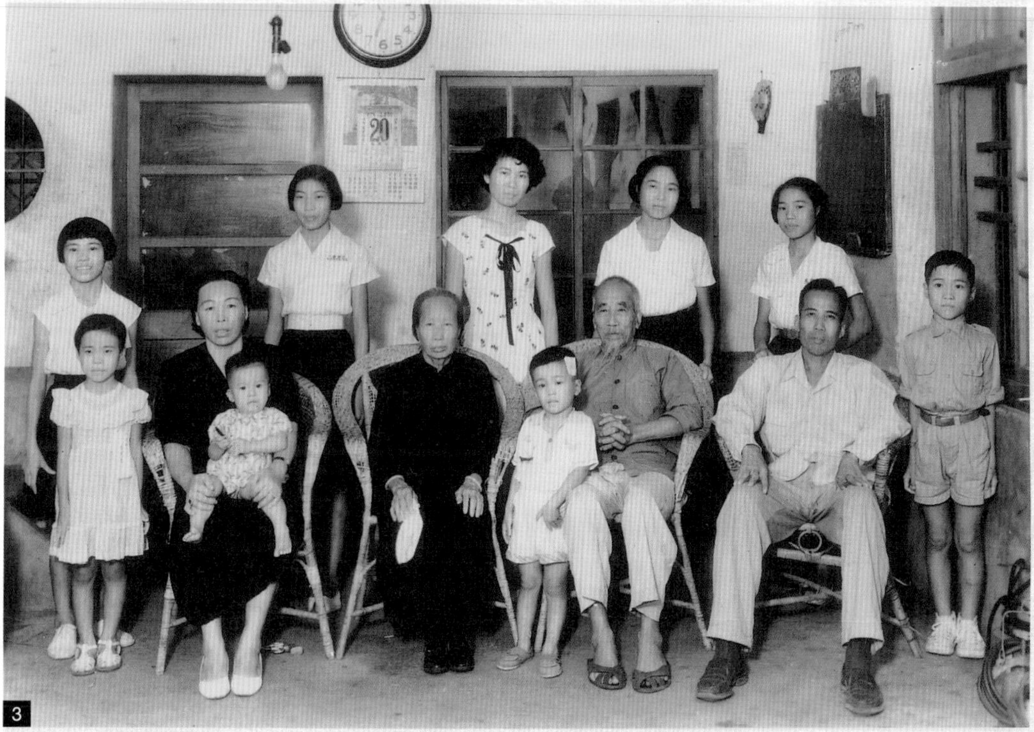

3

1 2 台灣省澎湖縣龍門村第11及12龍進號機航船進水前後圖，十分珍貴。由當時的李玉林縣長剪綵，代表手擺式人力船的淘汰，正式步入機行船的時代，幕後推手就是我父親（攝於1953年3月9日）。

3 這張老照片應該是攝於1955年間，剛由龍門村搬到馬公市仁愛路四號的家，最小的兩個女兒：我和華娟還沒有出生。當時父母親、祖父母和九個孩子合照，母親手上抱的是三哥榮鑑。

4 5 父親擔任澎湖縣議員的留影（民國五〇年代）。

5

4

恭賀
春釐
呂清水鞠躬

1

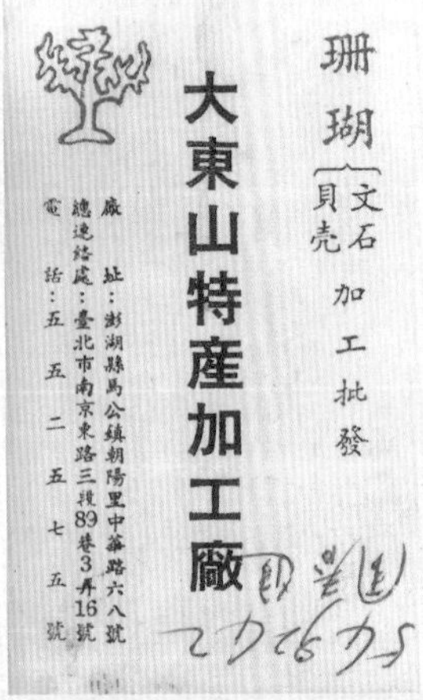
珊瑚（文石 貝殼）加工批發
大東山特產加工廠
廠址：澎湖縣馬公鎮朝陽里中華路六八號
總連絡處：臺北市南京東路三段89巷3弄16號
電話：五五二五七五號

2

3

1 父親在擔任第四、五屆澎湖縣議員期間，適逢春節時有了這樣名片式的「恭賀 春釐」卡片，寫著「呂清水鞠躬」，真有趣。

2 這張「大東山特產加工廠」的名片，是我們老工廠還設在澎湖馬公朝陽里的時代。台北聯絡處就是現今南京東路三段89巷3弄的珊瑚巷，或稱作澎湖巷，主要業務是珊瑚文石貝殼加工批發（約在創辦時的民國六〇年代，也是大東山最早的名片）。

3 爸爸晚年多坐在珊瑚巷門市櫃檯前的專屬位子閱讀報紙，五姊自美回台，和華蕙姊一同與家人們閒話家常，一家和樂。

慈母，永遠的希望珍珠

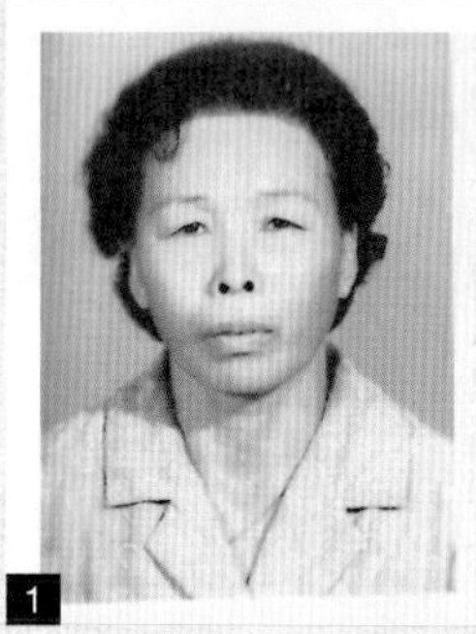

1 母親洪閨淑肖像照，感覺就像澎湖鄉村的婦女，刻苦耐勞、謹守三從四德、相父教子的傳統美德，十分踏實、樸素。

2 媽媽的三姊妹化妝上裝照片，有長姐閨淑（中）、閨緣（右）和小妹閨春（左）。閨春是她最小的妹妹，和我們最親、最麻吉，今年已經80多歲，也是湖西鄉尖山村天煌宮的創始人，造福鄉里，默默行善。

3 4 父母親還健在時，整條珊瑚巷也稱作澎湖巷，總是車水馬龍。許多親友上門拜會，母親都會嘘寒問暖，給予最親切的關照。母親的好人緣、好人氣，成為呂氏家族的良好家風。

5 五姊呂庫還在台灣尚未出國前，和母親一起在廚房會心一笑。母親常獨自一人每天一大早上菜市場買菜回來，親自煮飯給員工們和全家吃，真不簡單，將員工視如己出的精神十分偉大。

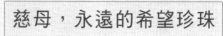

2

1

4

3

1 2 珊瑚巷時代，母親每天日課誦經、茹素，敬香敬天，十分虔誠，三十年茹素如一日，祈求全家平安，家中大大小小都是她助念的對象。從她的生活態度一絲不苟，讓我學習中不斷精進。

3 母親生前常常提及的高雄小港姨婆，都是典型的慈悲優雅偉大女性，她也是母親學習的標竿。母親每次南下時，都必定會上門拜訪請益，真不簡單。

4 母親常常在許多堆積成盤成堆的半成品中，穿珠黏首飾，在家庭即工廠的時代，我們就是這樣一點一滴、一步一腳印，一手一手打拼出，澎湖人三點水的精神。

5 爸爸每天的例行公事，就是關心時事、閱讀報紙，我們要跑到長春路和合江街間的眼鏡行幫他買老花眼鏡，母親則打扮得宜，叫喚孩子和員工們起來上工了。

6 在1970-80年代，母親和大東山員工們都會打成一片，這是大家一同出遊烤肉的鏡頭。她因為吃素，在旁陪伴大家，穿著最經典的改良式旗袍，是她最優雅的style。

7 在珊瑚巷時代，海洋專家黃秋雁先生全家來訪，母親帶著大哥樑鑑長女蕙如一同入鏡。這群孩子後來都成為醫師、博士，成就非凡，黃先生也為珊瑚產業立下一個專業里程碑。

8 母親擁有一顆慈悲大愛的心，關照員工視如己出，像一家人。

5

6

7

8

1 這是母親最佳造型，應該是當時家中有喜事，盛裝迎接親友與貴賓。她永遠雍容華貴，每一個細節都不馬虎，是我們學習的對象。

2 二哥明鑑和二嫂秀琴結婚時，與父母親一同合影留念，父母分別穿上長袍馬褂與鳳冠霞披以示對二子的祝福。二嫂賢淑持家，是我最敬仰的好嫂嫂。

3 母親永遠是大東山最佳公關、外交人才。在珊瑚巷時代，來自各國的外賓永遠受到父母最熱忱的款待，視客如親是我們提供給他們代表台灣最好的禮物。

4 媽媽的晚年十分慈悲，天天笑口常開，擁有最多的福分，樂於助人、廣結善緣，福氣最多。

5 五姊呂庫在1970年代赴美開拓新局，這是她首度返台省親，攜長孫伯夷同行。四姊呂滿（左）和父母親合影留念，十分珍貴的居家美好時光。

6 當年迎娶二嫂時的珍貴鏡頭。最右方站立著的是七姊夫陳明騫和友人，畫面中間六姊華蕙。

7 大姊華麗出閣的珍貴鏡頭，爸媽和兩位阿嬤帶領11個孩子們一同入鏡，分別是大姊華麗（居中）、二姊華鋮、三姊華照、四姊呂滿、五姊呂庫（後排右起）、大哥樑鑑（最右站立）、六姊華蕙（最左站立）、二哥明鑑（父親前）、三哥榮鑑（左前蹲下）、七姊華娟（祖母前站立）、和我華苑（母親懷抱中），十分難得，拍攝地點應該是在澎湖縣馬公市仁愛路四號的家中。

5

3

6

4

7

1

我的兄弟姐妹們

2

1 2 八位女兒要能夠聚在一起是十分難得的，我們十分珍惜每一次相聚的時光，也互相珍惜姊妹情誼。

3 4 5 6 我的個性源自母親與人為善、廣結善緣的本性，樂天知命。可與不同種族、年齡、宗教、文化、職業背景的人，一同溝通相處，人際對應之道，應該是父母的教誨與引導，才有今天的我。

3

4

6

5

華麗

大姊華麗，適張榮昌老師，育有明仁、明崑、明哲與明慧四名子女，她是我們家11位孩子們的老大，80多歲的她仍常來電殷殷給予我指教。一頭一尾，在一同出席的場合，還常被誤認是我的母親。

優勝

福

在家庭即工廠的時代，人人手上都在工作，笑口常開，都是滿滿的恩惠，我想這是最美的時光。

1 藝術大師洪根深老師所繪二姊華鍼老師肖像圖。

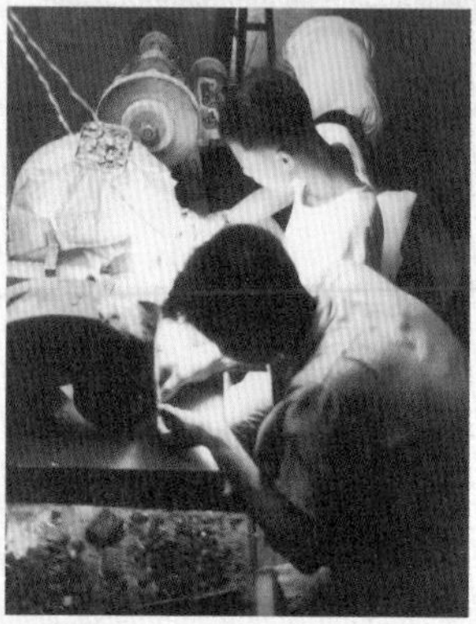

華鍼

二姊華鍼于歸王協森校長，育有玉峰、麗珺和韻珺三名子女，是一位優雅的老師，作育英才。姊夫的得意門生陳明騫先生，來自屏東高樹鄉，後來成為我的七姊夫，也就是華娟姐的先生。

華照

三姊華照嫁給三姊夫徐阿信先生，育有敏姿、誌鴻、瑛琦及誌陽四名子女，今各有非凡成就，也是典型的扶輪家庭。

1 結婚55週年（2017年7月23日）。

2 歷史性唯一的一次，13個內外孫全部集合。

2

1

東山再起
100希望

呂滿

四姊呂滿是我們最尊敬的大東山開山大功臣，她在運動和藝術方面的天賦，在讀馬公高中與國立藝專時，即表露無遺。

她富有愛心，與人為善，她努力打拼的精神，令人敬佩，是我們一輩子最感念的四姊。

呂庫

五姊呂庫是永遠的開路先鋒，自小時候就學時期都擔任班長，所有和她共事過的人都豎起大拇指，一提起她就大為稱讚，讓我們光宗耀祖的不二人選，我們都以她為榮。

她孝順善良體貼，傳承了母親的風格，外柔內剛，我在她身上學習到許多進退待人的為善之道，是我們永遠的學習標竿。

EXIT

15歲時，華蕙姐就半工半讀。

華蕙

華蕙排行老七，我們兩個一起就是7-11。所有周邊的人都知道，我和六姊默契十足，我們一同完成許多國際交流與社會服務。她有一雙巧手，能夠點石成金、化腐朽為神奇。和夫婿張子欽共育有傑明、淑心與淑怡三個子女，他們一家都十分良善，在美國時期助我良多，十分感謝。

她在馬公初中部畢業後，即負笈台北，15歲半工半讀，創作珠寶是興趣也是謀生一技之長，30歲移居夏威夷成家育兒子女，創立夏威夷大東山博物館，助人無數，人生創作50年快樂分享。

1 2 2017年赴邦交國馬紹爾群島進行海洋外交，與唐殿文大使，獲總統Hilda Heine（左二）接見嘉勉，並和夏威夷友人募集一萬隻鉛筆贈送當地兒童。

3 攝於龍門老家。

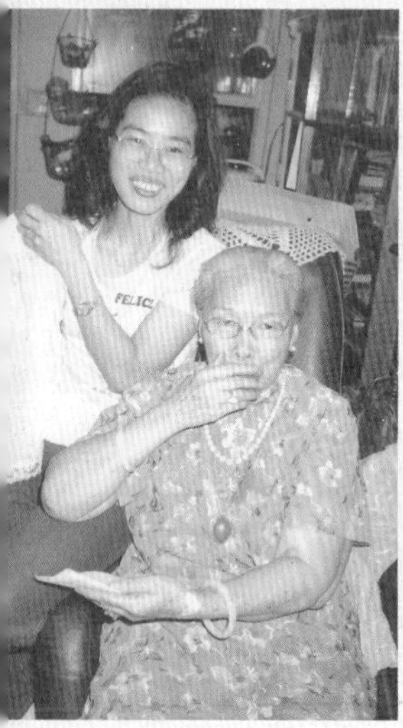

華娟

七姐華娟于歸七姊夫陳明騫（二姊夫婦的學生），育有陳建宏、陳建甫、陳建丞三子。

七姊和我年紀最接近，20年前甫完成學位，是她的呼喚將我召回台灣。我們是共同冒險、共同成長，雖然偶爾鬥鬥嘴，但默契十足，我們是最好的黃金搭檔。

她是寶石珊瑚的最佳代言人。

1

3

2

4

1 1982年我在夏威夷楊百翰大學（BYU）交換學生時和在地的孩子們相見歡。

2 1981年和華娟姊初訪美國康州，和五姊呂庫（右）及她的四個壯丁一同赴耶魯大學的中文學校學習中文。

3 眾好姊妹都是一起長大的，現在許多都退休當阿嬤遊山玩水、含飴弄孫啦！真想念當時美好的少女時代。

4 我們都和第三代的童年時代有良好互動。圖為我和六姊華蕙帶大哥和二哥的孩子到圓山公園遊玩。

1 2 當年大哥樑鑑的長子釁樂結婚，眾親友們都遠自世界各地返台，共同思考大東山的未來發展。

3 我們在1986-88年留美於康州、負笈耶魯大學碩士時，和五姊全家比鄰而居、相互照顧。我的公公謝東明校長（中）來訪時，兩家留下珍貴的相見歡照片。

5

4

4 5 呂庫五姊嫁給來自嘉義民雄的好青年許俊彥先生，也就是我們的五姊夫。當年的英俊男兒和美麗的澎湖姑娘串起大東山在美國的第一道彩虹。

6 7 最早到美國打天下的五姊呂庫，是永遠的領頭羊，自小就是班長的不二人選。

7

6

（攝影／謝水樹、黃世澤）

登山鐵腳，還是肉腳？

自小到大，我和華娟姊都是田徑隊，近年來和一群好友海倫之友登山練身，加上2017年和福氣社友們攻頂玉山，讓我的修身養性、聯誼、廣結善緣，又添加一項嗜好。

能讓這間房子的後代子孫收藏這張畫，是件榮幸的事，期待有一天，這歷史建築能以嶄新的一面呈現在國人面前（呂國正／圖文）。

大光工業社 簡介

建於1940（昭和15）年，建築牆體以硓砧石與石灰為主要構材，牆面以水泥粉光，牆邊兩側以西溪石疊砌，屋架以木材與鋼構件接合，屋面以傳統灰瓦鋪設，中間採四坡面（興亞式）、兩側則為兩坡面式的屋面，正面的入口採用折衷式立方體突出的形式。朝日貝釦工廠為陳松柏與陳松林兄弟開設，以鐘螺殼為原料加工成鈕釦，戰後與其父陳第創立的成吉製油所，合併改名為「大光工業社」，1956年以後，被國外的塑膠仿製貝殼代替，1964年開始鼓勵日商投資，並聘請三位日本技術者前來開採珊瑚，直接外銷或加工外銷，至今仍持續經營，成為傳統手工藝產業發展的代表。

從青春少女到人生不同角色的精采

1 1982年在夏威夷楊百翰大學暑期交換學生的結業式，我代表所有同學致答謝詞與接受獎狀。

2 3 4 女人善變，我的造型由少女時代到現今，除了體重加碼，無論留一頭長髮或是亮麗短髮，歲月似乎沒有在我身上留下些許印記。

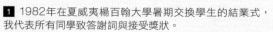

我喜歡年輕時代的我自己，灑脫、單純、富有慈悲與愛心。

TIJUANA-1981 MEXICO
pasaje
arcade
TIJUANA
MEXICO

CITY OF HONOLULU
53

MEXICO

1982年首次隨交換學生團踏上舊金山、夏威夷和墨西哥的土地。

我喜歡海洋，喜歡自由自在、灑脱，在不同地點旅行的自己，更年輕有活力。

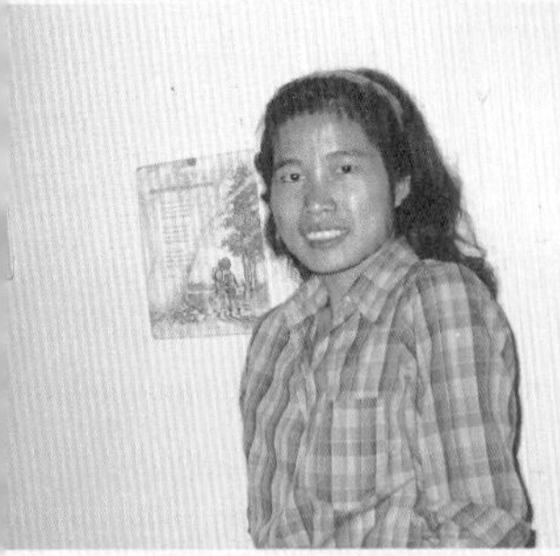

人說相由心生，不同時代的風華年紀，散發出不同的亮麗光彩。無論是早年的嫣然一笑、靦腆相對，或是嚴肅直視，都無損我一顆真誠良善的心，我就是這般灑脫自在。

4

1 2 3 2017年在故鄉澎湖及夏威夷Waikiki的Diamond Head留影。（攝影／李麗華、呂慶龍、陳綺芳）

4 獨照。

5 四姐呂滿的親筆祝福。

6 華苑肖像，黃長榮彩繪於2014年。

7 在大東山文創基地修善講堂和薛玉淮老師跳Hula舞辦活動。

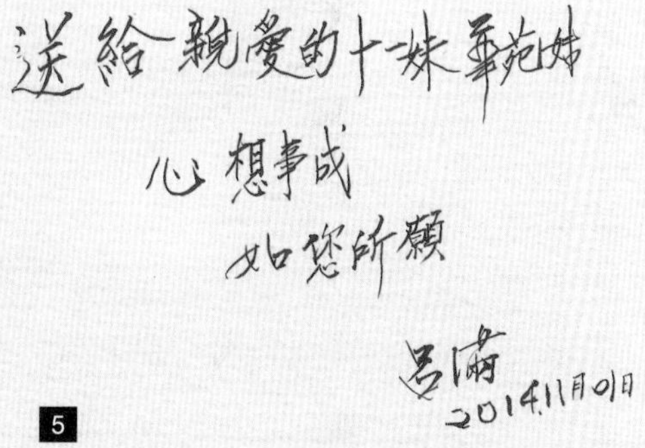

送給親愛的十一妹華苑妹

心想事成

如您所願

呂滿

2014.11月01日

5

7

6

從醫生娘、
四個壯丁的媽到酷樂阿嬤

1

2

3

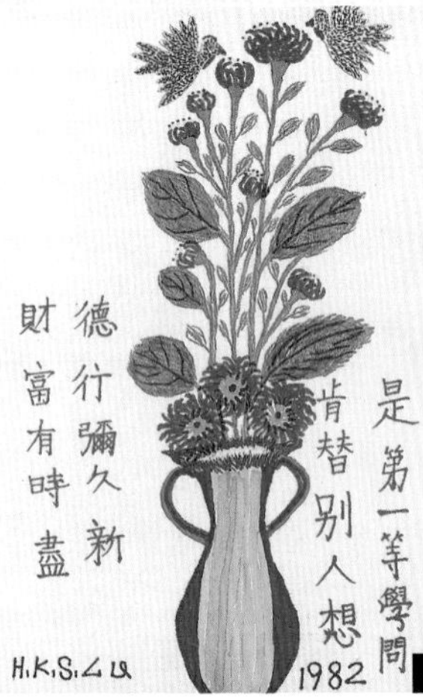

4

6

5

1 2 大姊華麗遠自高雄北上到中心診所探望母親，母親介紹當時主治醫師、許國邦醫生的得意門生：謝大焜醫師和她認識。

3 我和大焜在母親出院後，成為母親晨昏歡笑的開心果，牆壁上掛的是她66歲的彩畫紀念。她是一位十分隨和隨興，把快樂歡笑帶給大家的開心阿嬤。

4 7 8 母親以經文內容為題材，以素人畫家之姿留下百餘幅的畫作，人生智慧，百世流傳。

5 6 這是我最親近快樂慈悲的母親的一段時光，身為么女，我永遠是她的小跟班，永遠是他繪畫書字的小秘書。她教導我許多人生智慧，也開啟我許多人生不同觀感，影響我最大。

8

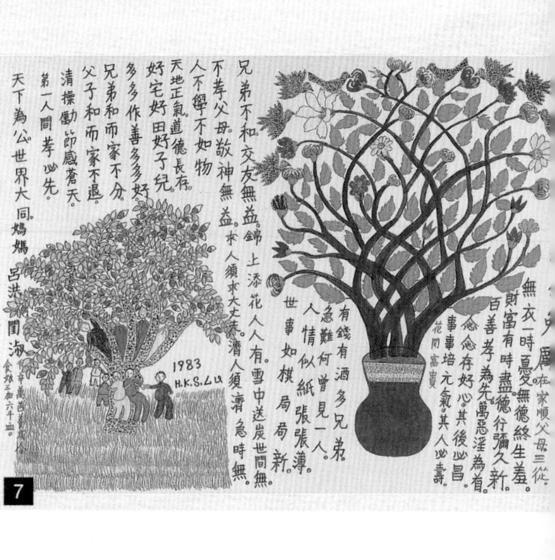

7

親愛的棕鑑、明鑑、棠鑑、玉賢、秀琴、慧莉：
修道全憑靠自心，
俗事淡看莫執著，
歷經坎坷靈性昇，
仙家妙果早得臨。
慈悲為懷
博愛大眾
我為人人
人人為我
一九八四甲子年八月十六日媽媽生克勤克儉刻苦耐勞
H.K.S.Lu

我在中心診所陪伴母親最後的快樂時光，拍照當日配戴剛剛獲得的獎牌，無時無刻想盡方法讓母親在病中天天快樂，梳妝大方得體見人，解脫她身體的病痛。

天下之事第一人間孝必先。祖先積德子孫得福。
中華民國七十三年十二月十六日心一意。步步高升。
花開富貴
萬事不由人計較。
人有善。天有從之。
上達天心。下通人意。
天門大大開。有緣快快來。
媽媽呂洪聞淑

媽媽呂洪閶淑作贈子孫留念、於七十二年十二月
上代古人行大孝。
孝順父母生孝子。
孝順感動天和地。
孝順之人增福壽。百善孝為先。
長大成人忍孝順。自然天地不虧人。
十月懷胎娘辛苦。三年乳哺娘辛勤。
H.K.S.Liu
祖先積德子孫得福。
天地正氣道德長存。
四德。
在家順父母。出嫁順丈夫。三從。
一粥一飯、當思來處不易。
半絲半縷恒念物力維艱。
宜未雨而綢繆。
毋臨渴而掘井。
一年之計在於春。
一日之計在於寅。
一家之計在於和。
一生之計在於勤。
好宅好田好子兒。
多多作善多多好。
兄弟和而家不分。
父子和而家不退。
千辛萬苦養成人。
食娘三柏六斗血。
第一人間孝必先。

1982-83年間，在醫院中陪伴母親的歲月，就是我和母親和三姊長女敏姿的工作，她後來隨夫婿李阿塗到美國紐約上州發展，我們三人三代最麻吉。當日適逢二姊夫來探病，母親很高興，大家合影留念。

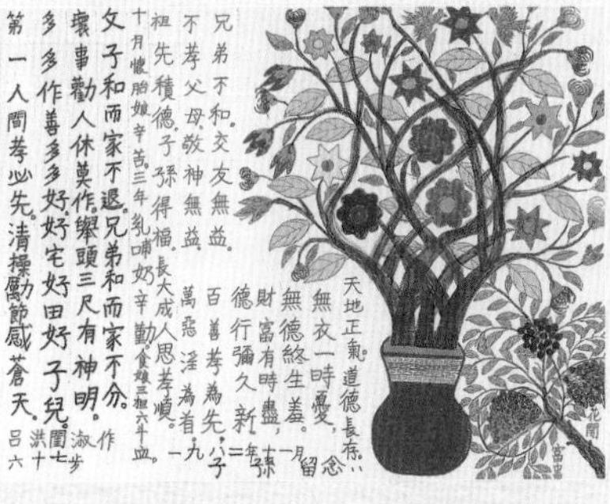
天地正氣道德長存。
萬惡淫為首。百善孝為先。
兄弟不和交友無益。不孝父母敬神無益。
祖先積德子孫得福。
多多作善多多好。好宅好田好子兒。
第一人間孝必先。清操勵節感蒼天。

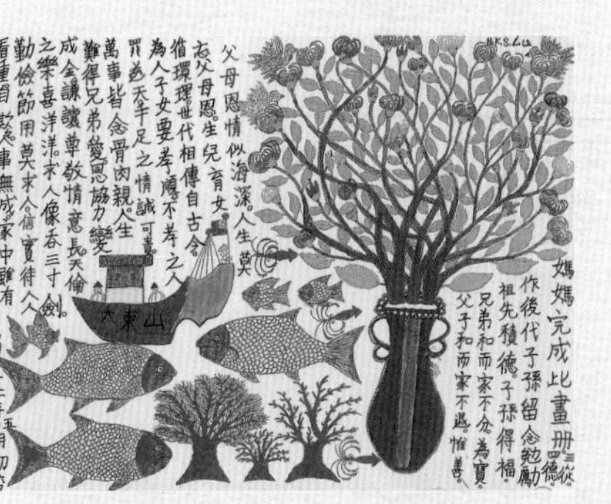
媽媽完成此畫冊
大東山

同享大東山天然寶藏，共創真善美人生

母親的字畫 Mom's Paintings

大東山
Lucoral Group
Since 1963

大東山珊瑚寶石博物館 藏珍

1 2 3 我和來自彰化二水的謝大焜醫師，於1983年7月15日在圓山大飯店金龍廳舉行婚禮。

4 結婚是人生最美好的一刻，眾同學們、好姊妹們、晚輩，都一起來道賀。

6

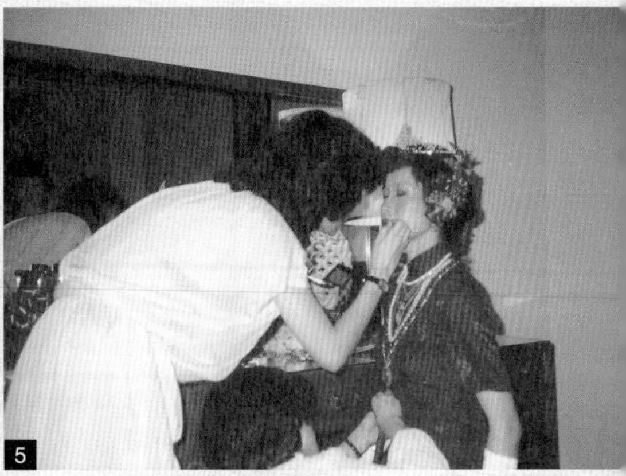

5

5 真正首次上妝打扮是當新娘子時。平常我都是以素顏對人，頂多抹上口紅，看起來較為神采奕奕，其他都是自然美。

6 當年舉辦婚禮時，時任副總統的謝東閔先生蒞臨致賀。圓山大飯店金龍廳的安檢層級提高，很不好意思的是，讓許多與會賓客都要延遲開飯時間。

7 在圓山飯店甫辦好婚禮，男方眾親友群聚天母家中小聚，居中者是大焜的外公，遠自宜蘭出席外孫的婚禮。

8 我的結婚典禮，是由大哥樑鑑帶我進入禮堂的。因為父親在我高中時就不在了，長兄如父，我和大哥共事的年代，負責財會工作一向工作認真與大家合作融洽（攝於1983年7月15日）。

8

7

1 2 3 一個城市待了兩年以上，能稱作我們的第二故鄉，夏威夷火奴魯魯市之於我就是如此，而我也在那裡生下了兩個小寶寶（1984、1986年）。1980年代，大東山在Honolulu有零售據點，店裡聘請日本籍的門市小姐顧店。

50% OFF
ENTIRE INVENTORY

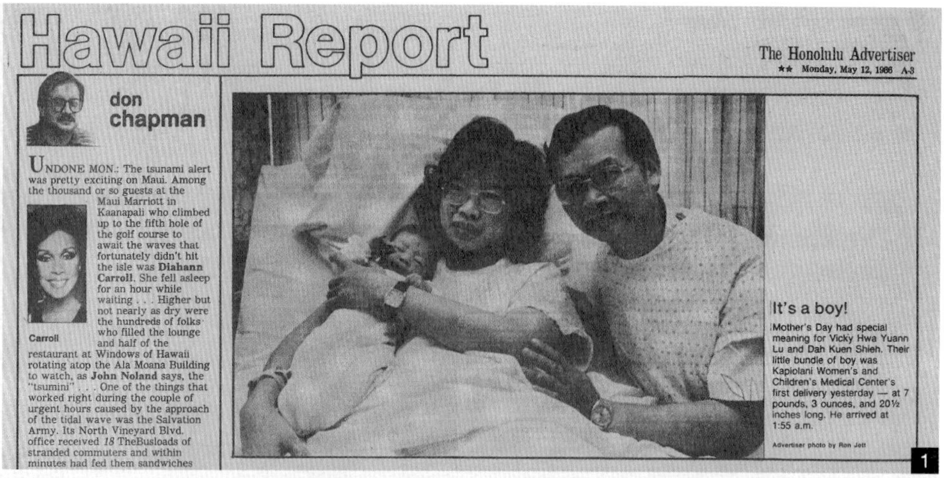

Hawaii Report

The Honolulu Advertiser
★★ Monday, May 12, 1986 A-3

don chapman

UNDONE MON.: The tsunami alert was pretty exciting on Maui. Among the thousand or so guests at the Maui Marriott in Kaanapali who climbed up to the fifth hole of the golf course to await the waves that fortunately didn't hit the isle was **Diahann Carroll**. She fell asleep for an hour while waiting . . . Higher but not nearly as dry were the hundreds of folks who filled the lounge and half of the restaurant at Windows of Hawaii rotating atop the Ala Moana Building to watch, as **John Noland** says, the "tsumini" . . . One of the things that worked right during the couple of urgent hours caused by the approach of the tidal wave was the Salvation Army. Its North Vineyard Blvd. office received *18* TheBusloads of stranded commuters and within minutes had fed them sandwiches

Carroll

It's a boy!

Mother's Day had special meaning for Vicky Hwa Yuann Lu and Dah Kuen Shieh. Their little bundle of boy was Kapiolani Women's and Children's Medical Center's first delivery yesterday — at 7 pounds, 3 ounces, and 20½ inches long. He arrived at 1:55 a.m.

Advertiser photo by Ron Jett

1

1 1986是很奇特的一年。母親三月底在夏威夷往生，我們扶靈柩返台，完成她的後事。我再回到夏威夷待產，立志的誕生如同是母親送給我的一份禮物。排行老二的孩子謝立志（Richard Lu Shieh），誕生於1986年5月11日，那天是母親節，他是Oahu第一個在母親節誕生的寶寶，次日登上《The Honolulu Advertiser》的《Hawaii Reportr》新聞：It's a boy! 這也開啟了我登上媒體、長期與傳媒溝通的第一次處女秀，真是太神奇啦！

2 康州的房子，是我和家人伴讀生涯時期（1986-88）棲息的窩，感恩我人生中每一段幫助過我的人、事、物、地和在地情感。

3 謝大焜的舅舅和舅媽都是醫生，在宜蘭車站附近開「第一眼內兒科」診所，多年服務在地鄉梓。外公是一位教育工作者，當時天母家中牆面上的墨寶即出自他的手。

4 1983-1984年間，呂家有女初長成，在台北珊瑚巷、也是澎湖巷內的日子，牆面上的「敬業樂群」，就是當年倡導「家庭即工廠」的謝東閔副總統所賜給呂家的墨寶。

2

4

3

5 1988-1997年，在密西根大學留學修博士的日子，大焜的指導教授群有來自世界各地的不同民族：日裔、猶太裔、日耳曼族、盎格魯薩克遜白人，宗教信仰更是不同，生活禮儀也不同。

6 和家人們的團聚，永遠是最快樂的，尤其是在海外留學時，感謝二哥二嫂在紐約曾經共同度過美好的相聚時光。

7 8 9 四個壯丁的誕生到成長，帶來許多的歡樂與忙碌，我也伴隨著他們的成長過程一同遊歷各地，增廣見聞、一起成長。

1

2

3

4

1 2 3 4 5 6 立根是長孫、長子，是謝家第一個誕生的小baby，童年時代備受各家長輩的疼愛。我們時常到台大拜會海洋研究所孫志陸教授夫婦，徜徉在台大校園，立根也是孫大哥和大嫂的乾兒子。

7 林祥建醫生的夫人鄭萊頤女士（現任天主教博愛基金會董事長），帶著她們的子女和我們合照。其大女兒林衍君（前）是大焜的乾女兒，今日承其父親之衣缽，是一位優秀的牙科醫師。

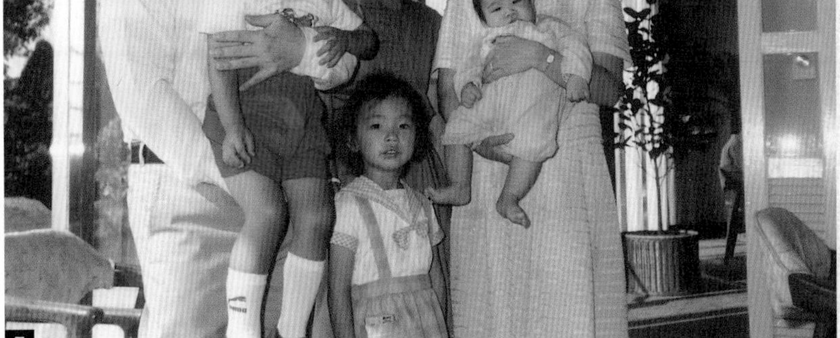

1 十年寒窗，在美伴讀歲月多處寒帶，穿著雪衣到處走，和孩子們一起成長，是我生命中最做快樂無憂的時光，也奠定後來的人生開闊視野和觀察能力。

2 1997年甫返國，帶著四個壯丁四處拜訪親朋好友與向長輩請益，孩子們十分活潑好動，天真無邪。

3 20年前返台，全部家當就是海運回台的100多箱書（都疊成一座牆了）。當時立刻投入職場，家中變成孩子們嬉戲的空間，那是一段職業婦女、家庭主婦一根蠟燭兩頭燒的日子。

4 立品（右）1997年返台時才四歲，送入鄰近的托兒所就讀。小小孩的畢業典禮，得意的抿嘴一笑。

5

6

8

7

5 我和老三立文，在密西根安娜堡市的密西根大學有家眷宿舍，家門前擺攤yard sales合照，留下歷史紀錄。

6 7 8 這四個孩子，在美國留學年代是很簡樸克難的生活方式，但是孩子們透過不同人文與風俗習慣，並親近各種地質地貌與文化，奠立後來成長的世界觀。

快樂阿嬤全家福

這是我們2017年所拍的全家福照片，五月時長孫阿寶來報到，帶來喜悅歡笑，我們留下珍貴的合照，希望珍珠的光華，印刻在每一個家人的臉龐上。

為了出書，特別在大東山總部及博物館留影。攝影／黃世澤

我和我的國際崇她台北一社社姊們，自2000年加入後近17年間，我於2008-10、2016-18兩度擔任社長，我們共同完成了許多協助婦女和小孩的社會服務和幫助弱勢的活動，且自娛娛人，從舞蹈、合唱團等表演，為大家帶來許多歡笑。

被人需要、為人服務的福氣哲理

國際崇她台北一社五十週年慶
50th Anniversary of Zonta International Taipei I

特刊致詞

愛的力量最可貴

時間過得真快，轉眼國際崇她社台北一社已成立五十年之久，值此半世紀週年慶，身為元老會員，我衷心祝賀會員姊妹們身心健康，鴻圖大展，會務蒸蒸日上，造福人群。

國際崇她社是一個集合菁英職業婦女投入社會公益活動的組織，台北一社是我國職業婦女第一個參加國際婦女組織的團體，所有的成員都在職場上各有所長，且都是關心弱勢而無私奉獻的好女子，有錢出錢、有力出力，五十年來耕耘臺灣寶島這塊土地，把愛與溫情傳送到全球最需要贊助的人的手中。除此之外，我們也將關懷觸角擴及國際社會，發揮中華女子的柔性特質，撫慰貧病人士，不單為自己的國家且點亮遙遠地方的燈火。因此，在臺灣我們贏得受助者感激的笑容，在海外我們贏得國際友誼，而我們自身的收穫也豐碩又甜美。

偉雲自年輕時就以服務國家社會為志，至今難忘與國際崇她台北一社姊妹們共同募款、舉辦義賣等慈善活動，再將善款轉化為愛的元素，深植人心與社會；以及昔年多次為孟加拉鑿井取水解水荒、捐款解決捷克創社年費等難題等點滴，驀然回首，更加體悟「那含淚播種的人，必含笑獲享收成」的真理。

今年三月七日馬英九總統頒授「大綬二等景星勳章」予偉雲，我願將此殊榮與全國婦女姊妹們分享，國際崇她台北一社猶然，因為個人力量十分有限，若非情比金石的姊妹們同心協力，何能一路走來既關注婦女議題，盡力照顧弱勢所需，賑災救濟不分國界，推動國民外交的同時，又築起兩岸婦女溝通橋樑……。我珍惜這分榮耀，而它給我更多新起的力量，讓我走更長遠的路，做更多的事。

今逢國際崇她社台北一社慶祝五十週年社慶，期望全國崇她社友當發出宏願，擴展服務範圍，增加服務對象，愛的力量最可貴也最強韌。當春風吹拂，大地欣欣向榮，人間有希望，明天才會更美好。期望全國姊妹們繼續努力！

國際崇她26區創區總監
辜嚴倬雲
西元 2013 年 10 月 17 日

50th
國際崇她
台北一社
十週年慶
50th Anniversary of

寬容

ZONTA

1 2 3 4 5 30年至交好友，高中同學黃香伶肖像與畫作。

6 忘年之交

Andrea Cereda是義大利飛利浦的採購代表，我們在2000年總統府前廣場的書法揮毫活動認識。我們亦師亦友，她教導我許多IT產業的資訊，補足我在這產業和設計的要領，他和沈浩亮先生都是我最好的良師益友。

7 8 出身於台灣的楊逸鴻博士，於1993年在美國密西根州創立CQC安養中心（Citizens for Quality Care），已成為中外人士取經的高齡照護典範。

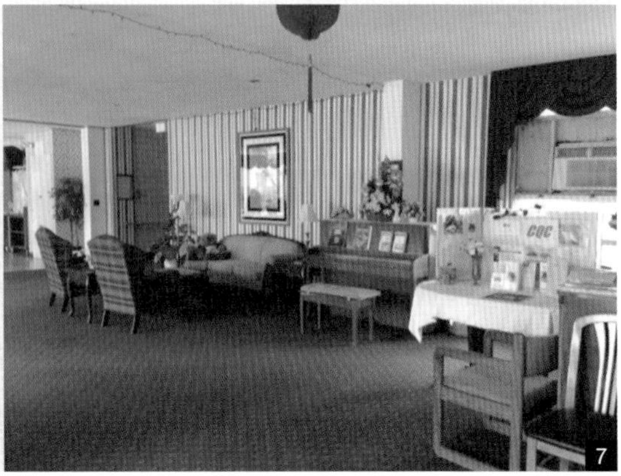

福氣社真福氣

2017年7月8日台北福氣扶輪社首敲，7月22日3482地區總監D.G.Skin公式拜會，並邀請呂慶龍大使加入福氣社，擔任榮譽社友。

國際扶輪3482地區台北福氣扶輪社與5000地區夏威夷Waikiki扶輪社，於2017年10月7日締結姊妹社。（攝影／李麗華）

國際扶輪3482地區福氣扶輪社，於2017年與3470地區馬公扶輪社締結友好社，並響應國際扶輪環保愛地球澎湖植樹活動留影。（攝影／李麗華／陳綺芳／呂慶龍）

Collection

高品質雙A等級日本Akoya海水珍珠項鍊
日本珍珠直接授權，大東山珠寶品質保證
人工挑珠日本Akoya海水珍珠，限量生產，擁有與眾不同的優越感及珍藏價值。
顆顆圓潤並且呈現天然亮麗粉色光澤

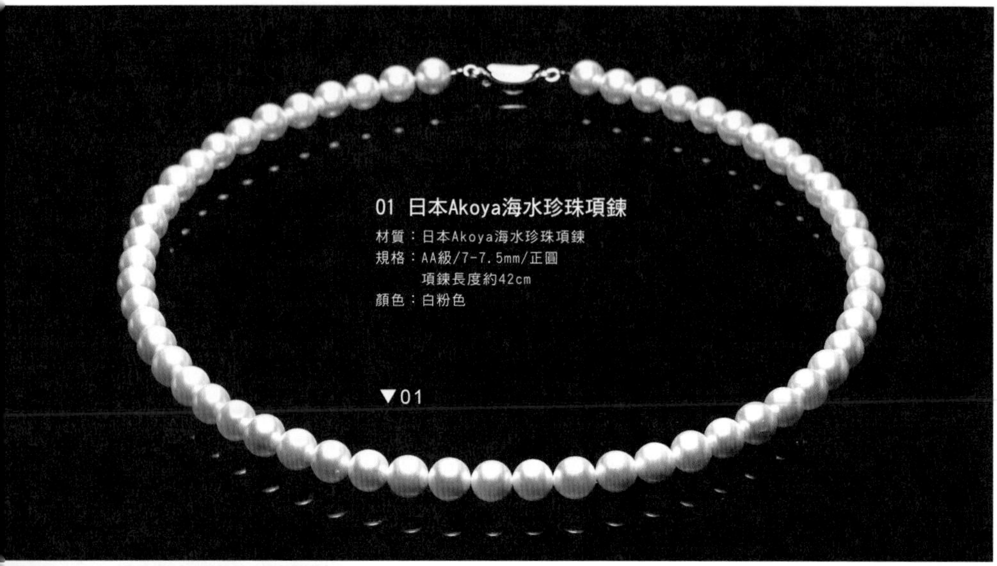

珍珠精神，成就企業光華

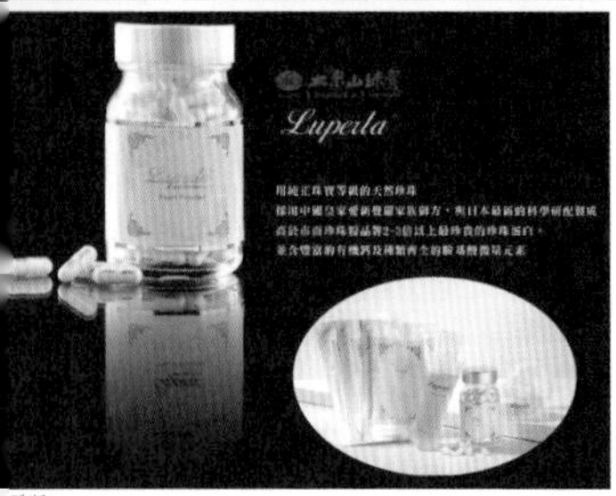

珠粉

珍珠與其他寶石不同，它無需經過琢磨，已經是一件漂亮奪目的飾物，這也是它的獨特之處。珍珠是寶石之后（Queen of Gems），因為珍珠是有機物體，來自於大自然資源裡有意義的智慧和愛心，沒有其他珠寶可與它相比。

大東山珠寶
Lucoral & Lupearl

50年老字號品牌／優質服務

大東山珠寶不斷的在對珠寶設計及品質的把關努力，以大自然為設計概念發想，展現出與眾不同的獨特品味，每一件飾品都經過專業且嚴謹的金工師傅精心打造，讓每顆寶石都能夠在您的身上，綻放出最耀眼動人的光芒。

Pearl Necklace
珍珠項鍊
Select length
長度選購參考

大東山珠寶打造優質珠寶品牌
為追求時尚的客戶提供高品質珍珠。

當您準備選購一串珍珠項鍊作為禮物送給您的親友或是您自己時，您應當考慮到什麼樣的長度是最合適的。珍珠項鍊的長度應該和佩戴者的身高、穿著相配，按其長度傳統上分了以下幾類，以佩戴者身高165-170cm，體重45-55kg為參考。

還有一點需要注意的是，珍珠拿起來比其它類型的項鍊寬一點，所以它的長度要做得稍長一點，對於一些大顆珍珠，那就建議做成更長一點的項鍊，因為珍珠本身已相當大了。

珍珠項鍊是屬於個人佩戴的珠寶，具有個性的特點，長度也就因人而異，所以一個好的珠寶網站應該能夠提供多種的珍珠項鍊長度。

Pearl Necklace
珍珠項鍊
Choose Pearl
挑選珍珠

珍珠尺寸

珍珠的大小與形狀得看它生長的軟體動物的種類、植核的大小和它生長的環境來決定。養珠人為了要收獲大又圓的珍珠，就選擇較大的珠貝，植入較大珠核，如南海養珠。同時珍珠的大小和形狀直接反映了它生長的水的溫度、水質和其中包含的化學物質，也透露了孕育它的珠貝的健康程度。

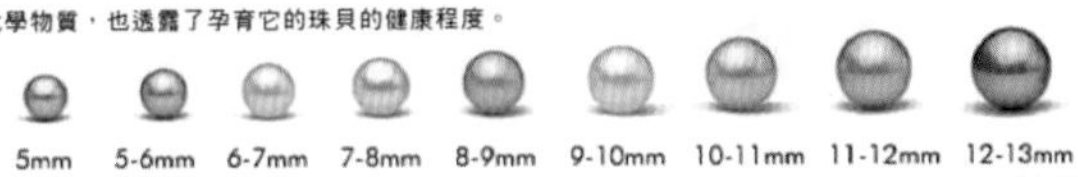

珍珠形狀

在評論方面，完美的圓型珠是最值錢的。然而對於現代設計師來說，不規則形或特殊造型的珍珠，反而能帶給他們更多的靈感，而創造出獨一無二的作品。

珍珠顏色

珍珠的顏色有如天邊的彩虹，或畫家的調色盤。最迷人的是它由內而外散發出一層光暈，而產生捉摸不定的次色，形成了它的表面色調，珍珠的顏色來源，大部分歸功於它形成珍珠層的貝殼硬蛋白其中含有的有機色素，但組成珍珠層的散時結晶則是白色或透明無色的。

Pearl Necklace
珍珠項鍊
Species
珍珠種類

南洋珠 South Sea

主要可分為三種顏色，金珠及白珠多產於印尼、菲律賓及澳洲等南太平洋海域，而神祕多變黑珍珠產於大溪地。南洋珠珠層較厚，尺寸大，呈現飽合皮光，為最珍貴的珍珠品種。

日本珍珠 Akoya

又稱日本珠或AKOYA，為日本海水養珠，此種珍珠通常體型較小，形狀規則，顏色為白或白帶粉，皮光耀眼亮麗，在日本傳統的習俗中，女兒成年將送珍珠項鍊為成年禮。

彩虹珍珠 Mabe

又稱MABE(馬貝珠)，為本公司特有貝種-企鵝貝，養殖於海南三亞自家養殖場，世界上的海域能養出企鵝貝品種的海域不到1%。珍珠沿著半面生長，珠面呈現彩虹光。

台灣寶石珊瑚藝術之美

攝影／林義守

珊瑚 Lucoral

貴重珊瑚貴在其天然生長於水深100~2000公尺之海底世界，俱有自然優雅之色澤，質才柔美，且不可以人工養殖。

深紅珊瑚 AKA Coral

俗稱阿卡珊瑚，意指血紅色的珊瑚，為珊瑚中最高級且最稀有的品種，是近年來陸客爭相收藏的極品珊瑚。

產地：台灣

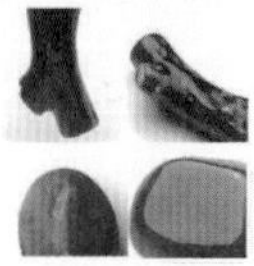

桃紅珊瑚 Momo Coral

又稱MOMO珊瑚，意指桃子的顏色，顏色多為橘色由粉到橘至紅都有，珊瑚時常帶有乳白點，為桃紅珊瑚常見特徵。

產地：台灣

粉珊瑚 Pink Coral

顏色為粉色，珊瑚時常帶有乳白點。

產地：台灣

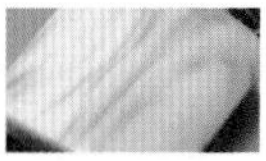

全紅珊瑚 Red Coral

又稱沙丁或沙丁尼亞珊瑚，顏色為紅色，珊瑚無任何白點，為全紅珊瑚特徵，市面上的紅珊瑚多為此類。

產地：義大利地中海

玫瑰珊瑚 Rose Coral

為一般淺海造礁珊瑚，顏色多為暗紅色，表面較深海珊瑚為粗糙。

產地：世界各地淺海海域

貴重珊瑚 與 造礁珊瑚

以珊瑚來說，一提到珊瑚我們就會直覺性的聯想到白白的”珊瑚礁”，那就是在珊瑚分類中的”造礁珊瑚”，這種珊瑚受到華盛頓國際公約所保護，是不能開採的，而能夠製成寶石的珊瑚卻是與造礁珊瑚完全不同的”貴重珊瑚”。

貴重珊瑚

造礁珊瑚

大東山珠寶
since 1963
Lucoral & Lupearl®
典藏一世的典雅與莊重
超過半世紀的大東山珠寶，以珊瑚起家，
從珍珠養殖，到加工、設計，乃至展店全世界，
以彩虹珍珠帶出高貴與希望的品牌形象。
更榮獲美國第一夫人的加持，
以大東山珍珠展現其端莊與自信的外在、豐盛與均衡的內在，
充分傳達出現在女性所具備的標竿精神。
大東山珊瑚寶石股份有限公司
Lucoral & Lupearl Corp.
大東山文化創意有限公司
Luperla Creative Cultural Company (LCCC)
10489台北市中山區南京東路三段90號6Ｆ
Tel:(02)2506-5636/2506-9191 Fax:(02)2506-1551 E-mail:luperlatw@gmail.com
6F., No.90, Sec. 3, Nanjing E. Rd., Zhongshan Dist., Taipei City 104, Taiwan (R.O.C.)

影響力人物｜2

呂華苑——著

澎湖女兒的珍珠人生

被人需要，為人服務的福氣哲理

Daughter of Penghu

A Pearl's Life

by Pearl Lu

推薦序

以珍珠精神，活出台灣企業生命力

施振榮／宏碁集團創辦人．智榮基金會董事長

面對全球大環境變化，台灣產業在現有的優勢基礎上，如何與時俱進，利用新科技，掌握人工智慧、大數據、雲端及物聯網等大趨勢，為台灣的大未來及早佈局。此外，為提升台灣的競爭力，最重要的就是要「改變思維，資源重置」。我們資源的投入，也要強化在創造市場，聚焦華人優質生活創新應用，政府提供誘因引進民間資源及承諾，並由民間主導。相信只要做得早，做得小，迎接創意經濟、體驗經濟、共享經濟的新機會到來。

倡導東方矽文明，翻轉思維

台灣的新願景，要以打造台灣成為「世界的創新矽島」（Si-nnovation）及「東方矽文明的發祥地」（Si-vilization），因為文明演進與科技有關，科技是核心。過去台灣在物質文明（3C硬體）的發展做出許多貢獻，未來應該要在精神文明方面也做出更多貢獻，而且正好可以透過打造智慧城市，進一步體現東方矽文明的精神。台灣在美學藝術音樂生活文化方面，有幾個企業及團體，如今已經發展出足以代表華人的品牌象徵，影響力也逐漸展現，例如李安的電影、林懷民的雲門、

朱宗慶的打擊樂、吳興國與林秀偉的當代傳奇劇團、誠品書店、李宗盛、周杰倫、吳寶春等，在時尚生活文化領域，有大東山珠寶、王陳彩霞的「夏姿．陳」，以及楊惠姍琉璃工房等品牌。

我向來以推動「品牌台灣」為使命，台灣精品品牌協會就是集結產業尖兵，結合大家的力量，大家可以一起為推動「品牌台灣」盡一份心力。我是在擔任自創品牌協會理事長時，認識了大東山珠寶集團的呂華苑總經理，當時就對呂總熱心參與協會會務印象深刻，她對會務推動也做出許多貢獻，加上呂總公司經營的產品為珊瑚珠寶，非一般的工業產品，相對較為特殊，因此我們在品牌協會有十餘年的情誼，其實我和大東山結緣更早，當年我與紫華的結婚禮物，就是選擇大東山。

呂總一路走來，積極打造品牌，要讓台灣特有的美麗珊瑚走上國際，推廣到世界的舞台，在她和家族成員的堅持不懈下，如今許多國際名人都曾穿戴大東山的珠寶，不僅成功達成國民外交，也讓更多國際友人體會到台灣珊瑚之美。

台灣有「珊瑚王國」美譽，與日本、義大利並列為世界三大生產國；而台灣珊瑚產業的源頭，正是一九六三年由呂清水創立的「大東山珠寶」。台灣珠寶第一品牌「大東山珠寶」（Luperla），從澎湖小漁村的加工廠發跡，如今不僅擁有上中下游完整產品線，成為全球最大珍珠珊瑚寶石的供應商之一，更以自有品牌打入國際，獲得各國第一夫人的青睞。

因此當華苑告訴我她即將出版《澎湖女兒的珍珠人生：被人需要，為人服務的福氣哲理》，希望我能為這本書撰寫推薦序時，真的感到非常榮幸與喜悅。華苑是大東山珠寶集團創辦人呂清水的八女，二〇一七年正逢華苑返國二十年，多年來均扮演家族事業體對外發言人的角色，二〇一六年五月由大哥樑鑑手上接任大東山集團董事長一職。

從曬魚乾的小女孩到企業CEO

她在書中提到：「我在四、五歲時，負責幫阿爸『叫人』，一看臭肉魚運到，堆成一座小山，我即跑到嵵裡村內每一戶敲門找工人，人多動作快，許多工作就完成了。當在地婦嫗們頭戴斗笠，臉包圍巾，就是俗稱的澎湖『蒙面女郎』裝扮，將煮熟的臭肉魚一條條，整整齊齊排列在嵵裡海邊前的竹架上，陣陣的魚腥味，配上徐徐的海風，一種給人滿足喜悅、安定的氣息。」令人動容。

從曬魚乾的小女孩到擔任企業CEO，我想到今天，華苑可以召集一群伙伴一同工作，扮演溝通協調的角色，雖然是十一個孩子中的老么，卻養成隱形的領導性格，大概是當年嵵裡曬魚乾的日子和環境，擔任小工頭，挨家挨戶懇請鄰居鄉親來協助父母一起曬魚，給予她的磨鍊。

我們也可以從這本書裡，看到呂家的孩子虛心謙和的把自己當作珍珠，接受刺激、挑戰，激發珍珠般的溫潤光華，可以說是以珍珠精神，活出台灣企業生命力最佳的寫照，也是來自澎湖子女譜出的家族生命之歌。「大東山」是當年創辦人歸零後讓家業東山再起的奮發初衷，如今在第二代的呂華苑帶領下，家族如何齊心守護，再創企業的新高峰，將是最大的挑戰。

家族齊心守護，再創企業高峰

華苑希望經由這本書，讓大東山品牌從澎湖走到台灣，繼而成功走向世界的舞台，此次出書，她將一路走來致力推廣珠寶文創的歷程，與更多年輕朋友分享，相信藉由她的故事，定能對許多有心投入創業的朋友有所啟發，在此將本書推薦給各位讀者。尤其二〇一八年世界最美麗海灣國際組織年會，將在澎湖舉行，身為澎湖女兒的她也想藉此讓更多人認識澎湖，讓世界看見台灣與澎湖。這也是華苑擔任 CEO，很不一樣的地方，推廣澎湖、國民外交與國際服務，以及擔任福氣扶輪社社長與崇她社社長，多方投入與推動社會服務與公益工作。

這本書非常值得台灣企業的領導人與家族成員仔細閱讀，對於企業經營與家族傳承亦著墨甚多，一個企業能持續經營超過五十年，其成功之道相信更是所有讀者最想知道的。我則特別感動書中提到華苑的母親——呂洪閨淑女士在世時，曾繪醒世格言「財富有時盡，德行彌久新」、「肯替別人想，是第一等學問」，呂母晚年三十餘年茹素，以經文內容素人畫家之姿，留下百餘幅勉勵子孫的畫作，長久作為後代子孫之留念，真是人生智慧，百世留傳，永垂不朽。

推薦序

台灣軟實力，揚名世界的典範

李大維／外交部部長

外交需要全民共同參與，善用並結合民間和企業界的軟實力與能量，共同推動多層次與多面向的外交工作，爭取台灣在國際上的能見度與認同，成為全球民主、自由、和平典範，一直是中華民國外交部堅持的目標。

大東山珊瑚寶石集團在董事長呂華苑女士的帶領下，憑藉著海洋資源的獨特工藝與優質珠寶文創設計，寶石產品深受英國前首相柴契爾夫人（Margaret Thatcher）與美國前第一夫人蜜雪兒・歐巴馬（Michelle Obama）等國際知名人士的鑑賞與肯定，是台灣軟實力成功揚名世界的顯例。而為協助政府的外交工作，大東山集團也曾遠赴距離台灣超過五千公里的南太平洋友邦——馬紹爾群島與索羅門群島舉辦「海洋創作」手工藝品工作坊，完成橫跨太平洋的「海洋外交」，這些成就與努力堪稱民間企業參與外交的楷模。

自詡為「澎湖女兒」的呂董事長，幼年時家庭因遭逢天災，求學創業之途一路走來，倍極辛苦，但也就是在特殊與艱苦的環境下，培養出獨特的創意與經驗，讓她能成功轉型家族產業並發揚光大。大東山集團創業的歷程，正是台灣企業草根奮鬥的表率，也是「愛拼才會贏」精神的最佳體現。

「讓台灣走向世界，讓世界走進台灣」是蔡總統上任揭櫫的外交政策目標，也是全體國人的共同期望。台灣擁有優質的人民，更有強大的民間企業，各項努力與成就，都獲得國際社會的高度讚譽。我們希望能有更多像大東山集團的企業，在國際上發揮充沛活力與能量，作為政府外交的後盾與支柱，共同致力開拓台灣的國際空間。

以最高意願贊助好友家庭的美藝事業。

鄭愁予／耶魯大學榮休終身在校，金門大學講座教授

推薦序

華苑姊，珍珠寶

呂慶龍／前駐法國特任大使

在新聞局及外交部工作，只要陪同外賓一定知道大東山珠寶，因為那是展現台灣珊瑚珠寶的最佳平台，在知道負責人是呂姓本家後，自然有一份親切感；每次奉派出國接任新職時，總會到大東山選購合適禮品備用，更不用說陪外賓參訪時，欣賞到珊瑚珠寶的美及大東山經營背後的用心與專業，特別在了解舉世無雙的保存（收藏）之後，總有一分深深的敬意！

認識華蕙及華苑姊緣自第三次在法國工作時，前後花了三年，在貴人Bruno Botard先生協助下，終於在二〇一四年為澎湖爭取加入世界最美麗海灣組織（於二〇一八世界年會舉辦）。就在結束公職生涯回台後，應馬公扶輪社張社長弘光之邀，前往澎湖圓夢參訪演講，因而結識華蕙姊，其後參加台北福氣扶輪社活動，才知道華苑姊這位殊值敬愛的大人物，算是因緣俱足。

參加華苑姊主持的會議，很自然地發現她充滿信心、丹田十足、心直口快、條理分明、堅定果斷，又能傾聽溝通、就事論事及理性專業處事的特質，這些都是外交專業人員應有的修養。聆聽華苑姊輕鬆自在敘述她的生活經驗、成長挑戰、赴美深造，於一九九七年舉家回台，投入大東山行銷，深入研究寶石珊瑚成為專家中的專家，又樂於無私分享，特別是在事業有成時，熱心加入公益行列，發揮愛心，回饋鄉里，她那種內容充實、熱情分享、井然有序、充滿歡笑、毫無壓力的解說，加上以公道及很有修養的幽默評論事與人，佩服之際只想用力按一百個讚，就是一百分！

華苑姊是澎湖、是台灣的寶，她的特質可以法文珍珠（PEARL）來呈現：Perseverance 毅力為本，經營專業；Elegance 優雅智慧，展現信心；Active 積極主動，廣結善緣；Righteousness 正直行事，頂天立地；Loyalty 忠誠思維與行動，貢獻台灣與澎湖，我以華苑姊為榮！

推薦序

為澎湖女兒的珍珠人生喝采

洪堯昆／福壽實業股份有限公司董事長・中華民國工商建設研究會理事長

澎湖，雖是台灣外島，卻是福壽百年老店，曾經努力耕耘過的地方，對澎湖的熟悉，不亞於自己的故鄉，堅忍、勤簡、保守的民風，至今還深記在心。

我是在工商建研會裡認識呂華苑董事長的，她是第二十四期的學長（建研會內彼此的稱呼），經歷上寫著是大東山珠寶公司董事長，出席活動時，除氣質不凡，搭配珍珠首飾，滿面笑顏、口才流暢外，腳下常穿著一雙運動鞋，反差性的裝扮，顛覆了平常人對「珠寶女王」，必定足蹬高跟鞋的傳統想像。穿梭人群招呼，周到又精準，來去一陣風，宛如閃電女俠。有時，她一天跑遍扶輪社、崇她社、優設協會、建研會、同鄉會等等七、八個公益社團活動，不管夜深，依舊神采奕奕，有學長暱稱她是「公益皇后」，最貼切不過了。

記得二年前，帶團參加沖繩創業投資市場交流，呂華苑董事長親自出馬，帶滿大包小包，跨海行銷，而且一整天長站駐攤宣傳，晚上還帶著樣品與當地旅行業者洽談合作生意，如此積極打拼的精神，足足讓與會的一百位台商，見識到什麼是澎湖女兒的台灣精神！

二〇一六年八月，我接任工商建研會理事長，印會刊需要廣告支援時，華苑董事長馬上認購了；建研會辦公益園遊會時，她也是二話不說，認購攤位，挺到底！她是建研會美洲商貿委員會主委，一聽說要組團前往參訪計畫，她也馬上拍胸脯說：「要參訪哪些公司機構？我有兄姊、朋友在美國，可以幫忙！」豪爽的口氣，熱情的許諾，這就是澎湖珍珠世家的小女兒，性格裡洋溢著像珠寶般的耀潤亮采。

二〇一七年九月，聽到華苑董事長說已親筆完成十萬字的人生傳記，實在驚訝，也令人感佩！她如此的商務忙碌，如此的投身公益，如此的感念家族，如此的鼓勵後輩，我很榮幸有機會能以這篇短短的序文，為這位澎湖女兒的珍珠人生喝采！

推薦序

大東山「財富有時盡，德行彌久新」與中國砂輪「你好、我好、大家好」

白文亮／中國砂輪公司副董事長．新北市工業總會理事長

有一天，華苑問我要如何當董事長？沒想到有一天，她竟然成為大東山珠寶董事長。我們有相同背景：留美歸返台灣，同為第二代接班人。

我們在台灣精品品牌協會共事近二十年，我觀察到的華苑為人熱情，熱心公益，對協會更是毫無保留貢獻心力，博學多聞、幽默風趣的人格特質，非常適合當介紹人或是節目活動主持人，尤其她的旅美留學資歷，英文造詣深厚了解西方文化及商情，更是難能可貴的優點。

大東山與中國砂輪有三代交誼。有一回參訪大東山澎湖珊瑚加工廠，無意間在倉庫裡，發現幾個中國砂輪早期生產的寶石研磨用砂輪，令我非常的感動與感恩，原來在數十年前呂伯父伯母就已經是中砂的忠實客戶了。約十年前侄子景方到夏威夷留學，有緣結識華苑的姊姊華蕙姐一家人，相談交往非常融洽。

閱讀本書時，十分感動大東山呂伯母畫中家訓：「財富有時盡，德行彌久新」，與先父白永傳中國砂輪創辦人三方好道經一體的經營理念核心價值相同。三好精神分別是：「你好——即對客戶

好，要不斷研發創新滿足客戶之需求；我好——即對同仁股東要好；大家好——即要善盡企業社會責任。」

大東山與中國砂輪，都是創立於一九六〇年代的台灣企業，走過五十年的歷史，感恩我們的創辦人的先知卓見，為公司的企業文化，立下永續經營的真諦，能為華苑新書寫序，感到十分榮幸，能夠閱讀到本書的讀者，有福了。

推薦序

培育人才，不遺餘力

陳振貴／實踐大學校長

某次在台北參加一場歡迎餐會，當天主要宴請非洲友邦史瓦濟蘭王國兩位王后暨七十幾位女性侍從及貴賓，我見到一位氣質優雅、十分健談的女士穿梭席間，與外賓熱絡互動並致贈珍珠禮品。經相互介紹，得知她就是大東山珊瑚寶石股份有限公司的董事長呂華苑，她的姊姊陳呂華娟是我認識多年的實踐大學校友，現任本校校友文教基金會董事。

呂董事長出生於澎湖，兒時移居台北，是大東山珠寶集團創辦人呂清水先生十一位子女中的么女，在集團歷練多年，曾負責金流管理及行銷，並擔任家族事業體對外發言人，二〇一六年五月自大哥樑鑑手中接任董事長一職。該集團由第二代子女繼承且發揚光大，採多角化經營，目前事業體遍及台灣、香港、美國與海南島等地。來自澎湖的華苑雄心萬丈，與家族成員齊心協力，期使立足於台灣的大東山，進一步邁向國際。

華苑不但全力投入家族事業，也十分熱心公益，現為台北福氣扶輪社社長、國際崇她社台北一社社長，此外並跨足學界，多年來擔任台灣新一代設計競賽評審，也曾獲本人任職過的嶺東科技大學聘為業師，對於培育人才不遺餘力。她以珍珠般的精神活出精彩的生命，特出版此書記述她的珍珠人生，本人謹為序推薦，並向華苑及大東山集團表達衷心的祝福。

推薦序一

提升新一代設計力，推廣珍珠珊瑚藝術之美

張光民／財團法人台灣創意設計中心總顧問

來自澎湖小漁村，從小養成淳樸剛毅的性格
生在一個大家庭，自幼孕育愛家愛鄉的情懷
隨夫婿赴美伴讀，其間汲取創新創意的思維

這是呂華苑董事長一甲子生涯最真實的寫照。約莫在二十年前，她自美返國定居，亟思要將家族企業，一項很傳統的產業，創造更多新的價值，結合時尚成為我們生活的一部分。斯時本人正服務於外貿協會設計推廣中心，致力推動用創意設計帶動產業升級轉型，提升產業競爭力，在這樣的機緣下，促成華苑舉辦「中華國寶珍珠珊瑚藝術設計競賽」，在當時以一個從事再傳統不過的企業，若非沒有主事者獨到的遠見、雄心的魄力及果斷的執行力是無法致之；她深深了解辦競賽的目的，不是為推廣業務，也不是為了多幾件珠寶設計作品，而是提供平台，讓年輕一代的創意設計學子或工作者，了解珍珠珊瑚藝術之美，願意投入珍珠、珊瑚設計，創造時尚風潮。未久，在華苑的創見

下「希望珍珠」於焉上市，不但獲得我國優良設計標章，更是揚名國內外，造成熱賣，真正讓大東山企業做到「東山再起」。

欣見華苑將她的心路歷程分享給讀者，她關心鄉土，她熱愛社稷，樂於社會公益、更不忘扶植新一代；她懂得行銷，深知設計的重要，更擅長用文化說故事，是我推廣創意設計的好夥伴，尤其各國大力推動文化創意產業發展，本書之出版，對讀者認識文化創意，會有莫大之啟發。

推薦序

不一樣的CEO，用時尚文化與熱情服務社會

蘇顯達／國立台北藝術大學音樂學院院長

認識大東山珠寶的華苑董事長，是因為二〇一六年我的新書《蘇顯達的魔法琴緣》出版以及返國三十年音樂會正在全台舉行，獲邀到國際崇她社她擔任社長的台北一社演講，接著盛情難卻，又受邀到她所創辦的「大東山文創基地樂活人文之家」擔任每月修善講堂的主講者，兩場演講都滿座，真是賓主盡歡。

這讓我見識到華苑董事長真是不一樣的CEO，她用時尚文化與熱情服務社會，而且所有認識她的人，無不為她濃厚的澎湖女兒氣息所感染，就像我來自台南古都，故鄉的養分，成為我們走向世界最大的動力。華苑董事長燦爛的生命故事，都在這本《澎湖女兒的珍珠人生》新書中，值得所有想要突破困境、挑戰不可能的朋友一讀為快。

推薦序

不斷淬鍊，終成璀璨的珍珠

蔡慧貞／知本設計公司總經理

華苑和我是台北市立中正國小的同班同學，從小她不但成績優秀，更是學校的運動健將，陽光開朗的她，既有使命感也常常樂於助人，而在我們還小的時候，只知道她家是頂頂有名的大東山珠寶，但並不知道這個來自澎湖的女兒，日後憑藉著堅強的個性，秉承家訓克服生命中所有的困難，為自己也為台灣人淬鍊了那顆亮麗的珍珠。

人一生的際遇常常無法預料和事先安排，然而面對人生，態度卻是決定成敗的關鍵，邱吉爾曾經說過：「成功，是歷經一次又一次的失敗，卻仍不失熱忱的能力。」華苑在我的心目中就是擁有這樣特質的人。她從小出生在澎湖，陪著父母親曬魚乾幫忙家計，到遇到家道中落和兄弟姊妹同心合作齊力斷金；在婚後，從做一位醫生娘的角色，秉承夫家祖訓「青菜豆腐保平安」的簡樸家風相夫教子，成功的教育出優秀的四個兒子，即便再逢生命中的巨變，她仍然堅強的承受挫折與喪子之痛，以她樂觀和澎湖查某台灣牛的精神，勇敢的迎向挑戰。華苑努力為成就別人、幫助別人，奉獻自己的心力，一如亮麗的珍珠，幾經多少的磨難和淬鍊，最後成為那顆極盡風華璀璨的珍珠。

推薦序

台灣女兒的典範

紀惠容／勵馨基金會執行長

大東山呂華苑是台灣女兒的典範。我與她在崇她社相遇，對她念念不忘身為崇她人、澎湖女兒、台灣女兒，並把心中的掛念，化成行動，相當感動，她是一位優秀領袖，以珍珠精神活出生命色彩。

她為了提升澎湖女性的地位，讓大家看到澎湖女性的堅毅與需求，舉辦第一屆澎湖議題婦女論壇，串連澎湖、台灣各地的資源，甚至邀請到前副總統呂秀蓮親臨主講，講述兩性平權的重要性，議題還論及婦女人身安全、澎湖女性就業與觀光資源，並引用各項統計資料來說明澎湖婦女在社會的現況，讓人刮目相看。

自詡為澎湖女兒，二〇一六年接任大東山集團董事長一職，這是她返國二十年後的重大決定。她想把父親當年讓家業東山再起的奮發初衷，家族齊心守護共創共榮的事業，再度發光發熱，讓世界看見台灣與澎湖，譜出更上一層樓的家族生命之歌。其實，華苑早已走上國際舞台，以文創、品質一步一腳印，讓國際友人看見台灣，體驗到大東山優質的品牌。

她的新書《澎湖女兒的珍珠人生：被人需要，為人服務的福氣哲理》即將出版，這是一本台灣女兒典範的生命故事。閱讀她奮鬥、鍥而不捨的生命歷程，不只是動容而已，相信它可以帶給台灣女孩、女性更多啟發與激勵。

推薦序

被人需要，為人服務

廖文達／國際扶輪 3480 地區 2016-17 年度總監

在我擔任總監任內，能夠集合一群認同扶輪理想宗旨的朋友，輔導他們成立福氣扶輪社非常榮幸，特別是第二任社長呂華苑，扶輪的核心價值：領導、正直、服務、多元、聯誼，在七個月的彼此相處共事中，從她的身上能充份培養發揮出來。

論語學而篇有子說：「與人約信，盡量合乎道義，說話才能實踐。謙恭待人，盡量合乎禮節，就會避開恥辱。施恩於人，而不失去原有的愛心，也就值得尊敬了。」我也在呂華苑社長的身上找到了。

來自澎湖偏鄉離島的孩子，排行十一個孩子中的老十一，能夠在美國十年當完了博士嫂、醫生娘、四個兒子的媽媽、教授夫人及修完碩士後，毅然決然舉家遷回台灣，負起經營大東山集團的重責大任。

華苑在回國二十年後，帶動公司多元成長並規劃各項公益事業，並以無懼的勇氣，在變化的市場中精彩揮灑。如同變形蟲一般不斷開展觸角，成功多元的行銷模式讓大東山珠寶事業長勝不衰。

很高興來自澎湖呂華苑社長的敬天念恩、堅毅韌性的正面能量，把她精彩人生，她的故事，呈現在本書裡，分享給大家。被人需要，就是成為一個有能力幫助別人的主體；為人服務，就會忘了自己的利益，無私的奉獻。相信這是一本大作，可供年輕人勵志參考、中年人砥礪學習、老年人品嘗回味的一本好書。

推薦序

惜才、惜緣、惜福、惜寶

鄭清茂／東華大學榮譽教授

惜才、惜緣、惜福、惜寶，是大東山經營哲學的八字真言。

澎湖呂家是一個現代家庭的傳奇故事。大家長呂清水先生與夫人呂洪閨淑女士，帶著一家十一個兒女，在一次颱風災變後，為了復興家業，不分老少，胼手胝足，各盡所能，始終團結一致。從原點澎湖站起，然後轉進台灣，繼而推向國際，成為世界知名的珠寶家庭企業，名叫「大東山」。

本書《澎湖女兒的珍珠人生》作者呂華苑是呂家的么妹。她從幼年有記憶以來，就跟著心連心的七個姊姊和三個哥哥，為實現父母東山再起之夢而夙夜不懈。她眼看著大東山有起伏但穩實的發展，並參與實際的籌劃經營。同時，她個人的生活也由天真的少女變成了祖母。其間所嘗的酸辣苦辛，逾於常人；然而她並不屈服，永遠不失其樂觀積極的態度，勇敢面對人生而不忘家業，這就是大東山精神。

這本書就是華苑的人生與事業的一些紀錄，呈現了華苑的為人、處事、持家或熱心公益的點點滴滴，都是出於親身實際的經驗之談，而非空口無憑的一派胡謅亂道。要之，這也是一種處世的典範，可供讀者分享或參考。

推薦序

用愛、努力和熱情，活出人生

呂正華／經濟部工業局局長

華苑董事長近日來訊，告訴我一個好消息，二〇一七年是她回國二十年，即將出版一本專書《澎湖女兒的珍珠人生：被人需要，為人服務的福氣哲理》，希望我幫忙寫個推薦文章。讀了這本十萬餘字的書，我才知道，原來華苑的父親是呂清水先生，跟我的父親竟然是一模一樣的名字，真的是非常巧合。華苑董事長優秀的父親，於一九六三年創辦大東山集團，她的子女接續事業後，開枝散葉，在台灣、香港、紐約、康州、夏威夷、海南島都有據點，事業經營不僅僅是「垂直整合」，也積極開展「多角化」發展，包括珍珠養殖、設計、加工、製作、批發、店鋪銷售、品牌形象經營等；而我的父親呂清水先生，在一九六八年生下我之後，世居宜蘭種田，鼓勵我努力念書，才讓我有機會在工業局認識這麼優秀的澎湖女兒。

華苑董事長，做什麼，像什麼；她，小學到高中都是田徑隊員，博士嫂，醫生娘，四個兒子的媽媽，教授夫人，總經理，水族館館長，董事長，扶輪社社長，崇她社社長，優設協會理事長，大學業師等等，每個職務她都是盡心盡力、一點一滴、一步一腳印；尤其是在台灣新一代設計師的提攜工作上，華苑董事長更是不遺餘力。在她擔任台灣優良設計協會理事長期間，和工業局多次討論，將此競賽持續精進，並更改名稱為「金點新秀設計獎競賽」（Young Pin Design Award），後來在擔任輔導理事長期間，以及現任榮譽理事長職務，仍然是心繫如何讓設計產業發展得更好，就如同大東山集團虛心謙和的把自己當作珍珠，接受刺激、挑戰，激發珍珠般的溫潤光華，以珍珠精神活出生命的精彩。

閱讀這本書之後，個人深深感受到華苑董事長的用心，以及佩服她在大東山母體孕育設計和品牌，謙遜做事，不求回報的特質。還記得，寶萊塢電影《我和我的冠軍女兒》（Dangal）普獲全球好評與熱烈迴響，這部電影描述一對印度西北部哈里亞納邦一處小城的姊妹，在摔角金牌選手瑪哈維爾（Mahavir Singh Phogat）這位虎爸調教下，成為世界級摔跤選手的故事，不僅鼓舞許多印度女性活出自己，還讓世人看見運動家「無所畏懼」的精神，我想華苑董事長的故事也是一樣，就好像電影裡的台詞有一句：「獎牌不會平白無故從樹上長出來，你必須用愛、努力和熱情去灌溉它。」因為有愛、努力和熱情去灌溉，才能夠讓澎湖女兒的珍珠人生是那麼的光彩奪目、閃閃動人。

推薦序

被人需要，為人付出

羅忠祐／台灣精品品牌協會理事長

約十五年前，在一次精品品牌協會理監事會會後聚餐，大家盍各言爾志當中，我脫口而出在以後的歲月裡，本人要以「被人需要，為人付出」八個字為圭臬，十多年來在各個領域、不同面向的活動都毫不猶豫朝此方向前進。最近接到認識二十年的大東山珊瑚寶石股份有限公司呂華苑董事長告知，她即將出書，書名定為《澎湖女兒的珍珠人生：被人需要，為人服務的福氣哲理》，並囑咐寫推薦序。

雖然相知相識多年，但經過拜讀完華苑的大作以後，對她多采多姿、波浪壯濶的人生，更多了一層深刻的體悟。誠如書中所言，「珍珠本身之稱為珍珠，是因生長過程遇到細微砂粒雜質竄入殼中膜內，受到刺激殊感不適、慢慢增生，隨著歲月漸漸形成一顆蘊潤光華的珍珠。」華苑董事長個性爽朗活潑，在每一次協會活動當中都全力投入，歷任理事長施振榮先生、翁樸棟先生、謝子仁先生、王文燦先生、張永昌先生、林培熙先生，也都是對華苑讚譽有加。她一直以來善盡言責、出錢出力為協會作出貢獻。有一年協會年會在澳洲布里斯本舉辦，大家一起划草划沙，十分有趣，會員之間情感融洽。這些年來協會到過菲律賓、泰國、馬來西亞、北京、上海、韓國濟州島參訪，呂董事長華苑無役不與。

二〇一七年在台灣精品品牌協會理監事們支持下，本人榮膺台灣精品品牌協會第十屆理事長，我們很高興協會當中有大東山珊瑚寶石股份有限公司這樣的資深會員，更高興有華苑董事長擔任資深理事，共同推展會務。

讓我們大家齊心，為台灣產業「塑造環境、激發創意、播下創新種子」，共同努力、迎接未來。

推薦序

厚植台灣設計力的推手

于春明／台灣優良設計協會理事長

華苑董事長是台灣優良設計協會的榮譽理事長，而台灣優良設計協會在二十年前（一九九七）成立，透過經濟部的號召與協助，由創會理事長和成集團（HCG）的邱俊榮前總裁，集結一群重視設計且得過國內外設計大獎的廠商會員所組成，歷任理事長包含台灣區家具公會理事長陳昌秀、優美家具陳俞宏總經理、大東山珠寶集團呂華苑董事長、吉而好集團侯淵棠總裁，時至今日，優設協會會員所觸及的產業更橫跨3C電子、珠寶、文創、衛浴、工藝、家具等各大產業領域，因而更能體會設計對於台灣品牌行銷的重要性，華苑董事長時任第五屆的理事長，自二〇一一至二〇一三年帶領協會邁入新的里程碑。

十七年前，華苑董事長與我們深深覺得由底層培養台灣設計人才，必須從學校厚植台灣設計力的根基，因此會員萌發主動創辦「台灣新一代設計獎」之意，在獲得經濟部、教育部、文化部、外貿協會及各界長官的鼓勵之下，年年舉辦「台灣新一代設計獎」（現已改名「金點新秀獎」）至今，從最初約三百件參賽作品，到最近一屆超過五千件作品參賽，更在在顯示了台灣學界對此獎賽的重視與支持，更是台灣設計具影響力的協會。

華苑董事長與我們認為，協會要以產業界觀點為出發，並基於考量到設計產業與企業永續經營的未來，所以協會除設立贊助特別獎外，更積極為學界與業界搭起橋樑，鼓勵年輕新血的設計創作。同時，台灣優良設計協會每年因應國際時勢潮流變化，辦理國際設計行銷論壇、產業生生不息媒合會、異業交流合作會，且華苑董事長在擔任澎湖水族館館長時及至現今，亦推動與雲林科技大學、澎湖科技大學、華梵大學、中華大學、大同大學、美和科技大學、東海大學、屏東科技大學等數所大專院校的產學合作，秉持一貫厚植台灣設計力的初衷，而此次出版《澎湖女兒的珍珠人生》這本專書，個人深深感受到華苑董事長以設計創造品牌的用心，在此衷心祝福她！

推薦序

珍珠心．珊瑚情，婦女創業標竿

周淑慧／緯和有限公司董事長、國際獅子會 300-A2 區中北獅子會 2016-17 會長、2017-18 愛心委員會主席

我和華苑妹是在二十年前，她剛回國代表大東山集團，出席台灣精品品牌協會理事會時認識的。從此相知相惜，多年共事，我們與上銀科技總經理蔡惠卿共同被稱為品牌協會三朵花，一起努力耕耘品牌策略，不遺餘力。

大東山的八個姐妹們，因為有華苑妹的關係，把我當成自家人，母親節要促銷時上電視當貴婦代言人，認為我是不二人選，我也義不容辭相助。我們姐妹，互為貴人，她也協助我許多，除了我較專長的發明創新和專利推廣領域的大型活動站台致詞，在設計領域上，她也推薦我加入台灣優良設計協會，才有機會榮任現任的副理事長，為大家奉獻服務。

我在澎湖推廣靈鷲山慈善基金會普仁獎學金初期，適逢她擔任澎湖水族館館長期間，我們需要許多家訪的志工，她二話不說幫忙推薦澎湖縣公教退休人員協會理事長許義次校長共襄善舉，且慷慨免費提供水族館場地，做為評審、籌備會議及住宿之用。還協助召集多位家訪志工，甚至多次擔任評審，更熱心提供頒獎典禮愛心禮物，更令我敬佩的是，曾經與我不辭勞苦共同前往新北市偏鄉

地區家訪，熱心關懷被冷落忽略的地區，留下許多美麗的共同回憶。十五年前，一起幫助家扶中心推動「釣竿計畫」，讓大學畢業生，迎接燦爛人生。我在每次需要資源的時候，她就像我的天使，隨時為我們盡全力服務。如今這兩項公益活動，得以在當地深耕發展、開枝散葉，我們真的都很高興。

二〇一七年秋季，隨著她擔任台北福氣扶輪社社長，我們一起到澎湖湖西鄉林投海岸白灣大目船公園綠地，進行響應地球日植樹活動，大家到場共襄善舉，與高采烈的完成植樹及揭碑儀式，並合影留念。為湖西林投白灣公園綠地營造榮景，以迎接世界最美麗海灣組織年會的到來。

這一切都是善心、善行、最有愛心受人敬佩的華苑，與我共同的精彩人生。

推薦序

用愛東山再起

周進華／周大觀文教基金會創辦人

大東山珠寶集團扭轉逆境，反敗為勝的智慧與歷程，是台灣商界的一則傳奇，也是一個充滿愛的生命故事。

澎湖女兒呂華苑的媽媽、抗癌畫家呂洪閨淑，是周大觀文教基金會第七屆全球熱愛生命獎章得主，她憑著「慈悲為懷、忠厚傳家、永不服輸」的生命熱力，力挺先生呂清水從家道中落中興替爬升：東山再起，創辦大東山珠寶集團，出版《東山再起——困境中的致勝商道》乙書，把台灣永不服輸的愛，傳遍世界每個角落。

華苑的公子謝立根、以詩抗癌的小巨人，則是周大觀文教基金會二〇〇四年全球生命文學創作獎章得主，寫出一首首生命詩篇，出版《一〇〇個希望》圖文詩集，鼓舞許許多多癌童活出希望。

如今，華苑即將出版新書《澎湖女兒的珍珠人生》，不但是用愛東山再起的寫照，而且是澎湖人三點水的精神實踐：不向逆境低頭、不服輸、刻苦耐勞與奮發向上。

由是，澎湖女兒呂華苑的珍珠人生，都從一個用愛東山再起的選擇開始，都從一個用愛東山再起的決定行動，都從一個用愛東山再起的實踐完成。

推薦序

共創愛與關懷的世界

黃俊豪／國際扶輪 3480 地區台北福氣扶輪社創社社長

P Pearl 華苑，一位熱情洋溢、熱力四射的奇女子，堅毅的意志力推動她成為現在的她。她的過往我沒參與，但相信未來的年歲，我們將會不斷交流共老共好，因為她是國際扶輪 3840 地區台北福氣扶輪社的創社社長當選人（PE），也是擴大改制後國際扶輪 3482 地區台北福氣社的首任社長，而我則是她永遠的創社夥伴。

聖經箴言說：「才德的婦人，他的價值遠勝過珍珠」，我深刻感受到 P Pearl 恰似那顆珍貴閃亮的珍珠，我戲稱她「老十一，總在閃亮的日子閃閃亮亮」；她接任大東山珊瑚珠寶公司董事長，家人和員工倚靠她，必不缺少利益；她一生使公司家人無損有益。她對工作的態度，正如經上所說，「他尋找羊羢和麻，甘心用手做工，未到黎明他就起來，把食物分給家中的人，將當做的工分派婢女」、「他以能力束腰，使膀臂有力；他覺得所經營的有利，他的燈終夜不滅。」總在夜深人靜時，思考未來努力方向，也在大清早起身開始工作；「他手拿撚線竿，手把紡線車」，有能力、有智慧的帶領團隊，不斷的前進。

她在二〇一七年九月十一日同我一起帶領團隊，通過體力與意志力的百般考驗，負重攀登台灣第一高峰：三千九百五十二公尺玉山主峰，親近感受敬畏上天「那創造天地海並其中萬物」的大能；復在九月二十三日帶領團隊到澎湖故鄉種樹、探索澎湖漁村文化與生活之美、連結資源與馬公扶輪社結為友好社、調研西溪漁村可能的社區經濟發展模式，同時遨遊在北海吉貝、目斗嶼與桶盤、七美南方四島；接連從台灣最高峰：玉山主峰到澎湖海域，深刻體驗美妙「山海戀」綣綣情愫；旋即在十月四日率領團隊遠赴太平洋中央的夏威夷，與夏威夷 **Waikiki** 扶輪社結為姐妹社，在檀香山與中會舊址，出席了夏威夷各界慶祝一〇六年中華民國國慶升旗典禮和遊行，並受到我國外交部駐檀香山臺北經濟文化辦事處周民淦總領事的邀請參加了國慶酒會；在國際場合中，「開口就發智慧，舌上有仁慈的法則」，她總能口條清楚的細述想法與願景構想；建立了未來發展的廣大空間與無限可能。從九月十一日到十月十日，三十天的時間，從台灣的中央玉山、到台灣海峽中央澎湖、到太平洋中央夏威夷，每一處都充滿了喜悅歡愉、勇敢探索、愛與關懷，在在都紮深了台北福氣扶輪社「打造一個愛與關懷世界」的願景。

同時，她心懷裡滿滿的愛，「他張手賙濟困苦人，伸手幫補窮乏之人」，大方的付出貢獻給眾多需要幫助的遠方的人。台北福氣扶輪社自二〇一七年三月十六日成立、五月二十日授證迄今甫六個月，以實際行動在宜蘭南澳東澳、屏東牡丹開展原鄉社會服務工作，親近原鄉居民青少年兒童，這只是 **P Pearl** 和福氣扶輪社的起手式，相信未來接續的愛與關懷事工，將會更豐富多姿。經上說「他的兒女起來稱他有福；他的丈夫也稱讚他說：才德的女子很多，惟獨你超過一切。」我想這正是 **P Pearl** 呂華苑，最為近似的寫照。最後祝福 **P Pearl**，敬畏上天的婦女必得稱讚，願她享受操作所得的，願她的工作「在城門口榮耀他」。

推薦序

海裡來的女兒——華苑姐

吳政杰／湖西鄉鄉長

早在平時的相談中　就熟悉了華苑姐的精彩故事
一個午后　一杯咖啡
或相約談天　或偶遇說地
像一位鄰家大姐
走過風浪卻童心未泯的笑聲
閱盡人生卻瀟灑自若的身影
東山再起——
是一種精神⋯⋯⋯
海洋島民　畏天樂天卻不認命
希望天地——
是一種感恩
大地子女　敬天謝天又不忘本

可能是陽光的滋養　或許是海洋的孕育
華苑姐——
就這樣帶著　澎湖三點水的ＤＮＡ　吸著陽光的能量
看遍全世界　仍心繫故鄉的澎湖女兒
忙了大半生　卻輕忘歲月的鄉下姑娘
此刻　欣聞華苑姐將要出書
分享人生歷程點滴　確實令人期待
而身為小弟的我　能夠受咐重任　提筆為序　當是難卻的榮耀
尤其　能藉一序文　推薦華苑姐的真情故事
又多一份分享的喜悅
海裡來的女孩　把記憶中的故事　編織成一串珍珠
有漁村的印象　有海洋的幻想
就是這樣的故事——澎湖女兒的珍珠人生
華苑姐——
把她人生點滴的歷練與記憶
編織成一冊隨行伴手的物語
隨意而閱　會心品嘗　與友共賞

推薦序

澎湖婦女的標竿

魯惠良律師／國際扶輪 3470 地區馬公扶輪社創社社長

能夠認識華苑，不只是因為她是澎湖女兒，而我在馬公旅居近四十年，主要的還是，因為我倆都是扶輪社友，當時她在 3520 地區的台北中原社，我在澎湖 3470 地區的馬公社，因緣際會，得以相識、相知，經年累月，越了解她，就越發欣賞及讚佩！

華苑不但以澎湖女兒為榮，更難能可貴的是她身在台北，卻心在澎湖，心中時時刻刻以澎湖為念，二〇一一年間，得悉澎湖水族館停止營業，曠廢多時，毅然說服大東山珠寶家庭成員，接手經營澎湖水族館。

華苑以她參與台灣優良設計、精品品牌協會多年的經驗，在水族館內外，美化環境，景象煥然一新，注入了欣榮的氣象，更活化了水族，從原先一百多種類一千多條的魚，增長至二百多種類二千多條魚。讓澎湖鄉親及讓到澎湖觀光的旅客，多了一處觀賞水族的好去處。

不但如此，並多次邀請專家、學者前來澎湖水族館，結合地方社區鄉親，以愛護海洋，保護豐盛海洋生物為題，舉辦論壇；並數次辦理學生寫生比賽、DIY環保回收再創作等活動，帶動及增進鄉親及學子們的海洋文創，因為成效卓著，為此，澎湖水族館於二〇一二年榮膺財政部金擘獎的公益獎，倍增光彩。

華苑更在二〇一七年七月在台北，和黃俊豪創社社長及一群志同道合社友們，籌創台北福氣扶輪社並擔任社長，新社剛成立，華苑即規劃，於九月二十三日，帶領福氣社社友前來澎湖，與馬公社結為友好社，並在林投公園廣為植樹；並在元泰大飯店以澎湖最美麗海灣為主題舉辦論壇，邀請前駐法特任大使呂慶龍演講，籲請澎湖鄉親疼惜自己的美麗海灣。

華苑念茲在茲的為澎湖及鄉親服務，這份熱誠、積極的執著，鍥而不捨的努力歷程，不但帶給澎湖婦女更多的啟發與鼓勵，成為在地婦女們的標竿，而且更令人欣賞及讚佩華苑的付出及豐碩的成果！

推薦序

《希望・愛飛揚》——海上明珠・華苑一生的等待

許一男／高雄駁二藝術發展協會理事長

二〇一一年，再見多年未曾謀面的龍門姻親，清水伯父的愛女呂華苑，是時，華苑已是高踞故鄉最高民意指標寶座〈立法院＝呂華苑〉。當時心中一點都不意外，面對立法院這個綽號，尚且竊喜，創意十足，得之有理！

怎麼說！該用怎樣的關鍵字描述呂華苑，藉專書邀序的方圓之間，讓每位鄉友心裡，都感鹹腥夠味，馨香踏實沒有距離～謹試推敲吟唱：

華苑ＤＮＡ，勇渡黑水溝，吃苦如吃補。

華苑ＤＮＡ，品瑩透澈，不懼不憂，才脫青藍，諄諄圖序，呈委於簍。

華苑ＤＮＡ，承繼敬天愛人，翻騰沉默，藝文信仰，贏登大雅天命。

華苑ＤＮＡ，善予表述自己，心存感激，對未來永遠好奇，一眼看到她人獨特，對萬事開放，對萬物有靈附體。

華苑有時，愛心、關心、耐心、用心，恆心都到，「開心」希望原力覺醒。

華苑有時，您想未來趕快到來！希望停留青春的昨夜！

華苑有時，您來不及許願，人生已樂觀地開始！
華苑有時，您是流星，捨不得挽留短暫，生命依然璀璨！
華苑來時，寧願時間停留此刻，愛無界！
華苑來時，希望童年記憶深處有您！昨夜，愛深幾許！
華苑來時，您覺得蘋果值得珍惜！
華苑來時，您更覺信守必須堅持！
～華苑成就，「尊重」和「善良」就清晰聚焦。
～華苑成就，世界理想，依完美比例的軸線，有秩序的呈顯。
～華苑成就，「愛」感覺自己被全心地接受。
～華苑成就，「努力以赴」是生命中最美麗的部份，信藝術得永生。
～華苑成就，創意無價，「希望」如神的意旨，海的女兒多了份「愛」的體現。
「敬天愛人」～大東山人文精神～
發願（華苑）似海，遼闊深邃。
讓愛飛揚，自我完成，發揮自己，
人生永遠無限可能……。

推薦序

照亮他人的珠光人生

林哲安博士／國際醫學科學研究基金會執行長

生活很忙，時間很少，選擇很多，但是呂董華苑姐的大東山家族姐妹們（六姐華蕙，七姐華娟）卻是心心念念，分秒必爭，為人推力！

呂董與我，同樣旅美，都在醫界，也同時受邀擔任台灣原住民原始之美發展協會的榮譽理事長，我在國民外交、社區醫療志工與原住民關懷三大領域，觀察她和她的姐妹們，總結一句：她的個性，總是先為別人設想。

我擔任全球綠能水資源基金會醫務長，呂董姐妹在聽取簡報後，知道我們能做到一公噸海水淡化只要一元美金的技術，立刻邀請我參與呂副總統同台講演的澎湖海洋論壇，與眾人分享。

但是我的人生第一次到澎湖，沒有旅遊，排滿論壇交流行程，回程當天沒有機票返台……當晚卻需要趕往海南開會……這對我是極不理性的決定，但一切，就是處理得當，化險為夷，我也被華苑姐所感動。

接著，人生第一次到夏威夷，是以台灣的文化經貿生技訪問團團長身分，帶著泰雅族人到夏威夷參加 Honolulu Festival，對著一千五百位學生進行音樂舞蹈教學，宣揚台灣文化國力。在遊行眾多隊伍中，是唯一接受州長簽名表揚、現場觀眾一致稱賞的團體！

但到人間仙境夏威夷，只有五天，沒有半點旅遊，扣掉飛行時間，三天都是外交工作，還要自費所有原住民族人的費用。這更是不理性的決定，原因一樣，還是被華苑姐所感動。

在平靜的海面上，每個人都可以是領航員。但是原民公益上，社區醫療志工，國民文化外交上，一路走來，華苑姐總是自己承受壓力，一直做人推力，熱情帶著大家往前走，人不知也不慍。其實，一般人，做到這程度，可能早就精力耗盡，陷入低潮憂鬱了。但是，她就像珍珠的精神，分泌珠母層將沙的刺痛緊緊包裹，最終，化為一顆明珠。是犧牲自己，照亮他人的珠光人生！True Nobility!

謹以本文為序，獻給高貴的靈魂。

推薦序

用「真誠」與「樸實」彩繪人生

陳懿琳醫師／中醫博士．名歌手葉蔻

無論是什麼頭銜：「博士嫂、醫生娘、總經理、水族館館長、董事長、榮譽理事長……」，我總覺得，叫你一聲「同學」是最真實的。呂華苑，是我台北市立復興高中及東吳大學的同學，雖然同學了很多年，我們之間的對話卻非常的少，各自生活在不同的人生領域理，但是心靈成長的思維，卻是心有靈犀。

突然間，接到她請我幫她寫書的序，我認為強調這本書的內容，不如來推薦一下「呂華苑」，一個用「真誠」與「樸實」來彩繪人生的人。

二〇〇九年的某一天，我們在崇她社的慈善活動上偶遇碰面，雖然時間很短暫，她卻是湊到我的耳朵旁邊告訴我，她這二十多年來的婚姻、家庭、人生所有一切的變化，她是如何走出自己，再以真誠、光明的態度來面對人生的每一分鐘、每一個過程。我以前總認為，她就是我們最羨慕的那種「王子與公主從此過著快樂幸福的人生」的人，但是，事實上，卻不是這樣的，人生的路途，就是有許多殘酷的考驗、磨難、成長的過程，就看你是否能夠成熟積極的面對，而我看到了，她以很真誠、成熟、有智慧的態度，走出這個人生路。

之後，再看到她積極的辦心靈、文化創意活動講座等，雖然是董事長，卻是事必躬親，親自佈置會場、接待客人、主持整個活動，每一件事情都自己動手來處理，她沒有浮誇的外表，只有很樸實認真的做事態度。

子曰：「吾十有五而志於學，三十而立，四十而不惑，五十而知天命，六十而耳順，七十而從心所欲，不踰矩。」

我們從十五歲高中時期互相認識到現在，現在已經快到耳順的年齡，年過五十歲了，知道自己的命運軌跡及人生定位，不怨天，不尤人；也知道自己未竟的責任，是不懈怠，善盡人生的每一分鐘；華苑以珍珠的精神，澎湖女兒的真誠樸實，以服務為目的，讓台灣澎湖之美發光發熱。

真誠的心祝福她！人生更上一層樓！

推薦序

一切順其自然，老天自有安排！

呂華蕙、陳呂華娟（大東山終身志工）／柯幸吟採訪撰文

老一輩靠海生活的耆老，總說討海錢「又鹹又澀」，自民國五十年葛樂禮颱風肆虐了澎湖島嶼，也摧毀父親苦心經營的家業，家庭驟變，吹翻了我們平靜的童年，離開島嶼、遷居首善之都台北；回首來時路，我們想應該是因為家鄉資源貧瘠、生存環境艱苦，反而造就出澎湖討海人敬天念恩、堅毅韌性，卻又不斷找尋生命出口的開拓精神。

珍珠的精神，其實與人生歷程是極為相似的。當珍珠母貝在生長過程，遇到細微砂粒雜質竄入殼中膜內，受到刺激殊感不適，慢慢增生並日益增大，隨著歲月漸漸形成一顆蘊潤光華的珍珠。我們一路從養殖、加工、生產、到品牌，從澎湖、台北、梅西百貨、美國第一夫人到五湖四海；感謝所有我們人生中所發生過的考驗，走過半世紀，我們依然謝天感恩，感謝這一路上老天爺賜予的挑戰，感恩在家族事業轉彎處所遇到的貴人，讓所有天意，都變成最祝福的美意。

「大東山」是當年父親歸零後讓家業東山再起的奮發初衷，更是家族齊心守護的共創共榮，我們虛心謙和的把自己當作珍珠，接受刺激、挑戰，激發珍珠般的溫潤光華，以珍珠精神活出生命精彩，這也是來自澎湖子女譜出的家族生命之歌。

作者序
澎湖女兒的珍珠人生

呂華苑

澎湖人，常會說：「我們是跨過黑水溝，本著澎湖人三點水的精神，出外打拼的。」無論是旅外或是世居澎湖的女性姐妹們，我們常有句俗諺稱「澎湖查某，台灣牛」，這句話，點出澎湖女兒的特質：不怕艱難，刻苦耐勞，努力工作，開拓新局。

本書的內容，包括我三十年間，旅美十年期間，育兒伴讀撰文媒體的文稿總輯，再花半年時間，將我返台二十年間的心得點滴，透過人事物的勾勒，希望能夠讓讀者們一窺我的小小心得，和個人人生分享。也希望能為年輕人們，開啟一扇窗，共創一個美好，充滿愛與關懷的世界。

感恩我的家人們，在我伏案振筆為文時，給予我溫暖和安靜生活，謝謝大好文化胡芳芳總編輯不斷給予我鼓勵打氣激勵成長，更運用她多年的專業經驗，找出最能感動人心的小故事。我也要特別感謝我的得力助手錢郁安小姐，在甫踏入社會就職報到沒幾天，就接到我這個差事，卻一鼓作氣，她需繕打整理彙集許多我的舊稿件和隨興隨手塗鴨的手稿，層層的考驗，她都迎刃而解。另外，還要謝謝我們的美編謝芝喬、封面設計陳文德、內文設計林佩樺、排版公司王麗鈴，及繕打十萬文字稿的王綉瑩，在我們許多很趕很急很忙的要求下，都披星戴月趕稿出來，還有我們的社友黃世澤攝影師為我拍攝出專業有型，又有style的封面作者照片。我也要感恩許多一路走來協助我在工作中給予翔實報導，幫忙我們的《澎湖時報》記者陳正筆大哥、《貝傳媒》社長張弘光夫婦、《珠寶世界》邱惟鐘社長、《商業週刊》、《光華雜誌》、《中國時報》、《澎湖日報》、《澎湖快樂電台》，《澎湖有線電視》等媒體。

最讓人不可思議的是，許多我生命中最重要的貴人們都樂意為我提筆寫序，讓我感動不已。他們的見證是真實的，是有情有義的，我用真心相處，必然有真誠回應，因為他們都是我生命中最珍貴的工作夥伴。

應該感謝的人，真的很多很多，我握住時代的命脈，我知道這只是個開始，現實社會中，我只是一顆小小的螺絲釘，但是，啟動的力量，才要開始。

影響力人物二，是我人生軌跡上，停駐的其中一位驛站，希望能夠讓閱讀者，共同分享觀點，能夠啟發讀者的智慧，忘記背後，一起努力，向標竿前進。

最後，我還是要表達，我未來的生活方式，出書後，還是如昔，照著原來簡樸簡單簡潔的方式過日子，沒有改變，我還是我，照舊穿著夾腳拖鞋和您話家常，我希望真實的我，和本書求真，求實，求善，求美的精神一貫一致，沒有任何造作，能為年輕人立下一個真實真善美的學習分享，感恩不盡。

台灣公衛播種者、人口學先鋒

——紀念謝大焜博士

呂華苑

北醫醫科校友謝大焜醫師，於一九八六～八八年負笈美國東岸耶魯大學（Yale University）公共衛生學院（School of Public Health）修業衛生行政學系（Health Administration），學成後，在一九八八～一九九七年間繼續就學於美國密西根大學（University of Michigan）公共衛生學院（School of Public Health）的人口計畫與國際衛生學系（Population Planning and International Health）。他於一九九三年哲學博士學位學成修業後，一九九七年受當時甫成立台北醫學大學公共衛生學院的邱文達院長之感召賞識下，聘為副教授，故旋舉家返國為母校效勞兩載。

謝醫師的醫學專長是在小兒科（早期曾代表北醫杏林醫療團，在原住民部落義診及服務於天主教聖若瑟醫院），出國前曾服務於婦產科（中心診所婦產科、武男診所和康福診所），前後共約十年。他本欲赴日本為當地偏鄉醫療服務，故努力充實日語語文能力，不意本想往美國尋求早產兒醫學（Maternal and Child Health，MCH）精進之際，接受耶魯大學碩士課程之入學通知，而改變專攻其他領域，故舉家攜家帶眷赴美就讀深造。

他在密西根大學完成研究的博士論文：《**Analysis of Infant and Child Mortality and Associated Factors in Taiwan and Thailand: 1961-1990**》，主在探討台灣和泰國兩國於一九六一～一九九〇年間，三十年間嬰兒死亡率等因素，進而預測全球二〇二〇年人口急速老化，帶來婦女在醫療人文和消費習慣等人因科學的影響。

謝博士在人口學的專長和立論，在當時華杏機構叢書出版、由邱清華博士總校閱的《公共衛生學》一書中，第一篇衛生行政的第三章人口學與人口問題即由謝博士執筆，他闡述人口學（**Demography**）是公共衛生的主要基礎學門之一，也是研究和探討大眾相關的知識和學理，可說是古代和現代國家生存的命脈所在，當時是非常先進的立論，也開啟當下大數據、生物統計學等 **Big Data** 的先河。

在母校短短兩年教學期間，他在生活與人口品質（Quality of Life and Population）領域上，給予學生們的啟發，和對生命的愛與關懷，令人感動。

我在二十年前應華娟姊感召下回國服務，大焜博士也是當年應邱前院長之邀返台服務，今年恰好都是二十年，有許多心得分享，今大焜博士已經作古數年，特書本文以饗台灣醫界和公衛後進。

前人耕耘，後人乘涼，學術界——尤其是醫界和公衛學習——是一條孤寂的不歸路，十載寒窗苦讀、伴讀的歲月十分漫長，當年為台灣公衛界打拼，今天看到公共衛生界開枝散業、百花齊放，也不禁為之喝采。

CONTENTS

目錄

第二部 精神傳承

第三部 創新思維

第四部　飲水思源

附錄

從台灣走向世界舞台、推廣故鄉澎湖與國民外交

前言

返台二十年的生命小故事

坐五望六的年紀，要寫傳記又太早，在大好文化胡芳芳董事長的一番遊說之下，我又再度握筆筆耕。返台二十年了，希望能為回台這些年的日子，留下一點印記，二〇一七年春節和兒子立品一同觀賞《健忘村》電影，希望在我還記得來、動得了筆，回憶清楚的體能下，留下點滴生命小故事。

在尋找老照片、舊資料時，我不經意翻閱到二〇〇一年七月二十一日（也就是美國九一一事件當年的那個夏天），我到紐約普瑞特藝術學院（Pratt Institute）進修充電的筆記本，內容寫道：

"If I'm the chairperson of the Lucoral & Lupearl Group, I want her to be seen as a very successful international Jewelry Company."

（如果我是大東山珠寶公司的董事長，我希望她是一家非常成功的國際珠寶公司）。

"The mission statement of my business is (will be): To triumph over a difficult issue is to have found the solution for a hundred problems."

我們的生意哲理就是——創辦人，也就是我們摯愛的父親生前所言——「一理通，百理哲，努力再努力，一定會成功。」

"The purpose of Lucoral & Lupearl's foundation is to bring people good value, high quality, upper class, stylish, and worth more jewelry and art."

大東山珠寶旨在帶給世人良好價值、高品質、上等級數，更時尚、高附加價值的珠寶與藝術精品。

"We are aimed at giving the consumers a precious symbol celebrating beauty and inspiring the soul."

我們專注在給予消費者擁有珍貴、美麗的象徵與引發她們內在的良善心靈美。

十五年前，當我返台五年時，面臨小孩就學教育環境的改變，適應力的考驗，自己職場的抉擇，再回首細細思考，我得到了許多，在親情、友情、愛情，也失去了一些，人生像一盤賭局，不論輸贏，更勿念得失，在二〇一六年的五月份，我正式由大哥樑鑑手上接任大東山珊瑚寶石股份有限公司董事長那一刻開始，我知道，這是另外一個開始，也是啟動另一段新人生的一把鑰匙。

楔子——第一夫人的珍珠，來自台灣之光的大東山珠寶

「美國總統夫人蜜雪兒．歐巴馬（Michelle Obama）頸上一串珍珠項鍊，讓一個低調經營四十六年的台灣珠寶品牌大東山，一夕間從美國紅回台灣。」

呂家十一名子女，在家族事業產銷鏈中各司其職。過去三十多年來，在美國負責經營、行銷的董事長呂明鑑排行第八，也是這次「第一夫人行銷」的背後推手。

呂明鑑的名片上印著七個他創立、參與的社團名稱。他的么妹、大東山品牌的執行董事總經理呂華苑解釋，呂明鑑友善熱心，擔任美國許多社團領導者。美國總統大選前夕，他透過非裔美人基金會（The African American Goods Foundation），提供珍珠產品供歐巴馬募款；珍珠項鍊輾轉經義賣會中由歐巴馬夫人認購，才因緣際會地造就了這次成功的宣傳。

大東山這款 MASAMI 第一夫人珍珠品牌的南洋貝寶珠珍珠項鍊，兩年內為公司帶進不少美元業績，較品牌成立前成長逾五倍*。

臺灣之光的榮耀

她的身高一八〇公分，全身散發出一種難以令抗拒的自信心。她每日的行程均成為媒體捕捉追逐的焦點，她與生俱來學品兼優、才慧雙全，就是眾人殷羨的對象。她非常瞭解如何展現自己的優勢，以一種優雅從容不迫的態度，面對每一天、每一個的挑戰。

當她由美國政壇初露頭角時，預測者即看好她的歷史價值，也知道她除了俱有優秀的人格特質，她更是輔佐其夫婿歐巴馬總統的最大助力。

她和之前數任美國第一夫人的形象有所區隔，若論才慧兼備或是執時尚風騷之牛耳，均足以大書特書，然前者可以和希拉蕊．柯林頓女士並稱，後者足以媲美賈桂琳．甘迺迪．歐納西斯女士。但是，由她所身上所散發出來的一種特質，是由內而外的自然優雅，加上她種族的特色話題與故事表現，任何歷史第一夫人難望其項背。她的美臂，曲線完美，大方地裸露出無袖的服裝，頸間澤圓修長，濃纖合度，她非常瞭解如何展現自己的優點，並創造話題，創造個人的附加價值，媒體一直繞著她轉，當然，媒光燈的焦點也是她端掛脖子上的美麗珍珠，頓成為轟動全球的發燒話題。

於是，由戴在她頸上的一串大東山MASAMI第一夫人珍珠項鍊談起，二〇〇九年三、四月間開始發酵，由美國的新聞界漫延到臺灣，先有吳季剛的服裝設計，爾後，是大東山珠寶，都沾了歐巴馬夫人的一點「臺灣之光」。

*備註：摘自「歐巴馬夫人免費代言，台灣珠寶品牌大東山名揚國際」《數位時代》經理人雜誌，陳芳毓報導，二〇〇九年，十一月號。

中文傳媒寫道：她鍾情臺灣設計師的流行時尚品牌。的確，大東山在美國紐約立足三十多年來，能有這些許的成就，真要感謝她。當媒體於二〇〇九年五月間到紐約康州公司拜會，分公司同仁與好友們就熱情分享，華文報導上的就是我們的故事，無意間拉近了人與人之間的距離。

最好的國民外交

二〇〇九年再赴JCK珠寶展，偌大的展場中，歐巴馬夫人的巨幅海報引領展內買主的高度採買興趣與意願，且套句現代年青人的辭語，因為搭上歐巴馬夫人的時尚便車，我們是最「夯」的。

回首大東山的發展史，與美國數任政壇歷史人物均有巧妙的交集。回溯一九七一年間，雷根總統夫婦擔任加州州長任內，訪問臺灣慶祝雙十國慶日，蒞臨大東山珊瑚巷。經由當時年青自信、幹勁十足的五姐呂庫負責接待。她回憶道：當年雷根夫婦致贈尼克森總統（President Nixon）夫婦嫁女兒的禮物，就是大東山的產品。的確，我特別找出當年的廣告文宣，斗大的大標「最好的臺灣禮品，在大東山」一晃超過五十載時空，我們仍然是堅持這種精神：「以最誠敬的心，做一件最簡單的國民外交工作」。無論是面對任何人，身在何方，我想這就是最基本代表澎湖人的臺灣精神吧！可能，也是這種精神，難得在美國與歐巴馬夫人邂逅，也獲得她的青睞！

「歐巴馬夫人的珍珠，來自臺灣之光的大東山珠寶」已是許許多多採訪媒體追問不停的話題，延燒多年了，如今許多好友，仍追著我問：「到底大東山是如何將珍珠項鍊，掛到歐巴馬夫人的脖子上？」就讓我以上面的故事為起點，邀請讀者諸君透過本書，一起走過澎湖兒女的珍珠人生！

第一部

生活歷練

老一輩靠海生活的耆老，總說討海錢「又鹹又澀」，自民國五十年葛樂禮颱風肆虐了澎湖島嶼，也摧毀父親苦心經營的家業，家庭驟變，吹翻了我平靜的童年，離開島嶼、遷居首善之都台北；回首來時路，我想應該是因為家鄉資源貧瘠、生存環境艱苦，反而造就出澎湖討海人敬天念恩、堅毅韌性，卻又不斷找尋生命出口的開拓精神。

珍珠的精神，其實與人生歷程是極為相似的。當珍珠母貝在生長過程，遇到細微砂粒雜質竄入殼中膜內，受到刺激殊感不適，慢慢增生並日益增大，隨著歲月漸漸形成一顆蘊潤光華的珍珠。我們一路從養殖、加工、生產、到品牌，從澎湖、台北、梅西百貨、美國第一夫人到五湖四海；感謝所有我們人生中所發生過的挑戰，走過半世紀，我依然謝天感恩，感謝這一路上老天爺賜予的考驗，感恩在家族事業轉彎處所遇到的貴人，讓所有天意，都變成最祝福的美意。

第一章

澎湖查某，臺灣牛

上天的訓練，往往在凡間被視為磨鍊，大東山成長的關鍵，在於要尋找身體健康、意志要堅強，能勇於面對事實，並虛心接受挑戰的人，原來這些，都是先父母創辦人冥冥之中，不留痕跡地贈予大家的無形資產。這些遺產取之不盡，用之不竭，分享此遺產，不但不會有紛爭，相處更加和樂，這是先父母高人一等的地方，難怪母親在她最後的畫作上寫道：「肯替別人想，是第一等學問」、「財富有時盡，德行彌久新」。

超過半世紀的大東山珠寶品牌，從珍珠養殖，到加工、設計，乃至展店全世界，以希望珍珠、南海彩虹珍珠，帶出高雅與希望的品牌形象。更榮獲前美國第一夫人蜜雪兒．歐巴馬及各國名媛貴婦的加持喜愛，展現女性端莊與自信的外在，豐盛與均衡的內在，充份傳達出現代女性所具備的標竿精神。

「銀青共創」文化創意基地

二〇一四年七月二十三日澎湖縣湖西鄉西溪村發生復興空難，我原本擔任政府委外（ＯＴ）經營的澎湖水族館館長，也就是總經理，因再無法虧損經營，於當年的年底黯然提前解約，回到台北總部，在當時，台灣工藝發展協會卿敏華理事長的一再督促指導下，好姐妹提醒我「妳！就是一個最好的品牌！」於是，在「大東山珠寶」品牌之下，創立了「華苑時尚」與「華苑傳家寶」副品牌。

二〇一五年六月一日，我和二姐華鋮、六姐華蕙、二哥明鑑以及七姐華娟共同努力下，「大東山文創基地，樂活人文之家」於焉誕生。

我們的共同信念是「銀青共創」文化創意基地，快快樂樂、健健康康地一起相依相隨活著，希望「她」是一個充滿「愛與包容」的家。

時尚高度與人文深度

我因多年推廣珠寶文創設計不遺餘力，個人形象亦佳，大家一致認為就以當年二姐為我取的名字當作品牌名稱。價位在二千到二萬元之間高貴不貴，以具現代感的設計，讓人容易配搭出具有個人風格的時尚造型。「華苑時尚」是時尚女性的風華哲學，她以大東山珠寶的精神為基礎，Luperla 品牌的代表精神是富魅力、喜悅與熱情（Chic, Joy, Passion），淬鍊出兼具時尚與人文的配搭哲學。

時尚，是一種高度；人文，是一種深度。

儘管流行的旋風年年來去，屬於個人的思想與性格，卻是女人自我宣言的最佳支撐。時尚與人文，充分說明了女人這個年齡維度裡，意義最是非凡的經典價值。

年輕時尚：從簡約出發，標誌了年輕人謙虛及無限的成長實力。

熟齡時尚：內在豐富且均衡，外在則是自信端莊又大器，最能說明堆疊無數人生經歷的成熟風華。

銀髮時尚：當所有外在制約都被卸下，內在卻又豐滿飽實，則將此自在奔放的人生智慧，化成璀璨的珠寶，彰顯自己，也照耀世間。

當時尚成為一種風氣，我們再思考一件珠寶就是女性的傳家寶，於是「華苑傳家寶」也就順勢產生了。

華苑傳家寶：典藏一世的典雅與莊重，每一個女人都值得擁有一份傳家寶，把她對生命最經典的智慧，透過傳家寶傳承給她的子女，以及世世代代的子孫。

華苑傳家寶，以典雅、莊重的設計概念，刻鏤出貫穿時空的藝術匠心，呼應那永不褪色的智慧傳承。誠如大東山珠寶創立時的大功臣、四姐呂滿姐所言：

神：眾人心願

美：心中有愛

心：想好事成

悟：人生道義

以大東山寶石珊瑚為主體的傳家寶，標誌了有機生命體化身成永恆珍寶的歷程，更以典雅的姿態，莊重的傳遞了女性對子女無盡的愛。我認為：珠寶不是用來炫耀財富，而應在乎配戴時候的感受，在受與授時的情誼，都是建立在親情、友情或愛情之間，因此，我歸返台灣二十年來，一直在推動設計師與消費者，認識各式各樣的天然寶石與珍珠和珊瑚素材。

女人的衣服身體骨架就是一塊畫布，我們提供的是整體形象風格的營造，是 style creator，女性的美感自主權，應該是自己主掌。

財富有時盡，德行彌久新

感謝大東山的創辦人，也就是我們十一個兄弟姐妹的雙親：呂清水、呂洪閨淑老夫婦，因為您倆留給了我們豐厚的無形資產：善良、親切、無私、奉獻、刻苦、堅忍，在這人生的道場上，讓我們學習到如何苦中作樂、勇往直前。因此，始終樂觀奮鬥，從不悲觀掙扎，在現實殘酷的生活裡，我們懂得失敗或成功都好，而鎖定目標，勇敢前進，自會在進展中求穩定，穩定中求進展。當我們發現道行似乎提昇了，正是我們生命力充份發揮的時候，唯有自強不息，才能將自我尊貴起來；感謝我們的雙親，在澎湖那段風雨海浪高起的日子，培養出我們這十一個從艱苦中成長的子女。有句俗諺：「澎湖查某，台灣牛」，正好點出澎湖女兒的特質，不怕艱難、刻苦耐勞，努力工作，開拓新局。在我們成長的日子裡，生命中有許多的貴人和愛護大東山的老主顧，我們十一個兄弟姐妹，有優點，有缺點，互相鼓勵，互相糾正，達到至善。因為先父母開明的教育方式，養成我們愛心慈悲與智慧，和忍是福。

二姐夫協森多年前常告訴弟妹們：合理的要求是訓練，不合理的要求是磨鍊。上天的訓練，往往在凡間被視為磨鍊，大東山成長過程的點點滴滴，是選擇大家要接受的訓練課程，選擇的條件是要身體健康、意志要堅強，能勇於面對事實，並虛心接受挑戰，原來這些，都是先父母創辦人冥冥之中，不留痕跡地贈予大家的無形資產，如此遺產取之不盡，用之不竭，分享此遺產，不但不會有紛爭，相處更加和樂，這是先父母高人一等的地方，難怪母親在她最後的畫作上寫道：「肯替別人想，是第一等學問」、「財富有時盡，德行彌久新」。

假若人生是道場，吃苦就是磨鍊，則受苦者，亦算是有福份的人，呂家子女多少都嚐到「悲欣交集」的個中滋味。

咬緊牙根跑全世界

六姐華蕙感受也很深刻。她表示：「大東山的故事，是近代台灣中小企業經濟起飛的見證，不是一個家庭，不是我一個個人。在台灣七十年代！『家庭即工廠』的年代，有許多的個人與家庭在努力打拼，我們只是一個比較幸運的家族，我們擁有許多，十分幸運，沒有悲情，只有感恩，苦與樂是一體的兩面，沒有澎湖的打拼日子，沒有台北珊瑚巷（又稱澎湖巷，指父親來台北落腳的南京東路三段八十九巷三弄）小童工的日子，哪能咬緊牙根跑全世界。」我常開玩笑道，我們是當年第一代的秀女郎（show girl），要十項全能，家家代工，人人的手都在工作。在八十年代，外銷實績的成長期，整個台灣社會動員起來，同心協力，心連心，手牽手，我們家族只是產業中的一個螺絲釘，謹守本業。我們心中的秘密，就是努力工作，許個好希望，Make a good wish! 因為美夢有一天會成真。

第二章

嵵裡——曬魚乾的日子

我在四、五歲時，負責幫阿爸「叫人」，一看臭肉魚運到，堆成一座小山，我即跑到嵵裡村裡每一戶敲門叫門找工人，人多動作快，許多工作就完成了。當在地婦嫗們頭戴斗笠，臉包圍巾，就是俗稱的澎湖「蒙面女郎」裝扮，將煮熟的臭肉魚一條條，整整齊齊排列在嵵裡海邊前的竹架上，陣陣的魚腥味，配上徐徐的海風，一種給人滿足喜悅、安定的氣息。

我生命的最初記憶，是在澎湖馬公嵵裡的那一段日子。為了協助父母親曬魚乾，我沒有機會上幼稚園，雖然，我內心非常羨慕鄰居的小朋友可以上學讀書，但是能夠陪伴在母親身邊，和當地的孩子們一同扶著洗衣板充當滑水板玩水，是我一生最難忘，最快樂天真無邪的時光。

所以，對自己孩子們的成長時期，學前教育階段，我特別喜歡以童稚之心，陪著小朋友們，在小小教室內，珍惜我童年時，那份沒有享受的缺憾；我想到今天，我還可以召集一群伙伴一同工作，扮演溝通協調的角色，雖然是十一個孩子中的老么，卻養成有隱形的領導性格，大概是當年蒔裡曬魚乾的日子和環境，擔任小工頭，挨家挨戶懇請鄰居鄉親來協助父母一起曬魚，給予我的磨鍊吧！

五歲小工頭，請阿公阿嬤幫忙曬魚

曬櫻干魚乾的日子備極辛苦。每天清晨一早，阿爸就踩著腳踏車到澎湖各個漁港，向漁民收購剛捕撈上岸的新鮮臭肉魚，送到蒔裡海域的臭肉魚，要先將魚洗乾淨，然後切開魚腹，清除內臟，再取出魚骨頭曬乾。

切魚，浸泡醬油糖的工作，得在中午以前完成。因為，需要趕在正午熾烈的大太陽曝曬，魚乾才會新鮮味美。曬好的魚乾還要淋上麥芽糖，灑上白芝麻，變得香甜味美，燒烤之後，既可佐飯又可當零食吃。

我在四、五歲時，負責幫阿爸「叫人」，一看臭肉魚運到，堆成一座小山，我即跑到蒔裡村裡每一戶敲門叫門找工人，人多動作快，許多工作就完成了。當在地婦嫗們頭戴斗笠，臉包圍巾，就是俗稱的澎湖「蒙面女郎」裝扮，將煮熟的臭肉魚一條條，整整齊齊排列在蒔裡海邊前的竹架上，陣陣的魚腥味，配上徐徐的海風，一種給人滿足喜悅、安定的氣息。多年後，我再舊地重遊，雖然蒔裡已改建成海水浴場，北投復興高中校友陳宏銘同學在此地經營「被遺忘的時光」咖啡屋，我們曾經一起在星空下，一起詠唱民歌《被遺忘的時光》，真有時空交錯的感覺。

我再回顧，雖然沒有上幼稚園讓我仍感抱憾，但是，現實生活本身就是一本大書，教會我應對進退的道理，而媽媽就是我最好的老師，跟隨在母親身邊，從趣味中領悟人生的道理，我的母親的確是一位極佳的「story teller」，我學到的遠比在幼稚園中唱歌跳舞的孩子們多。

也因為自小父母親待澎湖鄉親的孩子們如己出，家中有許多澎湖人，我的閩南語就帶有很重的「海口音」、「澎湖腔」，無形中，在我二〇一一到二〇一四年擔任澎湖水族館館長時，拉近了與澎湖鄉親與員工們的距離。也和他們博感情，處理任何大小事，就事半功倍。

九歲賣魚，返鄉當水族館館長

我也常常和鄉親和同仁們開玩笑說：「如果四、五歲就在𡋿裡海邊曬魚，八、九歲在澎湖魚市場賣魚殺魚，不怕魚腥味，可以當水族館館長嗎？」哈哈！其實我的人生生涯規劃並沒有這一章，一個大學唸英國文學、莎士比亞歐美文學，在台北被稱作「金枝玉葉」的女人，要擔任澎湖OT案水族館館長，在地人說，這個人是傻瓜，但是打鴨子上架，誤打誤撞。親身經營三年期間，我們在第二年就獲當時的行政院江宜樺院長頒發財政部「第十一屆民間參與公共建設的金擘獎」，其中的「公益獎」。

然而，澎湖鄉親也還是戲稱我，仍然是「玉葉金枝」。我由一個十歲離開澎湖故鄉的澎湖女兒，四十年後，返鄉服務三年，一千多個日子裡，我在二〇一五年十一月二十八日台北市澎湖縣同鄉會發行的《西瀛之聲》寫道：「情牽——海洋文創，幸福島嶼」我在澎湖故鄉的一千個日子。

這期間，我反思，獲得最多「情」的人——是我。

台灣設計界前輩王健教授，也是扶輪社快樂聯誼會主委，告訴我們「情」比「錢」重要，因此我就以「情」和鄉親與新朋舊友們分享。

一、鄉情：

許多認識與不認識的澎湖鄉親，我都歷歷在目，由我腦海中盤旋，感恩在地旅遊業界、飯店、民宿主人、遊覽車、汽車、摩托車租車業、導遊、領隊、學校老師、校長、幼兒園園長等各界，謝謝您們在那段時期，給予我的支持和鼓勵，我自願當個通勤族，每週搭「復興航空」上下班，一日千里，雖然備極辛苦，但是，我觀照到社會的每一個層次，每一個角落，每一個大人小孩。

每一次的相逢相聚，每一位的心思是如此的純樸可貴，他們都待我如親，知道我隻身在當地，多給予我溫暖，令我十分感動，讓我重新思考，人生的未來，偏鄉的足與不足。在那段時日，我就地舉才，努力培養在地青年，給予他們最好的磨鍊，感謝榮譽志工林丙寅老師、李諸鴻夫婦、潛水志工林朝源先生，我們和當時的馬公市長蘇崑雄先生以及寶熊漁具公司（Okuma）完成了三到四屆的「媽宮 Okuma 盃國際磯釣大賽」。在館內，我主持企劃了四屆的「澎湖海洋文創論壇」，結合了台灣與澎湖的產、官、學、研各界，共同集思廣益，為澎湖的人文與未來提供更多元的想法，舉辦了數屆的澎湖水族館彩繪競賽，募集到台灣許多品牌廠商們大力贊助獎品，鼓勵在地學童，十分的感恩。

愛上外婆的澎湖灣

靈鷲山普仁獎學金，在我的好姐妹、緯和企業董事長周淑慧女士推廣到澎湖的草創期時，我亦大力襄助，至今數屆，嘉惠在地努力向學澎湖子弟。周女士是我的好姐妹，曾擔任中北獅子會會長。二〇一三年，當我在國際扶輪三五二〇台北中原扶輪社，在P. P. Car任內在澎湖故鄉所做的社會服務，驅動「手搖式運動車」，造福澎湖行動不便的騎士與銀髮族。二〇一四年，在水族館前公共關係服務牆，結合了三四七〇地區馬公扶輪社、三四八〇地區當時甫成立的雙子星扶輪社，加上三五二〇的中原社，是當年到離島成就的公共形象一個美事，而在復興空難一個月之後，三五二〇地區的十個扶輪社，共同籌備的一萬八仟美元捐獻國際matching grant，更是當年的大事。台北醫學大學學生在暑期為湖西鄉與望安鄉在地學生的夏令營和老人的健康檢查義診，我則在水族館大廳籌辦十二個社的扶輪聯合例會，和在餵食秀場地舉辦了破天荒的「扶輪之夜」，當年馬公社長PC帶領在地國標舞者在舞池中和魚兒翩翩共舞，往事歷歷，仿如在隔日。

二、親情：

家人們的體諒，且賦予重任，放心將這擔子交給我，我也特別謝謝晚輩賢姪恒旭和珍萱姪媳和團隊們的用心，雖然我做得差強人意，我也要特別感恩在那段時日，我的四個孩子，正值學習學業階段，沒有迷失，體諒母親一人扮演多重角色，體會他們該努力的方向，因為我工作的關係，幾次立文、立品分別來澎湖和同仁一同實習，謙遜懇切一起努力，愛上澎湖，也認同這是媽媽的故鄉，外婆的澎湖灣。

三、友情：

我因緣際會，工作服務，令人疼惜，廣結善緣，認識了數位駐館藝術家，包括我的表姐夫：許一男老師，他不但是澎湖八五％公共藝術創作的先驅，更是高雄駁二藝術文創特區的理事長，及後來在我返台後成立的「澎湖國際藝術交流協會」創會理事長鄭美珠博士及現任陳秉鏄理事長（筆名竹本書生），我和華蕙姐都是全力支持，包括二〇一五年三月，協會甫成立就出遠門赴「夏威夷」參展及遊行的盛事，二〇一七年夏天赴馬來西亞國慶展都令人津津樂道。

當然，在地設計創作者：如吳秀鈴老師、黃長榮夫婦、蔡元在先生、望安小琪、許瑞琪小姐等，海洋生物愛好者：如：張國亮先生、胡昭安先生、陳盡川先生、鄭正剛前理事長、旅遊業前輩們，我的工作夥伴、館內志工、澎監外役同學們，替我們綠化，迷你小學校長、我們的好鄰居：前港子國小翁安明校長和老師及小朋友們，還有志工媽媽及校工們，你們大家的可愛臉龐和微笑，都印刻在我的腦海裡。這些都是我最珍貴的無價資產，我們並肩，胼手胝足的時光，彌足珍貴。

澎湖最美就是人和情

四、愛情：

由早期澎湖外拍的愛情電影《海豚灣之戀》，到近年的《落跑吧！愛情》，人生的愛情證券，只是one way ticket，只發給我們一次，我們應當好好珍惜，放下，放在心中，好好咀嚼，細細享受。

除了梁修身導演以我們家故事《東山再起：困境中的致勝商道》改編而成的《陽光正藍》電視影集，在澎湖拍攝期間，我給予取景、探班等協助；後來任賢齊導演的《落跑吧！愛情》，在澎湖拍片時期，和我最欣賞的演員舒淇小姐，也有緣在澎湖相逢。我們海洋體驗營的基地在團隊共同努力下，也很榮幸服務了整個外景隊，拍攝水族館內景時，我們也是全力配合，任賢齊導演掌鏡把澎湖在地人、事、物拍得十分美好。然而人生恍如一部蒙太奇電影，彈指之間，匆匆而過。

澎湖最美就是——人和情。
情牽海洋文創，幸福島嶼。
人生精彩畫簿，如何彩繪，有待提筆。

第三章

我的阿嬤是千金小姐
——大光工業社與西溪朝日貝釦工廠的故事

我們倡導大光生活文化，希望將八大重點價值發揚光大：一、掙貧脫困；二、無中生有；三、勤儉持家；四、產業特殊；五、日式建築；六、經營哲學；七、創新求變；八、溫和處世。

期望共同和大東山表兄表姐共同攜手，找回昔日榮耀，讓大光工業社重生，是現今我們開始共同努力的目標。我們都希望當年的千金小姐、我們的阿嬤，會在天上引領我們再重建大光工業社的榮光。

我的阿嬤呂陳吻女士是千金，她是澎湖縣湖西鄉西溪村陳家唯一的千金小姐，陳家在澎湖是有名望的世家，土地幾十萬畝。東南水泥的創辦人陳江章先生，我們要稱他為舅公，前澎湖縣立委陳癸淼先生，我們要稱他叔叔。阿爸在世時曾說：「阿嬤當年曾言：『我在家裡西溪的時候，是個千金小姐，什麼事也不必做。小時候，每次收成時，必須請很多工人，我們經常坐在田裡看大夥忙，等著賣雜貨零食的小販經過田邊，買零食來吃。』」據知，當年阿嬤是裹著小腳，三寸金蓮，還有隨僮由西溪村嫁到龍門村的。但是，阿嬤雖是出身富裕家庭的千金小姐，卻秉持著三從四德的傳統美德，在家從父，出嫁從夫，我想，我們的母親也是，我們的八個女兒，也是如此。

百年家族女性的風采

我們的母親：呂洪閨淑女士是來自湖西鄉龍門村的西廟（安良廟），外祖父是身為「漢文老師」的洪美輪先生，西廟洪家，在龍門村可說是「書香門第」，我的外曾祖父洪明庭先生是清朝的秀才，博覽群書，知識淵博，我的外祖父則是一位飽讀詩書的漢文老師。

在澎湖荒僻的小漁村裡還沒有設立學校，漁村子弟們多在私塾跟著漢文老師學文識字。據知外公除了要教導孩子們讀書，逢年過節還得幫不識字的村民們寫春聯，因此頗得敬重。

外婆長得眉清目秀，舉止優雅，擅長女紅、繪畫、剪貼。她常常為自己做的衣裳滾邊、繡花，包括衣領和三寸金蓮的小鞋邊，配上紅花綠葉，栩栩如生，這些ＤＮＡ基因都有福蔭到我們後代孫女兒們身上。我想，華蕙姐的一雙巧手，應該是承襲外婆最多。

因為外公是私塾老師，外婆也就較少上山下海，但有時農忙，還得下田拔花生、挖地瓜。她走在龍門村莊內，一定是整整齊齊，一身漂亮衣裙，手中或籃子內的包袱巾裡，另外放一套工作服，到了田裡勞動時再更換，下工時，再將工作服換下，她說過：「穿整齊，不僅代表身分，也是禮儀。」

真想不到一百多年前我們家族的女性，就如此有個性美和具個人style。外婆平日言行謹守分寸，一舉一動十分得體，每年七夕、中元、過年、元宵節她都會自己畫牡丹、玫瑰、水果，剪貼設計製作各種插在祭品上的旗幟，旗幟的邊緣還貼著彎彎的紅紙，雅緻可愛。祭拜完畢，外婆就將旗幟分送給左鄰右舍，鄰里都十分喜愛。

母親第一次簽寫自己的中英文名字

母親承襲自祖父母和外祖父母的身教影響，自幼就是一位端莊、賢淑又手巧的女孩。至於母親的教育程度，為何在身份證上是「不識字」三個字，據知，是中了那「女子無才便是德」時代背景的魔咒，身為長女，她就犧牲受教育的自主權益。雖然如此，她卻能自然地誦經，晚年時繪畫彩繪，後來訪美，舟車船舶飛機均來去自由，真是佩服她。旅美時，還被五姐庫姐安排至成人教育英文班（Adult School）上課。出國時，為了簽名護照，才第一次簽寫自己的中英文名字：K. S. H.Lu，真有趣。母親不識字且未受過正規教育，直到六十歲那年才第一次拿筆在護照上寫下自己的名字，曾以「有錢有酒多兄弟，急難何曾見一人，人情似紙張張薄，世事如棋局局新。」等書寫在畫紙上的傳家詞句，留給子孫。雖然已過世，但以抗癌畫家榮獲二○○五年周大觀文教基金會「第八屆全球熱愛生命獎章」的得主。

求學時，我喜歡和母親一同併桌串珠子、設計小飾品，雖然，我的手藝並不是頂靈巧，但是，潛伏的優秀女紅DNA遺傳，藝術與文學的細胞應該不欠缺，而我由吸收她邊做邊講述的忠孝節義故事當中，培養了我們姊妹們的人格特質，雖然，不一定能夠實踐到如她畫中，期許我們所記載的臻善至美的境界，但在倫常與人情世故中，領悟到為人進退，與做事的原則，當不離譜。

我們的父親，是在我和華娟姐就讀台北市立復興高中時逝世的。我對他老人家的記憶最深刻是在他老年時期開刀後，我為他刷牙時的印象，在童年回憶中，他曾經在一個夜晚，帶我拜訪湖西鄉西溪村的「大光工業社」；我聽著父親用澎湖腔的台語，夾雜著流利的日文，和陳松柏伯、陳松林叔等長輩高談闊論，討論著如何研發精進澎湖精緻漁製品的加工，我記得當晚嚐了幾口日本引進的燻煙魚絲小管、或是干貝，讓我口齒留香，終生難忘，只是聽著入神，當時才四五歲的小眼睛，就不爭氣地打呵欠睡著了。

老工廠恢復昔日榮光

二〇一四年七月二十三日復興空難的飛機失事地點，就是臨近澎湖機場的西溪村，讓原本寧靜的小村落，更顯得蕭條，失事後二年多至今，澎湖水族館當時也沒有ＯＴ出去，西溪村也沒有重要的復建工程在此，和湖西鄉吳政杰鄉長是舊識，見面時他表示他的鄉內、社區再造計畫，西溪村至今是一片空白。適逢華蕙姐和美絹表姐，創立三十八年的大東山在高雄楠梓加工區的再成廠，於二〇一七年三月份要吹熄燈號，希望能順利遷廠回到澎湖，落腳地點就在西溪村一〇一號的「大光工業社」，希望透過公部門的共同努力，將鑑定為三級古蹟的大光工業社老建築重新整修，恢復將近八〇年歷史的朝日貝釦工廠昔日榮光。

朝日貝釦廠創辦於一九三六年（民國五十二年，昭和十一年），創立者是我們的叔叔：陳松林先生，他在高雄鹽埕區（舊稱沙地）見到日本人利用東南亞的（鐘螺）製釦，因為，當時日本有大量鈕釦的需求，民間向政府建議可以開發這個產業，當時政府於是決定經政府通過後，每年還補助一筆創業獎金。

陳松林叔叔心想，故鄉澎湖鐘螺也不少，於是，便興起了創業的動機，委託高雄的鐵工廠仿照日本鑽台樣式，鑄造了六座運回澎湖。廠址就設立在西溪村一〇一號，因為工廠大門向東，迎接旭日的紅太陽，加上又有寓意貫徹始終的精神，因此取名為朝日 Asaki。

草創初期，一切相當艱辛，當時的銷售對象是日本內地，從製造到銷售都一肩扛起，而努力經營下小有成就。於一九四〇年重建工廠，由湯川組營造株式會社，設計日本式的廠房，牆壁乃由澎湖在地的硓𥑮石砌成，石灰砂漿填縫，牆壁轉角處則使用玄武岩，屋頂及閣樓用的木材則採購自嘉義，廠房擴建費時兩年，於一九四三年完工，然當時正逢二戰期間，日本屬地的澎湖常遭受美軍轟炸，馬公市民往鄉下疏散，而這新建的日式建築就被日本人相中居住。

一九四五年台灣光復後，中日斷交，與日本的貿易中斷，導致工廠停工兩年，而朝日貝釦廠和吉成製油所（另一事業）因名字帶有濃厚日本味，也在此年統一更名為「大光工業社」，直到一九四七年開拓大陸市場，以及恢復對日貿易後，市場需求大增，當時盛況約有二十名車鈕工人，而當時台灣一時流行的製衣廠，也大都選用大光製造的貝釦製衣，一九五二年九月二十三日，當時的省主席吳國楨先生也曾到訪參觀，讓位於西溪村的大光工業社成為台灣當時的知名產業。

倡導大光八大文化價值

但是，好景不常，貝釦在一九五六年漸漸式微，被塑膠鈕釦所取代，一九五八年大光工業社也停止了貝釦生產，轉而經營其他行業。

至今，我的表兄陳文欽、陳文澤昆仲，仍倡導大光生活文化，期將八大重點價值發揚光大：一、掙貧脫困；二、無中生有；三、勤儉持家；四、產業特殊；五、日式建築；六、經營哲學；七、創新求變；八、溫和處世。

時至今日，期望共同和大東山表兄表姐共同攜手，找回昔日榮耀，讓大光工業社重生，是現今我們開始共同努力的目標。我們都希望當年的千金小姐、我們的阿嬤，會在天上引領我們再重建大光工業社的榮光。

第四章

父親，創立大東山的關鍵人物

父親異鄉謀生不易，唯窮則變，變則通，運用台灣當時得天獨厚的豐富天然寶石珊瑚資源，另闢蹊徑，將漁撈轉型改為撈珊瑚，創辦大東山珊瑚寶石公司，公司取名為「大東山」，意即「克服困難，東山再起，扭轉乾坤，否極泰來」，以此作為大東山經營精神的真諦。

我們的父親呂清水先生，湖西鄉龍門村人，民國四年（一九一五年）七月十二日生，民國六十三年（一九七四年）二月五日逝世，澎湖水產職業學校第一屆第一名畢業，曾任湖西鄉第一、四屆鄉民代表，澎湖縣漁會理事長，及澎湖第四、五屆縣議員。

在縣漁會理事長任內，主張漁者有其船，致力改進漁撈設備和技術，鼓勵漁民將木船改成機動漁船，讓澎湖從手划漁船時代跨入了馬達漁船時代，並且不斷進行漁具和捕魚技術的改良，備受漁民肯定。澎湖縣第八屆漁會理事長歐康雄曾提及，呂清水擔任漁會理事長期間曾推廣張罾網、珊瑚網、火罾等技術給漁民們使用。

克服困難、東山再起

民國四十七年（一九五八年）開始連續當選第四、五屆縣議員，議員任內均擔任有關財政、主計、建設等事項的審查委員會。《澎湖縣誌．政事志》記載，議員任內所提建言有：開拓臺灣鹹魚乾輸出外銷以維護生產。建議省府令告臺航公司維持現狀繼續經營高馬線交通；在湖西鄉籌劃縣立初中湖西分校（即今天的湖西國中）以利教育，建議政府整飭澎湖區漁會撤銷馬公漁市場。建議縣府承辦境內未滿二十總噸之動力漁船檢丈以符漁民之宿望。請政府輔導私人企業獎勵水產品加工外銷爭取外匯。

當澎湖漁業興盛時期，父親經營海事用品事業，專門提供馬達、引擎、油料、漁網、漁具等物品。對於靠海吃飯的當地人，生活上充滿著不確定性，父親卻基於人情，熱心地協助漁民向信用合作社貸款，並自願擔任保證人。但因民國五十年（一九六一）葛樂禮颱風侵襲，致使漁船、店面受損嚴重，生計頓成問題。

在事業正如日中天之際，因受颱風來襲，漁船受損，許多漁民生計均成問題，父親遂轉赴台北謀生。來台北後，落腳在南京東路三段八十九巷的僻靜小巷弄內，後運用臺灣所發現的珊瑚資源，將漁撈改撈珊瑚，經營珊瑚加工業；更受到兒女貝殼加工成績斐然的啟發，靈機一動，設立了「珊瑚、貝殼加工廠」。並採用引導方式，依子女跟子弟兵的天份、潛能給予分工，協助他們儘量發揮所長，在工作中發現興趣，得到樂趣，「珊瑚大王」當之無愧*。

撫今感昔，父親異鄉謀生不易，唯窮則變，變則通，運用台灣當時得天獨厚的豐富天然寶石珊瑚資源，另闢蹊徑，將漁撈轉型改為撈珊瑚，創辦大東山珊瑚寶石公司，公司取名為「大東山」，意即「克服困難，東山再起，扭轉乾坤，否極泰來」，以此作為大東山經營精神的真諦。

父親經營寶石珊瑚加工業，由於秉持薄利多銷、物美價平的經營理念經營大東山，信用卓著，事業日上，被稱為「台灣珊瑚之父」，創業五十多年，大東山珠寶公司在大哥呂樑鑑與十一兄弟姐妹與第三代子女等三十六人，共同努力合作經營下，已形成跨國企業，開枝散葉。二〇一六年五月，呂樑鑑正式交棒公司給身為最小么妹的我，期待我繼續帶著無懼的勇氣，帶領大東山東山再起，在變化的市場趨勢中，精彩揮灑。

*編註：以上八十一頁～八十三頁文字，轉載及改寫自《湖西鄉志人物篇第二章，日治時期與台灣光復後澎湖志書有關湖西地區人物》，澎湖縣湖西鄉公所編印，二〇一〇年出版。

專題特寫

大東山品牌故事

一、大東山珠寶，精緻生活化

大東山珠寶集團於一九六三年成立，迄今已有五十多年的歷史；秉持平實穩健的企業文化，積極拓展內外銷市場，並在海外多處成立行銷及生產據點；致力於研發、設計、行銷及自創品牌之工作。

大東山珠寶致力於產品研發及行銷規劃，榮獲數屆臺灣精品標誌、優良設計產品、世界包裝之星、臺灣包裝之星、文馨獎及梵諦岡授權推廣禧年文物，並融合各國文化，賦與產品心靈意義層面的精神，祈將臺灣精緻（Created in Taiwan）的精品形象，推廣至全世界。

二、產品種類

大東山以其專業領域之長才，獨步全球，多元化的經營，標榜「源自產地」之原則，提供消費者物超所值的珠寶贈禮。其產品種類包括珊瑚、珍珠、鑽石、紅藍寶石、琥珀、水晶、K金飾品及各種寶石，產品項目涵蓋珠寶首飾、擺飾、珊瑚收藏藝術品等。

三、鴻運珊瑚

大東山珊瑚寶石博物館，館藏數百件珊瑚雕刻藝術品，珊瑚乃是珍藏、投資理財、節稅、傳家的最佳選擇。大東山更將自然的珊瑚材料與人文思想結合，以提昇珊瑚藝術品的文化內涵，使國寶珊瑚更能繼往開來，傳承久遠。

充滿奧秘的希望珍珠，因富天然色彩與稀少奇妙而愉悅動人，欣賞珍珠的美，即代表人生的亮麗多彩。而來自南海的彩虹珍珠，具有充滿生命力與多變化的造形，完美的呈現自然藝術與天然如彩虹般的色澤，皆展現了珍珠迷人的丰采與無與倫比的價值。

四、南洋貝寶珠

大東山珠寶致力於新產品的設計及研發，而南洋貝寶珠就是在這樣有著優良研發產品的團隊下，用天然養珠的母胚結合高科技所研發的真珠飾品，並為台灣贏得大量的外銷訂單，且廣受具有時尚意識的女性所鍾愛。

五、知性、人文、藝術、創意、設計

大東山秉持著誠信的企業原則，平實穩健的企業文化，專業的經營方向，除了給予社會多樣性、多元化的知識引導，更致力於創造國人對珠寶精緻文化的鑑賞力，為社會大眾的生活品質，提供豐富的精神面貌。

專題特寫

台灣珊瑚王國，得天獨厚

文／林淑蓉

台灣珊瑚產量佔全球七〇％，其中九〇％外銷，因此贏得「珊瑚王國」的美譽，而執牛耳的就

是大東山公司。

從古今中外的歷史來看，珊瑚一直具有崇高的地位。一般人以為，中國人富貴人家偏好翡翠，而以玉飾來避邪，其實，「紅為正，綠為偏」，是自古至今未曾改變的事實，而紅色珊瑚「是歷代王公貴族才佩戴的飾品，也有避邪功能及藥效，所以，珊瑚才是最具代表性的中國國寶。」大東山公司協理陳呂華娟表示。

根據宋代《太平御覽》一書中的紀載，漢武帝以珊瑚玉對盆景供奉在神堂之中，這就是中國早期以珊瑚作為貴重供品的記載。

國立故宮博物院編纂陳夏生指出，在清代，珊瑚運用得非常廣泛，例如皇帝在行朝日禮儀時，必須繫上嵌珊瑚的朝帶，戴珊瑚朝珠；皇太后、皇后在重要場合穿朝服時，要戴三串朝珠，其中左右兩串是朝珠，中間一串為東珠；皇貴妃、皇太子妃、貴妃等，中間一串是琥珀，另外兩串亦是珊瑚；文武二品大臣及輔國將軍的朝服，都要用珊瑚冠頂。

在佛教經典中，珊瑚與金、銀、珍珠、琉璃、琥珀、硨磲及瑪瑙等，並列為八寶，許多西藏喇嘛高僧的念珠多採用珊瑚製造，因珊瑚是至寶且具有尊貴及避邪的特質。珊瑚的成份是碳酸鈣，可以平衡身體的酸鹼，在《本草綱目》中亦記載，珊瑚有明目、除宿血等功效。由於代表高貴與權勢，象徵幸福與永恆，印第安文化尊珊瑚為「大地之父」，和「大地之母」土耳其石，並列為印第安文化中不可或缺的兩大飾物，表示「陰陽和合、天地合一」。

天賜寶物

除了歷史悠久、地位崇高，珊瑚的產地亦遍佈全世界各大海域，包括：一、太平洋海區，主要是日本、琉球、台灣東岸、澎湖及南沙群島；二、大西洋海區，主要是以地中海為主的國家，如義大利、阿爾及耳、突尼西亞、西班牙、法國等；三、夏威夷西北部中途島附近海域。然而，三個地區中，又以「日本海和台灣海域之間的深紅、桃紅色珊瑚，才是珊瑚世界中，品質最佳的上品，台灣得天獨厚有最好的珊瑚寶藏，使台灣具有成為珊瑚王國的優渥條件，」大東山協理陳呂華娟信心十足地表示。

珊瑚生長在深海一五〇公尺到二〇〇〇公尺之間，呂協理接著分析，「平均每十年只能成長一公分，以這種緩慢的速度，一件五十公分的珊瑚藝術品，在海底成長的時間，就要五、六百年，甚至更久，得來相當不易，增值空間自然可觀。」珊瑚這項珍寶，其實也是大東山公司呂氏家族的「天賜寶物」。大東山第一代創辦人呂清水先生原本以捕魚為生，但鑑於漁撈業逐漸沒落，呂清水將撈魚改為撈珊瑚，另闢生路，一九六三年創辦大東山珠寶公司，至今大東山的足跡遍佈全球，全是拜珊瑚珠寶推展順利之功。

屹立業界五十餘年，大東山在成長茁壯之餘，更不忘回饋社會，除在夏威夷成立博物館，花費巨資編纂珊瑚書籍，並計劃開設珠寶學校，提升國人鑑賞能力，推廣中華文化。

在資助宗教事業方面，大東山製作的全世界最大一尊西方三寶佛，當時計畫供奉在新落成的慈濟靜思堂，這是大東山結合台灣珊瑚同業及慈濟信眾的力量，才得以實現的一項善舉。另一尊神愛世人的耶穌像，希望在時機成熟時，獻給教宗，來作為促進兩國邦交的禮物。

大東山擁有無數珊瑚雕刻精品，其中又以「王者之香」、「生生不息」、「破繭而出」等三件最為珍貴，這三件作品曾借給故宮展出，可以看出其藝術成就受到朝野一致的肯定。

說珊瑚的材質顏色，看珊瑚的雕工之美，讀珊瑚的典故，轉眼間，夕陽即將下山，呂華娟卻有許多故事還來不及說，「不管你懂不懂，收不收藏，只要是聊珊瑚，隨時歡迎大家以珊瑚來會友，」呂華娟興致盎然，毫無倦意地說。

（本文轉載自《中外畫刊》，一九九六年十一月號）

第五章

慈母，永遠的希望珍珠

為了我們，辛苦了大半輩子。
起早睡晚，照顧我們；無怨無悔，奉獻自己。
總是默默地扮演幕後者的角色，
一份慈愛的終身職業，
母親！母親！像個韌性十足的母蚌，
保護、激勵、孕育、關愛兒女，
顆顆明慧瑩亮的希望珍珠，
我們就是這樣誕生的。

呂洪兩府聯姻，珠聯璧合

民國五年（西元一九一六年）十一月七日，澎湖縣湖西鄉龍門村的西寮洪美輪府，誕生了一名十分可愛的女娃兒，取名閨淑，她是十分令人喜愛的。外祖父是鄉間人人敬重的秀才，父親是村中精通漢學的私塾老師，擅長漁撈技術，心地善良，走路都要確定沒有採到螞蟻。母親則精女紅，精簡持家，上有長兄友軾，二哥友轍，下有弟友涼，大妹閨緣，小妹閨春。

與生俱有的長姐命，又恪遵三從四德及「女子無才便是德」的固有傳統禮教，她自幼隨外祖母學女紅，下田種蕃薯，剝花生，處理家中大大小小事務，屆適婚年齡，知道同村東寮的呂再成先生長子呂清水君，家有一姐名燕外，乃家中獨子，天資十分聰穎，是澎湖水產專校首屆第一名畢業的高材生。於是，憑媒妁之言，呂、洪兩府聯姻，是珠聯璧合自然的美事。

適清水公之後，她一連生了五胎千金，華麗、華鍼、華照、滿及庫。到了第六胎終於盼到弄璋之喜，長男樑鑑誕生，樑乃家之棟樑，鑑是要有鑑別善惡、分辨好壞之意。之後又生了六女華蕙，旋添兩丁，即明鑑和榮鑑，爾後續生兩女，華娟和華苑。當我（老十一）出生時，母親已是年屆四十又四的超齡產婦了。

米缸空空，賢妻良母一肩扛下

母親在一個接一個小孩拉拔、襁褓、成長中忙碌，幸有祖父母幫忙，且大的帶小的，養成良好家教，小孩們自由自在長大，父親忙於事業，母親帶我們從小訓練奉茶，打掃之中，養成從工作中幫助別人為樂的品行。

在我出生前，父親的事業如日中天，可稱是澎湖人人敬重的鄉紳和讀書人。因此母親曾享有一段如貴婦般的日子，當時兄姐們則有如萬人爭相寵愛的貴族子女。但是，這種尊榮似乎輪不到我和華娟姐。那年，娟四歲，我二歲，祖父過世，父親經營的海洋事業旋遭颱風蹂肆，他不欲將此困難加諸生活已十分艱苦的漁民身上，毅然獨自承擔整個重擔，加上民間三分利息，仍逃不過法院查封不動產的厄運。

因為父母子女眾多，又值個個是嗷嗷待哺的成長年齡，米缸空空是常有的事情，記得當時的善心人、澎湖救濟院院長郭自得先生和黃文藻先生（澎湖縣議會秘書），共同贈送一包白米來時的光景，母親常說：「要永遠記住別人雪中送炭的愛心，將來救助別人！」

六〇年代，父親領悟到由何處跌倒，就從那裡再爬起來。一九六三年，在澎湖我們一家住在光復路，當時日本人與伯父陳松柏先生合作打撈珊瑚，因為父親研究澎湖海域，知道珊瑚產處，所以鼓勵澎湖漁民踴躍加入採撈珊瑚之行列。當時我們後巷的一位珊瑚師傅趙松田先生念及我們一家人多，且父親是個大好人，所以要我們小孩在課餘去和他學一技之長；父親當時認為，我們學會了，為什麼不教導給更多和我們一樣的孩子們，有工作就有飯吃。當時澎湖經濟情況不佳，當父親有意號召家鄉子弟成立珊瑚貝殼加工廠的構想一出，許多家鄉世交伯叔就打算送自己的孩子跟隨父親，由學徒入門以習得一技之長。兄姐們及我就是當然的基本學徒。我們和這群將來的「大東山人」即是如此，一同生活學習，一起成長，親如兄弟姊妹，母親這時一人負責照顧全家人的生活起居，她對待員工視同己出，一樣疼惜，對自己孩子要求更嚴。我們兄弟姊妹沒有任何特殊待遇，她要求我們對人要有禮，客氣謙恭，和樂融洽，千萬不可驕縱。所以秉持這項傳統，到今天「大東山」的特性是：誠實、平素、質樸、克勤克儉、平易近人。

跌倒，再爬起來

七〇年代，五姐遠赴美國參展後，與五姐夫在美國胼手打開海外市場。三哥榮鑑則在夏威夷經營珊瑚零售店。這期間，父親因為長時期操勞，曾因良性腦瘤開刀休養，仍退而不休，母親隨侍在身旁悉心照料，一度從谷名駒先生之議至板橋郊區靜養。然腦瘤開刀傷及面部顏面神經後復健成功，仍矢志要向再存活十年目標挑戰的父親，仍逃不過命運之神的手。

在失去父親後，我們認為母親已經六十歲了，像是個輪軸無休的軸心，該是讓她好好休喘，靜養晚年，含飴弄孫，遊山玩水的時候，於是我們決定讓她到美國康州與五姐夫一家人小住，由六姐華蕙陪同母親去夏威夷二個月並遊十一州，由成人教育的ＡＢＣ學起，而後再至夏威夷與當時尚獨身的三哥住一段時間。小哥帶母親至海濱看大海陽光、花和樹，帶給她創作的泉源，買彩筆、紙等文具讓她藉繪畫排遣閒餘時光，她沒有一刻停止彩繪的嗜好，為了子女，生活忙碌了一生，終於盼到了她的最愛：繪畫。她每日定時早晚誦經，雖未受過正規教育，卻能將經文的精義，寫於書畫上，作為子女及後代日常生活之規範。她的大多數作品，即由此時期開始萌芽。

爾後台北、夏威夷往返數次，她的身體機能已漸露疲態。一九八六年的復活節前後，她走了。為了紀念她對夏威夷的特別情愫，我們於火奴魯魯創立了「大東山珊瑚寶石博物館」（The Lucoral Museum），陳列她生前繪畫的真跡。且對外開放給大眾參觀，特別是分享且教育當地的孩童，介紹她對生命奮鬥的故事，與她對大地萬物的那份情感，及她對眾人的關懷與愛心。進而教導小朋友們對大自然天然寶石珍藏的認識，且間接對夏威夷海洋多元文化，注入中華儒家、孝悌、家庭倫理的思想。

綜觀母親的一生，是孝媳，是賢妻，是良母，是善人，是多才多藝的畫家，她溫暖了我們這個家，也間接福被福惠國家。

她出身書香世家，是一位典型的台灣傳統女性，自幼生長在澎湖，晚年鍾情夏威夷：澎湖的六十四個島嶼與夏威夷，就如同懸掛在海上的兩串珍珠。她的一生奮鬥，刻苦耐勞、克勤克儉、不屈不撓的精神，令人感念。她將她的愛，串集成了十一個心連心的子女與一群團結可愛的大東山人，如同完成一串珍珠項鍊般，平實、穩固、內斂又牽牽掛掛，不求世人注意，只欲顯露珍珠的美好外觀，珠光照耀別人。她又像個韌性十足的母蚌，保護、激勵、孕育我們，顆顆明潔瑩亮的希望珍珠，我們就是這般誕生的。

珍珠美，慈母恩

看到珍珠美，想到慈母恩，珍珠的美令人愛不釋手，母親的愛，廣大無邊，我們愛珍珠那一份叫人心旌動盪的美，更愛的是母蚌內所深藏、孕育不辭辛勞的毅力與精神。慈母的珍珠是一串永恆的希望珍珠。她！永遠佩戴在我們胸前與心中。普天下每一個子女，對母親而言，皆如珍珠般的寶貝、疼惜，一樣地充滿希望，由希望珍珠串集成的項鍊，最適合母親佩戴，象徵母親的愛與子女的孝心。

今天希望珍珠的種子，似蒲公英般散佈到世界每個角落，我們除了初期的珊瑚、貝殼，延伸到各種寶石外，今日珍珠已成為我們的一大宗產品，由大哥的生產、養殖，到二哥、三哥的市場行銷，全體「大東山人」的合作，希望珍珠已變成一項高貴不貴的普及珍品。我們堅持整體穩健經營，誠實、服務、求新求變的開發研究，希望珍珠已由無形的抽象信念，凝聚成為一項有形且饒富意義的人生寶物。一九九六年，希望珍珠，是我們呈獻給教宗若望保路二世的覲見祈福珍品，我們相信，希望珍珠不僅為我們帶來希望，也為人類賦予希望：希望珍珠，希望無限。

專題特寫

彩繪人生慈母心

從簽下護照名字的那一刻起　呂洪閨淑開啟了另一條創作之路

曾經在《世界周刊》「台灣鄉情」版，看見黃靖雅小姐的文章「阿公阿婆來畫圖」，標題寫著：「他們走過動盪、清貧的年代，有的一生沒有拿過畫筆，有的半世紀來，已不曾享受塗鴉的樂趣，但在台北縣立文化中心的安排下，他們開始在廟埕、校園、老人聚會所等地方，快樂地作畫……」我閱畢後，心有戚戚，且澎湃不已。

銀髮族的歲月，無論海內外均一般處境，何況身在海外上了年紀的人，幸運的人會開車，能開口講英文，倘漂渡重洋是其二度人生的啟幕，則更會體驗日子的漫長難熬，故擁有一項或數項消遣、嗜好，將可排遣時光，且可使人生更添色彩。

因此我認為有必要為讀者進一步介紹一位恪遵與人為善，慈悲為懷，且富中華民族典型傳統精神的素人畫家、也是我的母親：呂洪閨淑女士（一九一六－一九八六），讓大家認識她的作品。她，六十歲，首度出洋到夏威夷及康州，為了在護照上簽寫自己的中、英文名字，才首次真正學習如何寫字。但這神來之筆，竟為她在異鄉，開啟了一道創作藝術的彩虹天空。

母親一九一六年生於台灣省澎湖縣湖西鄉龍門村，出身書香世家，是一位典型的台灣傳統女性，一生恪遵三從四德，相夫教子，克勤克儉，樂善好施。

將經文寫在書畫上

她的父親，精通四書五經，是一位清高的「漢文先生」，鄉里學子大都受業其門下。她的母親，出身秀才家庭，擅女紅，精書畫。她自幼耳濡目染，因而知書達禮，雖未受過正規教育，但其德行頗為鄉閭稱道。及長于歸呂家，與夫婿呂清水公結褵四十餘載，平日相敬相愛，相互扶持。

父親逝世後，她哀傷之餘，持齋誦佛，茹苦教子，教導她的子女，做人要誠信，待人要體恤，要貢獻自己的力量給社會，造福人群，因為信佛的關係，她每日早晚誦經，並在日常生活，將經文之精義，寫在書畫上，作為子女日常生活之規範。她亦盡自己的力量，時時關懷社會及其周遭的人。

她養育了十一個子女，均已長大成人，組家庭、育兒女，或從公、或從商，遍居海內外。她生前經常到國外探親旅遊，其思想開明，見聞廣博，時時吸收新知，並灌輸給她的子女。

字畫顯露「真」性情

今天，我們再仔細觀看她的字和畫，由字裡行間，約可領略其做人態度，誠如：雕刻大師朱銘先生在一本書集的序言內所言：「藝術作品包含的兩個精神；一為『真』，另一為『發揮』，藝術家要在作品上顯真，生活為人不能假。」母親雖不是自成一家的藝術家，但我相信，她的字畫，已包含了「真」，且蘊涵了她對生命的愛，對後代子孫的期許，對世人處世的勉勵，她的精神，已「發揮」在她的字畫中。

在此特別將她數幅代表作中的勸世嘉言，摘錄歸類四篇於後和大家共勉：

一、孝順父母篇：

「父母恩情似海深，人生莫忘父母恩，生兒育女循環理，世代相傳自古今，為人子女要孝順，不孝之人罪逆天。」

「第一人問孝必先，清操勵節感蒼天。」

「孝順父母生孝子，上代古人行大孝，孝順感動天和地。」

「孝順之人，增福壽。」

「長大成人思孝順，自然天地不虧人。」

「食娘三擔六斗血，十月懷胎娘辛苦，三年乳哺奶辛勤。」

二、兄弟手足篇：

「兄弟不和，交友無益。」

「父子和而家不退，兄弟和而家不分。」

「手足之情誠可貴，萬事皆念骨肉親，人生難得兄弟愛，同心協力變成金。」

三、德性修養篇：

「慈悲為懷，博愛大眾，我為人人，人人為我。」

「無衣一時憂，無德終生羞，財富有時盡，德行彌久新。」

「祖先積德，子孫得福。天地正氣，道德長存。」

「壞事勸人休莫作，舉頭三尺有神明。」

「惟善為寶。」

「念念有好心，其後必昌，事事培元氣，其人必壽。」

「多多作善多多好，好宅好田好子兒。」

四、為人處世篇：

「肯替別人想，是第一等學問。」

「求人像吞三寸劍，勤儉節用莫求人。」

「信實待人人看重，自欺欺人事無成。」
「家中雖有萬貫財，不知節儉亦枉然。」
「有錢有酒多兄弟，急難何曾見一人。」
「人情似紙張張薄，世事如棋局局新。」
「求人須求大丈夫，濟人須濟急時無。」
「修道全憑靠自心，俗事淡看莫執著，歷經坎坷靈性升，仙家妙果早得臨。」

畫作贈家人用心良苦

她的每幅畫幾乎都題了上款，例如：媽媽完成此畫冊，作後代子孫留念勉勵，或是贈予親愛的×××留念。亦寫上作畫寫字的時間，及多大歲數。且很慎重其事地簽上自己的中英文名字，蓋上中、英文印章。

她不只畫送給自己的兒女、孫女、孫子，她生前的許多好友、道親亦向她預約求畫求字，因為大家認為她的畫，色彩鮮麗，手筆細緻，構圖十分大膽，船、魚、珊瑚、花、鳥、人、盆景、樹，都可以入畫，且其所題的勸世嘉句，意義深遠，足以珍藏。她的子女，頃將她生前的字畫整理，挑出其中代表性的八幅，製作成明信片。位於夏威夷的大東山珊瑚寶石博物館（Lucoral Museum）及位於台北市的大東山珊瑚寶石博物館以及大東山文創基地樂活人文之家，都可以親自觀賞她部份作品的真跡。

賦詩一首獻給母親

她的一生，是孝媳、是賢妻、是良母、是善人。她溫暖了一個家，也間接透過畫筆福被社會國家。她，就是我們兄弟姊妹心目中，最偉大的母親——呂洪闈淑女士。

如今我有幸以〈母親的字畫〉小品，獻給我最摯愛的母親，亦期勉海內外為人子女者，為你的父母親，提供一個晚年作畫的環境。上一代所留下來的一言一句，一筆一畫，都足以讓後代子孫深思。

呂華苑作

〈母親的字畫〉

六十歲　初次出國
十一名子女　當她的啟蒙老師
好不容易　在她的護照上
首度簽寫自己的名字
呂洪闈淑　四個大字
從此　啟開了她創作繪畫的源頭。
母親的字
純樸雋永　鍼入人心
字字心血結晶　勸人向善

句句珠璣　意義哲理深遠
母親的字
是首勸世的詩篇　賢哲郁慧
母親的畫
枝葉茂盛　欣欣向榮
色彩明亮　充滿生命活力
精繪細描　娟秀蕙麗　筆筆都是神韻
母親的畫
是首無言的歌謠　鼓舞人心
母親的字畫——
乃傳家之寶　人生寶庫典藏
母親的心
慈悲為懷　博愛大眾　我為人人　人人為我
母親的精神
天人合一　忠厚傳家　孕育棟樑　永照人間
母親！永遠懷念的母親！

專題特寫

永遠的希望珍珠——【呂洪閨淑老夫人紀念畫展】

呂洪閨淑（H. K. S.Lu），女，七十歲，一九一六年一月七日出生於澎湖，令人懷念的她，雖已於十七年前、一九八六年三月二十一日往生，她從未展覽過的百餘幅書畫：叮嚀真愛、提醒人生，字字珠璣、幅幅真誠，深深影響遍及全球的十一位子女與親友（八千金三公子依序為：華麗、華鍼、華照、呂滿、呂庫、樑鑑、華蕙、明鑑、榮鑑、華娟、華苑），呂洪奶奶在一九八二年，畫出一幅生命律動兩隻蜂鳥正在採蜜，配以書法警語：「肯替別人想，是第一等學問；財富有時盡，德行彌久新。」

回想安葬完相依為命四十多年的老伴後，於六十歲初次出國，十一名子女，當她的啟蒙老師，好不容易，在她的護照上，首度簽寫自己的名字：呂—洪—閨—淑，四個大字，從此，啟開了她創作繪畫的源頭……，尤其，她於一九七五年被中外名醫會診為子宮腫瘤後，仍堅信自己未罹癌，一切都以平常心應對，最精采的作品，都在這段「以癌為師、化癌為愛」中，彩繪出不一樣的人生。

贈畫雷根總統，深獲讚賞

呂洪奶奶因心中有愛，有好多話要交代子孫，有很多生命體驗要與人分享，從一個不識字的人，無師自通成為台灣第一位抗癌畫家，畫中充分感受到她那善良、誠摯的心，宛若一位落入凡間去老返童的精靈，用畫溫暖每一個人的心。她老人家的書法，純樸雋永，意義哲理深遠，有如勸世的詩篇，鍼入人心；她老人家的畫，色彩明亮，充滿生命力，幅幅神韻，有如無言的歌謠，鼓舞人心。

她用每一幅書畫訴說她勸世的心情，也表達她永不放棄的希望，對抗癌魔的堅定信心，就是

「有中生無」，她用色素樸，不侷限素材，不拘泥形式，一舉手一投足，都充滿生機與熱情，將疾病的晦暗彩繪成令人驚歎的生命之光，當年她神來一筆創作一幅祝福美國總統雷根當選連任的繪畫，深獲雷根總統讚賞，這可追溯自她的五女呂庫住進美國康州醫院急救時，孫子伯夷寫信給雷根總統，沒想到雷根總統從白宮親自打電話至醫院關切慰問，因為這段因緣，其後二位孫子的英文名字即以雷根命名。

以癌為師，創造奇蹟

呂洪奶奶生前以她的書畫寫真她的精神，在無以數計的人的心中，投射出「熱愛生命、把握現在」的熱力，不但使原本負債累累的呂氏家族，憑著這股呂洪奶奶「慈悲為懷、忠厚傳家、永不服輸」的生命熱力，從家道中落中興替爬升——東山再起——創辦大東山珠寶集團（Lucoral & Lupearl Group）、美國紐約希望基金會（Wish Foundation）、美國珠寶學院（Jewelry Institute of America）、國際珍珠協會（International Pearl Association）、大東山珊瑚寶石博物館（Lucoral Museum）等，永遠凝聚十一位子女愛無國界的生命力，把呂洪奶奶永遠的希望珍珠之愛，傳遍世界的每個角落。

綜上所述，永遠的希望珍珠——抗癌奶奶呂洪閨淑，以癌為師，叮嚀真愛：始終實踐「生命的意義，在幫助別人發現他們自己的生命意義」，留給人類不朽的生命資產，不愧為「永遠的希望珍珠」，深受周大觀文教基金會「二〇〇四年全球熱愛生命獎章評審委員會」的感動與肯定，從全球一六三八件全球熱愛生命獎章候選人脫穎而出，於二〇〇三年六月一日上午十時，在台北市國立中正紀念堂北區畫廊「永遠的希望珍珠－抗癌奶奶呂洪閨淑叮嚀書畫和許願希望珍珠聯展會場」，由周大觀文教基金會提前頒發「二〇〇四年第七屆全球熱愛生命獎章」。

第六章

生命的鬥士：立根的一〇〇個希望和他的一生

由立根身上，我領會到「逆向操作，另類思考」的道理，人生轉一個角度，可以看得更寬廣，人生的萬花筒，每個停格與切割角度都不太相同。我要告訴立根：過去是虛；未來是幻；現在，要把握；活著就要快樂，活著就有希望。凡事不要太執著、太在意，放輕鬆點，Be Yourself（做自己）！人生就像一張單程的車票，沒有彩排、沒有重來，讓我們多珍惜眼前一切，尊重身邊所愛的人。

我們家在二〇一五年的夏天，發出一封簡要的信，給至親和好友，寫道：

摯愛的立根親友，您好：

我們最珍愛的立根，完成他三十一年人生舞台的演出，蒙主耶穌召喚，二〇一五年七月十三日回到天國的家。

我們家人決定在二〇一五年七月二十八日（週二）早上十一點於台北第二殯儀館的追仁廳，

敦請最疼愛立根的黃明鎮牧師，為他主持一場溫馨簡約的追思禮拜。

如果，您剛好人在台北有空，敬邀您一起來懷念他，如果不便出席，也讓我們一起為立根祝福代禱。

謝謝有您豐富了立根的生命，感恩。

華苑率立志、立文及立品　敬上

（力行環保及簡樸，懇辭花籃及奠儀）

對生命意義的追尋

我共有四個兒子，是我們最大的財富，在二〇一五年的夏天，我失去至親大兒子立根，我曾經一直陷入在泥沼中，走不出來，也試著尋求協助和外力，透視我對生命意義的追尋。

立根生平追溯

一九八四年七月二十四日，立根誕生於美國夏威夷州火奴魯魯市的Kapionali醫院，後隨雙親回到台灣和祖父母及外婆暫住，一九八六年，因為當時他父親負笈耶魯大學，立根隨父母定居康迺迪克州，身為長孫，他的童年倍受家族及長輩的疼愛。一九八八年，因為父親繼續攻讀博士學位，立根再隨父母移居到密西根州的安娜堡市。至一九九七年，雙親均學成歸國後，舉家即歸返台北市。

回顧他的求學之路，學跨中西文化，自小學時代的Angell School, Tappan Middle School，再轉回台北市的中山國中及以滿分的成績畢業於夏威夷州Star of the Sea Middle School，到台北美國學校TAS，再轉學到密西根州的WCC附中，以及高中以同等學歷申請進入母親的母校東密西根大學的語言學系，直到轉入夏威夷州的KCC繼續學業，他孜孜不倦的學習精神，令人敬佩。

立根自小就對英詩和文學創作天賦異稟，其青少年時代的英詩創作《一〇〇個希望》（100 Wishes）（遠流出版社，二〇〇四）榮獲周大觀基金會頒發當年的「熱愛生命文學獎」，也開啟了立根獨立創作的濫觴，後來，他又透過網路陸陸續續出版了數本電子書e-books：《九九個希望天使》（99 Angels of Hope）及《魚兒說》（Fishes Talk）等，都是文筆流暢，發人深思。其中一本虛構小說《黑暗者》（Dark One）曾獲海外片商青睞，原預計在二〇一六年拍攝成電影，不意他著筆寫下集時，關於巴西戰舞的故事《光明者》（Light One）就撒手人寰。

綜其三十一年的一生，除了文學，他也熱愛巴西戰舞、日本劍術與饒舌歌；立根認真學習，晉級升段，既強身又修身養性。他的生命歷程雖然短暫，卻留下永恆的生命，是一位謙遜有禮，虛心受教，廣結善緣，認真創作，流露真情，又富有才華的好青年。

In Memory of Regan Lu Shieh（7/24/1984-7/13/2015）

by Richard Lu Shieh

Regan was born on July 24th,1984 in Kapiolani Hospital, Honolulu, Hawaii. Shortly after his birth, Regan briefly lived with his grandparents when his parents took him back to Taiwan. In 1986, with honor of his father's acceptance into Yale University, Regan accompanied his parents and moved to the state of Connecticut in the U.S.

As the eldest child of Chinese tradition, his childhood was filled with extra love and care from his family and elders. In 1988, his father moved the family to Ann Arbor, Michigan in pursuit of his PhD. Regan lived most of his childhood in the Michigan until his father attained his PhD. Eventually, they settled their family in Taipei and allowed himself to grow into a influential individual in Taiwan.

Regan's family travel has afforded Regan an opportunity to receive diverse educations in both eastern and western schools. He first attended Angell Elementary School and Tappan Middle School in Ann Arbor, Michigan. Moving to Taiwan, he soon transferred to Zhong Shan Middle School which he attended briefly before graduating top of his class at a private school called Star of the Sea Middle School in Hawaii. Finally, Regan attained his GED in Washtenaw Community College(WCC) in Michigan.

After his graduation in WCC, he attended his mother's alma mater, Eastern Michigan University, and further continued his education in KCC of Hawaii. Although Regan has been traveling frequently in his childhood, his youthful craving for knowledge was most admirable

Retracing the interests of his youth, Regan is fond of reading literatures and poetries. His publication during his teenage years, 100 wishes (100 個 希 望), was awarded by the Chou, Ta-Kuan foundation and motivated his personal development in creative literatures and ancient poetries.

His talents in literatures continued striving and led to his new publication of multiple E-books including 99 Angels of Hopes(99 個希望天使), Fishes Talk, etc.

All of his books are pleasure to read, especially strong in inspiring teenagers. One of his fiction of works " The Dark Ones"(黑暗者) even had a chance of becoming a movie. A sequel called "The Light Ones"(光 明 者) was subsequently created in his mind conceptually. Sadly, he passed on before he had a chance to finish it completely because of Regan's difficult time to collaborate with an oversized production company for making it into a movie by 2016.

Over the course of his 31 years of the fascination of literatures, Regan was also specialized in Capoeria and Kendo. Regan had never stopped improving his skills in both fields, which fostered his strong body, open mind, and humble soul in life.

His Journey through life , although short, will leave a forever lasting mark on a modest, educated, hardworking, creative, emotional, and talented young man.

誠如當時好友捎給我的「晨光靜語」所言，「我們都是天地的過客，很多的人和事，我們都做不了主，一切隨緣，緣深多聚聚，緣淺隨他去，看的是書，讀到的卻是世界，沏的是茶，償的卻是生活，斟的是酒，品的卻是艱辛，人生就像一張無回的車票，沒有彩排，沒有重來，所以多珍惜眼前的一切，尊重身邊所愛的人。」

專題特寫

年輕人，你做到了！

詞曲家郭孟雍老師曾作過一首歌曲，名為〈希望珍珠〉，其中有一段：「每一顆珍珠，都是一個希望，希望人生，永遠不同凡響。」而立根，就是我的一顆希望珍珠。

立根兩歲時，我隨他父親赴美讀書，便將孩子由台灣帶到美國康州念學前班（Preschool）。記得有次我到學校接立根，班上有位活蹦亂跳的小女生湊過來，見到我們用中文交談時，竟幡然大悟地說：「Oh! He can talk!」（哦！原來他會講話呀！）我才覺察到，立根這孩子的個性，是靜靜地用眼、用心去觀察人、事和物。

一九八七年，因立根父親學業的關係，我們搬往耶魯大學（Yale University）校區新港市（New Haven）；隔年又遷往密西根州安娜堡市（Ann Arbor, Michigan），於是立根便跟隨我們輾轉進入安吉小學（Angell Elementary School）幼稚園。有回立根腹痛，送醫診斷結果為急性淋巴腫瘤（Burkist Lymphoma），從此，四歲的他，便展開一連串的化學治療過程。

進出醫院已成家常便飯，從傳統的治療到最高科技的醫學實驗，都在他小小的身軀上試過。當時，朋友丁太太（Helen Ting）告訴我，她十八歲的兒子小時候也曾得過相同的病症——這個訊息，讓深深陷入絕望的我，對立根的病情重新燃起一股希望。所幸，立根幾度走過死亡幽谷，終能平安地活下來。

生命力，由一串串希望織錦而成

九〇年代，就和所有密西根大學有眷學生宿舍區的小孩們一樣，立根的童年就是和來自世界各國不同膚色、不同種族的小朋友們一齊學習，一塊遊戲，在樹林裡，在後院中，在門前沙坑，追逞跑跳，玩耍爬樹騎腳踏車，偶爾使使小壞點子。立根在安吉小學的日子，扣除生病化療的一年半載需好好保護外，誠如當時曾在醫院中鼓舞我的丁女士的話語：「你的孩子是有救的！」立根旺盛的生命力，就由一串串的希望織錦而成。

一九九六年立根升上初中，在同一個城市，一年內我們舉家連續遷徙三次，真是搬家搬到腳軟，但立根的學業從不受影響，每科成績，照常是西北大學對全美中西部學生測驗（pre-SAT）的百分之五以上之頂尖資優生；然而那年夏天，我們全家回台北定居，他卻傷心地說出：「You put us from Heaven to Hell.」（你們將我們由天堂帶到地獄）。

與安娜堡快樂童年的順境、自信與安全感相較，少年時期的他，面對的是台灣、美國教育制度的適應不良，學習中文語言的挫折感，以及中西文化差異的衝擊、周遭環境的變遷。立根求好的心，陷入慌張與恐懼之中，叛逆的反應與衝突也一一呈現。幸而，在台灣短短一年的中文體制教育環境中，立根仍能於困境中力爭上游，感謝當時中山國中李致仁老師所給予他最佳的心理建設。

一年後，立根隻身回到夏威夷，經由我六姐夫婦的協助，進入當地Star of the Sea Junior High School完成初中學業，立根還是以全校第一名滿分成績畢業的呢！而我這個寶貝媽媽，卻沒能去參加他的畢業典禮，分享他的喜悅與希望果實。

分享生命故事

爾後，他又回到台灣與家人相聚，原本想試著接受暑期輔導報考普通高中，但遭遇適應上的困難，便選擇進入台北美國學校繼續高中學業。然而，此時期碰到的挫折更多，讓立根的求學過程經歷了退縮、畏學，到休學、退學；種種的不順遂衝擊著他敏感的心靈，但是，這個孩子，雖身陷茫茫大海中，總不忘對著漂來的浮木，發出求救的訊號。此時，我們當年在安娜堡的鄰居好友，Dr. Frank Gerlitz與他的妻子Debbi，協助安排立根再度入學，並借宿在他們家年餘。「跌倒了，有機會再爬起來。」這就是時時充滿生機、處處迎向希望的立根生命寫照。

重回安娜堡，是立根的選擇，是他日思夜想的希望。能讓ＷＴＭＣ（Washtenaw Technical Middle College）接受他入學，除了Dr. Gerlitz的力薦，而他高中二年在ＴＡＳ全Ａ的成績，也是得以甄試資優生的資格，以及被破例接受的主因，這的確非常幸運。眼看著他人生的浮浮沉沉，如今重現曙光，讓我這粗線條及帶點韌性的媽媽，不禁喜極而泣，內心大聲呼喊：「兒啊！你終於有機會再唸書了！」

二○○三年秋天，立根再經密西根的好友Leo W. DiGiulio等人的協助，通過高中同等學歷的資格，及ＳＡＴ成績，正式進入東密西根大學（Eastern Michigan University），也就是我完成碩士學位的母校就讀，主修語言學。當我伴隨他回到學校宿舍，看到大門口「Home of the Honors Program」（榮譽生之家）這行字時，不禁莞爾，感慨人生真如同舞台上演的不同節目，也萌生一段小小的領悟：「凡事不要綳得太緊，面對危機或問題時，要處之泰然。」

逆向操作，另類思考

由立根身上，我領會到「逆向操作，另類思考」的道理，人生轉一個角度，可以看得更寬廣，人生的萬花筒，每個停格與切割角度都不太相同。我要告訴立根：過去是虛；未來是幻；現在，要把握；活著就要快樂，活著就有希望。凡事不要太執著、太在意，放輕鬆點，Be Yourself（做自己）！

立根創作的《一〇〇個希望》，是他一路走來的內心世界。這段內在的歷程——很長，生命的感受——很深。這部作品榮獲周大觀基金會頒發二〇〇四年熱愛生命文學獎，並由遠流出版公司出版，當時對立根的創作之路有莫大的鼓勵，特別要感謝周大觀基金會創辦人進華兄嫂的提攜與慧眼，希望這是一種傳承，而我不過剛好是傳遞火把的人罷了！

我想，若日後我有機會在社會的某一個角落，碰到任何與立根相仿年紀、命運的年輕人，我將不會忘了跟他說：「加油！」或拍拍他肩膀、鼓勵他：「朋友！下次你會更好！」「年輕人，是的！你做到了！」（Yes! You did it!）

二〇〇三年十二月二十八日於台北／脫稿于紐約旅次

（摘錄自謝立根著作《一〇〇個希望》媽媽的話）

專題特寫

希望珍珠戰勝血癌　全球發光

謝立根十年前小詩　如蒲公英散播世界
今打破生命黑洞，出版一〇〇個希望

修淑芬／台北報導

十年前，罹患血癌的華裔美國小留學生謝立根，躺臥在病榻上，寫下生平第一首詩《希望珍珠》，描述著一個受病魔折磨的小身軀，如何不放棄希望，終於戰勝病魔得以重生的故事。

這感人小詩，如同蒲公英花仔般散播到世界角落。一九九七年香港回歸的紀念品、梵蒂岡教宗的平安文物以及紐約九一一的慈善品上，都看得到這首舉世聞名的小詩。

出生在夏威夷、現年二十歲的謝立根，現於東密西根大學主修戲劇，他獲頒周大觀基金會「全球熱愛生命文學創作獎」，並在今天出版詩作《一〇〇個希望》，從第一個希望「健康」到第一〇〇個希望「永恆生命」，可以發現謝立根因病而早熟，病痛讓他青春的身軀裡住了一個老靈魂。

這本詩作是他面對生命黑洞的希望之歌。

謝立根的母親呂華苑說，謝立根是在四歲那年腹痛發病，診斷出罹患急性淋巴癌。住在兒癌病房的二年時光，謝立根每天擺蕩在輸血、抽血、打針、吃藥、化療、電療之間，拉扯在光明與黑暗、生命與死神之間。

謝立根年幼的心靈之所以沒有被病魔打敗，關鍵就在「希望」；謝立根瘦小的身軀蘊藏著希望火焰，個性敏感細膩的他，有一顆柔軟、善良、平和的心，可說是靠著寫詩走過一段難熬的日子。其中知名小詩《希望珍珠》的創作靈感，即源自於感恩節的一個傳統：在吃完火雞時，要二人同扯胸叉骨（Wish Bone），扯到長骨頭的那一人，據說能心想事成。

（摘錄自《中時晚報》，二〇〇四年十一月六日）

第二部

精神傳承

隱身台北巷弄中，曾經有個美麗的名字——「珊瑚珍珠巷」，即為大東珠山寶傳奇故事的發源地。過去主要以珊瑚工藝、珍珠養殖、設計、自創品牌、展店國際揚名海內外，並曾獲得美國第一夫人蜜雪兒．歐巴馬、前英國首相柴契爾夫人等國際名媛貴婦們的青睞。一甲子風華，將在計畫導入適性科技、創新手法帶領商品共創，協助曾是台灣珠寶產業的濫觴之地美麗轉身，並且運用台灣豐富的在地文化資本，轉化成為青年的創業資源，形成新型態的產業樣貌與時代新寵。

母親在世時，曾繪醒世格言「財富有時盡，德行彌久新」、「肯替別人想，就是第一等學問」，我們的父母倘若還健在，應該是百歲人瑞，想不到，在世時，母親晚年三十餘年茹素，以經文內容素人畫家之姿留下百餘幅勉勵子孫的畫作，長久作為後代子孫之留念，真是人生智慧，百世留傳，永垂不朽。

第一章

如何培養接班人

母親在世時，曾繪醒世格言「財富有時盡，德行彌久新」、「肯替別人想，就是第一等學問」，我們的父母倘若還健在，應該是百歲人瑞。想不到，母親在世時，晚年三十餘年茹素，以經文內容素人畫家之姿，留下百餘幅勉勵子孫的畫作，長久作為後代子孫之留念，真是人生智慧，百世留傳，永垂不朽。

最近再次整理資料時，發現二〇一一年十月十四日所寫的手稿《尋找大東山真正的接班人》，心中感慨萬千。我們在創辦人十一個小孩、孫輩共三十六人，尋尋覓覓符合要能如此宏觀又有肚量者，幾乎沒有，更要在當今環境下，隨時修鍊養成自我修養的習慣更是不容易，倘若是有，也是追尋自己的夢想較多，在國外培養長大和台灣總部的淵源不夠，更要有大東山呂家血脈與家族的向上向善心，真是不容易。

我在家族中負責的工作，大部份是對外，舉凡社團、協會、公會、工會、公益團體、國際的、地方的、鄉里的，零零總總，我有一句至理名語「複雜人際關係，簡單化」就是這樣產生的。

複雜人際關係，簡單化

俗話說：「有貝之財易得，無貝之才難尋！」道盡一名人格養成教育的領導人，不易獲得更是千中一選。

最近閱讀網路文章陳昭穎（Winston Chen）一篇佳文《台灣工程師的矽谷故事》，敘述自小到大都在台灣成長，沒有外國學歷的本土工程師，因緣際會進入矽谷新創公司歷練的故事，從文化、語言障礙到合作方式，思考邏輯，到溝通，還有辦公室戲謔的不適應中找尋平衡點，反思自己三十歲之前所學習與習慣的一切。

我們家族第三代有一半是ABT（American Born Taiwanese，美國出生台灣人），美國是一個民族大融爐，也是強調溝通與社交的社會，身處這樣的社會，只要能用他們習慣的方式，跟他們溝通，直白而自信地表達自己，會很容易和在地人打成一片，所謂「入境隨俗」即關鍵點在此。

在領導工作上，我們需要運用絕佳的溝通技巧，傳達我們所擘畫的願景，我們必須使出渾身的人際技巧，讓大家跟隨我們的腳步，帶頭前進，往前衝刺，沒有社交和溝通這兩項能力，根本不會有團隊可言。在此，我特別要感謝我的雙親，在我四歲時，就讓我學會溝通和領導，在嵵裡的海邊，讓我上了人生的第一課。如何培養正確的人際關係雖複雜，卻簡單化，沒有負擔，只有信心和溝通。綜觀台灣，從一個蕞爾小島，到現今，發展國際級的品牌，更得學習如何溝通出自己的價值和品牌特色。

行銷管理和溝通有絕大的關連，其中最難的部份，在於如何精準地傳達設計者或品牌創辦者想傳達的訊息，如何精準地傳達自己的理想，又考慮到 users friendly，將所有資源都投資在溝通訊息上（行銷），然後 just do it，那就對了。

溝通品牌價值

無論產品管理、製程 SOP 如何釐定，如何發展，它的核心價值不外乎把人類的需求轉化成產品的規格設計，並實作出來，質化的方式也同樣無可或缺，但質化方式的基礎，基本上，就是要和購買下單對象（買家）好好地坐下來討論，他們遇到的問題與解決方法，這就是我們經常掛在口上的「天天面對問題，天天處理問題，天天解決問題」。

我曾經參加聖嚴法師的社會菁英精進禪修營，學習到如何「面對它，處理它，解決它，放下它」的生活禪，當我們面對困難時，我都會運用到生活中，事實上，我也和家庭與孩子們及晚輩們共同禪修。

我的孩子們在美國受基礎教育階段，我曾擔任老大立根受教於密西根州安娜堡市安吉小學（Angell Elementary School）的 room mother（家長志工），我看到導師 Mrs. Manoe 是一位和藹可親的中年女士，她每天給孩子們的第一課就是「Show and Tell」。孩子們進教室的第一件事，就是帶來一件值得和其它小朋友們分享的小東西、小事情，可能是一件禮物，可能是一個絨毛玩具，每一位孩子站起來都可以講得一個好故事，無異拉近相互之間的距離，也創造了深刻的印象和深厚情感，孩子們自小由相互遊戲中，學習成長，沒有壓力，沒有填鴨式的教育，他們不必死背教科書，但是，他的教育方式是啟發式的，從根作起。

會溝通，比天份更重要

我認為，溝通和社交，比天份重要，我觀察周邊的人才，也見過許多絕頂聰明的天才，從小環境的不同，或是沒有人教導他們如何和人進對應退，儘管是天資破表，卻在現實社會屢屢遭受挫折，或是有些天才，在教育求學之路上一路順遂，但是沒有由社會群體生活中取得發展自我的資源，雖有學術上的成就，但是在人際關係上就不足，或是無法對上或下溝通，無法將內心的想法傳遞到眾人或想表達的對象，十分可惜。

反觀有些天才來自中產階級家庭，可能屢屢違紀犯錯，但是，總能運用絕佳的溝通方式，和人際關係，受到社會的肯定或諒解，轉而認可和讚賞，就是我們所說的「轉危為安」、「否極泰來」，甚至轉為「平步青雲」，可能半路逢貴人吧！

一九八七到一九九七年，我旅美十年期間，我喜歡觀察美國中產階級的教育方式，拿最簡單的「看病」這件事來說，在開車往診所的路上，美國中產階級的父母，會給孩子們先作一下心理建設，也就是我們所謂的「噓寒問暖」，等等醫護人員應該問什麼問題，比如哪兒不舒服，感覺如何等等，同時，也教孩子們可以如何回答，等到了診所後，大人們會放手讓孩子自己和醫護人員對話及瞭解自己的病況，包括事後藥物如何服用，回家後如何自理、保養，醫護人員主要談話對象是小孩，然後才是父母。

當我們教好第一個孩子後，其他的孩子就會依樣學習，他們還會一起討論，找出解決方式，創造經驗值，學習的過程就是這樣累積下來的。

美國的中產階級就是這樣，無時不刻的教育孩子們如何和社會相處，學習如何跟大人溝通的話語。留美期間，我們喜歡找到較第二線的城市，曾經待過八年的密西根州安娜堡市，其實是一座大學城，光是密西根大學的教職員生幾乎佔八〇%的城市，也是全美宜居城市的第一名，我們常常帶孩子們到 Main Street 去觀察過往的行人，看他們如何適切的表達自我的需求與想法，因為整個城市多是接受高教育的知識份子，且來自五大洲的國際人，無論是在火車上、飛機上、酒吧裡、餐廳中，看到的人多有良好教養，即便到了全是陌生人的場合，也很快地能夠找到自己需要的資源，也感覺到他們從小教育就很獨立，有擔當。

隨時準備「東山再起」

因為這種風氣所影響，我也訓練我的孩子們，要自我負責管理，要有勇於一試的勇氣，面對挑戰要有失敗的打算，要有隨時「東山再起」的心理準備。

返台後，我常受邀到台灣不同的科技大學為畢業的同學作「最後一哩」的演講或勉勵，我多直言不諱。台灣的教育方式，有些父母親太能幹、太操心、太重功利、重名次，從小到大，大部份的決定可能都是父母捉刀，為孩子操心及作決定，面對世界，有些父母站在孩子們的前方主導，剝奪了孩子們練習的機會，疏於練習，不能有獨立思考的立場，學習面對陌生人，陌生環境時，無法建立適當的溝通能力，出了社會一切才重新訓練，重新開始，所以，我多重點提示學業，「畢業」才是踏入社會大學大門的開始。

我們需要運用絕佳的溝通技巧傳達我們所擘畫的願景，我們需要使出渾身解數的人際技巧，讓大家跟隨我們的步伐一同往前衝刺，沒有溝通和社交這兩項基本功夫，根本無法有團隊可言。

身為國際人，發展國際級的品牌，更得學習如何溝通自己品牌的價值。因為返台後，約有十多年的時間，我代表大東山參與品牌的工作，和台灣的品牌之父、宏碁集團創辦人施振榮和葉紫華夫婦和他們的家人，有密切的相知相惜之誼。由早期的中華民國自創品牌協會ＢＩＰＡ（Brand International Promotion Association），到後來的台灣精品品牌協會ＴＥＢＡ（Taiwan Excellent Brand Association），由恩德企業創辦人謝子仁（東吳企管系）學長在理事長任內採兩會合一，我長期擔任理監事職務，二〇〇〇年時，在力晶集團黃崇仁董事長擔任品牌協會理事長時，我和謝董還是他的副理事長，他們這些前輩均是我的生命導師，我在他們身上均有不少的學習。

這群產業尖兵也是台灣精品品牌起飛的幕後功臣，我在他們身上學習到，謙恭的人格特質，但是在人際關係上，每一位都可以侃侃而談，可以靜如處子、動如脫兔，但是，上了抬面，又可以如脫韁野馬般奔騰，每年的海外學習之旅，或每年一度的「品牌之夜」，就是人才齊聚的一個大集合，我珍惜這段友誼，也和台灣這群國際產業尖兵們惺惺相惜。

治國如建軍，產業如戰場，歸返家庭，就由燦爛生活回復到平靜，自己內在的修持要隨不同場景，調適心情並轉換角度，才可以走更長遠的路。

母親在世時，曾繪醒世格言「財富有時盡，德行彌久新」、「肯替別人想，就是第一等學問」，我們的父母倘若還健在，應該是百歲人瑞。母親在世時，晚年三十餘年茹素，以經文內容素人畫家之姿，留下百餘幅勉勵子孫的畫作，長久作為後代子孫之留念，真是人生智慧，百世留傳，永垂不朽。

專題特寫

尋找大東山真正的接班人！

個性：內斂、沉穩、圓融、大公無私！成熟（心智上），社會歷鍊足，快樂，知足，勇於付出，樂於挑戰，正面陽光，富有朝氣！樂於助人，具有國際觀，一個真正有擔當的人，有愛心的人，忠於本土，氣度要夠，樂於接納別人的建言，愛澎湖，會以家族利益為前提，照顧家族中的每一份子，open-minded!知人善任，惜才惜緣！知道一步一腳印，穩建經營企業的核心價值。

基本態度：

一、和大家溝通時，不會只站在自己立場設想，洞悉宏觀的立場，包容他人，善解人意。

二、廣納比自己優秀的人才及建議，誠信！知人善任，尊重家族中的每一位長輩！
三、不自我吹噓，實實在在，讓外人感到溫馨可靠、溫暖、親和，態度謙和。
四、隨時充實自己的不足，成就別人，也成就自我，善待顧客及團隊成員。
五、具有分辨是非好壞的能力，聽得進去，講信義、重言諾！
我們做到了嗎？

寫於二〇一一年十月十四日

第二章

生命的覺醒，享受閱讀的光華

如果，能夠隨心所欲的閱讀，是一種奢侈的幸福，我自知不能擁有，但我很理性地把閱讀分成三類：為專案而讀的書，為陪伴親愛的人而讀的書，以及自己愛讀的書，結婚生子三十多年來，前兩項佔去了我大多數的閱讀時光，拜現今科技之賜，我可以在網路上尋找多年的老同學、好朋友，看到他們的生活近況，享受人生最佳的努力生活態度。虛空和夢幻都在臻善至美彈指之間，片刻享有。

如果能夠隨心所欲閱讀是一種幸福，而我自小卻不敢奢望。當年小時候，家教甚嚴，除了不可隨便和男生講話，少女時代，更是禁歌禁舞。一本拿破崙和耶瑟芬的情史書籍，要完整唸完，是不可能的事。不是在小時候要做家事，就是回家後先做工再完成功課，閱讀課外讀物對我是遙不可及的事。我唯二的樂趣是跑到家附近合江街眷村找小學時死黨金舒燕，因為她是獨身女，她家有整個牆面書櫃的瓊瑤小說可以借看，不然就是跑去附近朱崙街賀蘭英家打躲避球。

留下生命印記，不虛此生

自小我的作文簿內的志向，就是立定要做一個平凡中不平凡的人。當ＩＮＫ《印刻文學生活誌》田運良總經理在二〇〇五年二月和夫人林瑩華女士連袂一同來採訪我時，問我：「如果我不身為大東山的一份子而能自由選擇人生時，我會成為什麼呢？」文內記載當時的我，回答得很快，約略只想了一秒鐘，我回說「記者，或者旅行作家吧！」他們說彷彿這是一份我擱在內心抽屜最外層的檔案，一打開就在那兒，但已經很久沒有人這樣問了。也沒有人問我曾經有的夢想和所鍾愛的書。

商場待久了，文學氣質也漸消褪，對自己的筆耕能力，也大打折扣，希望在我還沒有忘記自己時，能為當下留駐一點印刻與回憶註解，也希望不枉此筆，我想這也是為什麼大好文化總編輯胡芳芳，要我親自動筆寫這本書的動機吧！當然，將來我希望我的孩子和孫子們，能把我的手稿捐給國家圖書館。

早歲，我喜歡伴隨母親上菜市場，幫忙她提菜籃子，是我的一項例行公事，因為她在老巷子澎湖巷的初期，還親自煮飯給所有員工吃，我喜歡在旁觀察她與人商洽事務時的言談態度與應對之道，那是一種很自然的表達，小小年紀，直覺得她很有權威感，身似一座高山堅拔，心像海洋般寬廣，外柔內剛，到了她晚年，則感受到她散發出來的那份祥和之氣，並仰慕她的那份優雅氣息，與超好人緣，又帶有點風趣的風格。

妳和妳媽最像

到今天，我周邊的人，有時候都會回答我說「華苑！妳和妳媽最像！」真好！二〇一七年的春天，我挖到了寶，她留下來的十五套旗袍，我接收了，到迪化街永樂市場內找人，稍事修改，當年最愛美最講究儀容的她，留下來給我最珍貴、最有福氣的衣裳，我會在人生最重要的場合穿上她，象徵先母福賜我的力量和勇氣。

身為么女，我一直扮演她貼心的小跟班、小秘書、小護士，我是她的一顆小小希望珍珠。少女時期，經由她的潛移默化，我的乖順聽話、溫柔婉約，是同學同儕和親友間津津樂道的。時至今日，當年東吳大學的同學廖健柱還常說大學同窗五年，我內向靦腆，很少聽我講一句話，但是相對的，我隱形的叛逆個性，也是母親她所熟悉的隱憂，所以，她為我主張主導許多事情包括我的婚姻，母親對我的影響力，雖然她老人家已走了快三十年，至今仍然是相當的大。

當母親生病時，我是她的小護士，在她人生最後階段，住院期間，為了照顧她，我和外甥女敏姿兩人學習護理工作，訓練自己養成基本的照護工作，對我們往後的生活體驗當中，提供了十分寶貴的經驗。特別要感謝她為我欽點了我結褵前後二十年、養育四個孩子的爸爸謝大焜先生，在她出院後，仍為她注射補充營養針，也促成了我「醫生娘」角色的短暫歲月，進而體驗赴美寒窗苦讀十年，完成「博士嫂」的生涯。雖然，這些頭銜均隨著他的往生離去，均成往日過眼雲煙，但是，對於我往後的日子，與不同階層、不同領域、不同文化背景、不同年齡的族群接觸時，有更深入的體驗與互動，還都要歸功於母親的教誨，對我至深的影響，也感動到那一份收放之間的豁達。

赴美展開新生活

我早婚，仍在就讀東吳大學英國文學系最後一年的三月份，就和大焜訂婚，六月份畢業，一九八三年七月十五日就結婚，大焜決定結婚典禮選在圓山飯店的金龍廳，且為了配合大焜的大伯、當時在位的謝東閔副總統的蒞臨主婚，因為要敦請他來致詞，需要安全檢查，我應該是當時班上第二個結婚的女孩子。一九八六年我們舉家隨大焜赴美，他被耶魯大學公共衛生學院（Health Administration）錄取碩士學位，準備去進修，我由一名照顧生病母親的大學女生，一下子變成了高速旋轉的陀螺，陸續在一九八四、一九八六、一九八八、一九九三年分別生了四個兒子，並擔任他的伴讀、廚娘兼生活與學業秘書。一九八六年五月在處理好先母在台的告別式，我們九月份學校開學，我們就帶著在當年夏威夷歐胡島（Oahu）母親節時第一個出生的老二立志，和老大立根飛到康州耶魯大學展開新生活。

在耶魯的兩年生活安定而富足，我們定居在五姐夫家隔壁的 North Haven，大焜到 New Haven 專心進修，住在校宿，週末再回來看望我們母子。我則和五姐的四個孩子 Paurl、Jimmy、Bernie、Morgan 打成一片，充當孩子王，甫到紐約創業打天下的二哥明鑑和二嫂秀琴，則將他們的孩子譽靖（Micheed）、蕙君（Ginney）、蕙安（Annie）和譽主（Reagan）交給我和二嫂的四姐秀媚共同管理，我主採買，她主生活起居，兩人搭配絕佳，我當時也和好手藝的四姐，學會如何包壽司和炊白蘿蔔糕。

如果說一個地方待上兩年，可以稱為你的第二故鄉，那我曾經住過的夏威夷、康州、密西根安娜堡，都有我的親友和曾經留駐的一草一木，都是我思念的故鄉。一九八八年六月十八日三子立文在康州的耶魯大學附設醫院來報到，我做完月子後，夏天舉家再一路驅車搬離康州，往密西根州前進，因為大焜收到密西根大學公共衛生學院（Population Planning & Int'l Health）的博士班入學通知，他放著修完耶魯的碩士課程，未完成的碩士論文，我們又踏上另外一個里程碑。

我再回想，當年已屆四十歲的他，在台服務十年到處兼差，初步一心想到日本當個鄉下醫生，早年就學時是北醫北極星詩社社長，也是登山社成員，當年他應該是北醫的風雲人物，不意在醫院邂逅了阿婆的女兒。一九八一年我赴美拿綠卡，一九八二年夏天到夏威夷楊百翰大學當交換學生，渡過了一個學習語言和文化的Summer Session。一九八六年會申請赴美，也是配合我們一家子坐美國移民監，拿身份；至今回想，人生真奇妙，繞了大半圈，追尋了一生的目標，到回頭還是回到原點。

初到密西根安娜堡，真的愛上這個十萬人口的大學城市。尤其是每個暑假，美國中西部藝術界的盛事，就是密西根大學的藝術節（Art Fair），整個開放的城市，舉目所及都是人文，都是藝術，我們的孩子們浸淫在這種氛圍內，享受自由閱讀人生的自然能力和動力。

愛好寫作的「生意囡仔」

一九八八、八九年間，大兒子立根在四歲那年，被密西根大學附屬醫院的血液科診斷出急性淋巴腫瘤，於是開始接受兩年漫漫的化療生活……。在那段陪伴治療的日子，外頭冰天雪地，閱讀是我們和孩子們之間最好的橋樑。每晚的睡前閱讀是我和孩子們的最美好時光。我自己明白，在生意場合打滾，自己不可能走到文學的路上，我早早認定自己天性憨厚，也剛好有寫作這項「特殊」興趣的「生意囡仔」與「澎湖女兒」，但是西洋文學的背景，為我的鑑賞能力打了一層底硬功夫，我的直覺態度，可以在很短的時間內，看出端倪，欣賞好作品，美好的人、事、物。

如果，能夠隨心所欲的閱讀，是一種奢侈的幸福，我自知不能擁有，但我很理性地把閱讀分成三類：為專案而讀的書，為陪伴親愛的人而讀的書，以及自己愛讀的書。結婚生子三十多年來，前兩項佔去了我大多數的閱讀時光，拜現今科技之賜，我可以在網路上尋找多年的老同學、好朋友，看到他們的生活近況，享受人生最佳的努力生活態度。虛空和夢幻都在臻善至美彈指之間，片刻享有。

在美伴讀的十年時光，我是先生最佳的學習夥伴，資料蒐集、做統計分析和三百多頁的英文論文繕打，也跟著大焜習得不少相關領域的書籍，藉由當時大數據的分析，我們當年即預測二〇二〇年的到來，人口急遽老化的潮流。身為父母陪讀的階段，我便開始朗讀童書，在密西根的後期，我曾撰文投稿至《世界日報》的《世界週刊》，專寫流行時尚與人文價值的文章，後來研究所同學汪成瑜社長創辦密西根新聞，我就成為該華文地方報的專欄作家，專門撰文寫「珠寶與人生」專欄。

一九九七年返台後，我曾經和立根一同出書《一〇〇個希望》由遠流出版，我負責將英詩翻譯成中文加導讀，就是書中的「希望小語」。

一九九七年到一九九九年間，為了到南亞技術學院教授分享「藝術鑑賞」的課程和到中華職訓中心的婦女第二專長訓練，我特別編輯完成了《希望寶石》一書，中英對照，至今仍是許多人踏入珠寶鑑賞這一行的鑑賞閱讀初學者的敲門磚。逢大東山四十週年時，於一九九七年編輯《中國國寶：珊瑚》、《世界珍寶：大東山珊瑚藝術之美》等專書。

閱讀的力量

回到台灣後，在珠寶專業中，具備國際貿易的生產設計與行銷實務經驗，長於專案企劃、主題策展、推廣編輯、公開演說、教學受訪、學術研究與美學設計，流行趨勢與品牌管理，曾先後擔任開南大學國際企業系的企業論理業師、台中嶺東大學流行時尚學院業師。接受許多大專院校講演與分享人生實務經驗，誠如當年為立根翻譯希望小語中所言，我相信：「慶祝成果或豐收，是付出後的回報，付出越多，得到的回報越珍貴，能夠體驗工作的樂趣，才能享受休閒的輕鬆感。」

我寫下這段話送給勇敢可愛的兒子們，也送給自己，送給不逃避責任和面對命運挑戰的人。

透過閱讀的力量，我順利地養育孩子們長大，他們都獨立，擁有自己的一片天空發展，我偶爾也到不同階段的學校去參加家長會、母姊會、親子座談會，分享我對孩子們的教育和養育經驗。中西文化的差異和如何在邊緣化的教育制度下，脫離舒適圈，回歸自然，回到基本盤的教育人生指南。功利教育制度的孩子，如何面對另類的安排，如何突破，如何邁向坦途等。

第三章

圓一個心想事成的約定

妳在往　綺色佳的路上
告訴我　那是妳的歸途
當年　兩個女人的約定
成就　一場美麗的藝術饗宴
沒有牽掛　毋須交代
這般灑脫　如此自在

二〇一七年的某一天，我的高中同學黃香玲（綽號阿呆）和我的line相連，突然出現了以下這段文字：

親愛的親朋好友，當你們看到這則PO文時，我已經離開了。

在一〇五年底文化局大墩個展過後，發現我罹患預後非常不好的膽囊癌。事實上，能活超過六個月和家人告別就算成功病例了。

但我用平常心，開心每天愉快過日子。因為在這之前的數十年，我已經建立非宗教的人文、哲學思考。在五十歲後，我在美術系研究所的論文，也是以我摯愛的哲學作為主軸。甚至於在罹病的前二年，在忙中擠出時間，重新去體會紅樓夢「繁華、幻滅」的哲思精髓。這讓我更淡定看人生的原因。

在罹癌的那段時間，除了醫療行程，和先生趴趴走外，大部分都開心的在東勢，那是個網路收訊很差、沒有電視、也不太看書，在原始雜木林木屋中放鬆、放空自己。我的人生觀是：人生是一場堅持自我信念，和自我戰鬥的過程，懂得生活美學才是最高境界的享受，我所有的浪漫都發生和家人一起不起眼的小旅遊上，這些我都徹底實踐了。

醫療過程一直很順利，甚至於一些時間好像沒生病似的。我沒有受太多的苦，真是感恩所有跟我配合的醫療人員。有很多不守規矩的探病「偷渡者」來看我，都覺得我比以前更好看（也許是開心、和保持體重），哈。甚至有一位看過無數癌症的「偷渡者」，堅持不相信，要我求證別家醫院確認……現在想來還是讓我笑得合不攏嘴。因為已經內建的人文和哲學讓我不忐忑，還有更多領悟面對每一天。

但在此時此刻，我剛知道有不能控制的狀況，讓狀況急轉直下。這沒讓我驚嚇，因為既然如此當然越快越好，我一直是講效率、急性子。此刻，寫這封告別信，我是開心的，請大家不要為我悲傷。

問我有流淚嗎？告訴大家：有的。每每看見孩子和先生深情的眼眸，我就知道我進入紅樓夢「風月寶鑑」哲思。越到最近，我告訴他們，我不和他們凝眸，即使是隔著skype。前幾天，半夢半醒之間聽見和自我對話：已經自我完成該完成了，包括享受。這夠了。沒有什麼好罣礙的，想來這趟路程也走了好久，直接走吧。因為以後也許不同原因，還要走一趟「死」這條路，好麻煩……夢醒之間，我看見自己的心意了。

和先生認識四十年以來，我們幾乎都是形影不離，相知相惜，價值觀念一致。我們都熱愛家庭，都是以家庭生活為核心。我們和孩子的情感也是沒話說的緊密。在長久的相處中，我們以身教傳承了可貴正確的人生觀和價值觀，我們重視內在零距離一起成長，無爭的態度，完成對生命的熱忱！

此刻，我即將進入存在主義「空無」的彼岸。所以：

孩子！不需要想我，千萬不要想我喔。

我靈魂伴侶、最愛戀的先生：盡快忘記我吧！

印證弘一大師手偈：君子之交，其淡如水，執象而求，咫尺千里，問余何適，廓爾忘言，華枝春滿，天心月圓。思之，多寧靜自在。我喜歡享受獨處和孤獨。在閱歷無數人生後，覺得一切隨緣，無需尋求認同，只需盡情的和自己的內在明心見性的相處即可，哈，真是舒暢無比。

沒有「任性」、「叛逆」那就不是我啊，哈。我一直認為真正的道德，包括環保……死後不麻煩人、不要吵活人、哈哈「遺照」，是想嚇死誰啊。接下來，我將全程居家安寧、最後加入我的獨門ノ步「斷食」，保準微笑到掛。安啦！在我安排下，我一定不受苦、優雅的離開。

對於身後事，我不須要告別式，麻煩先生、孩子等都處理好後再ＰＯ文昭告天下，包括所有「親戚」（這個計謀早在二十年前就……，）。想到我的骨灰飛灰煙滅在自家肖楠林，我又無比開心了！

沒看過那麼囉唆的我吧！哈

累了，手卡筋了，錯字請海函。

觀點不同的話，就當自己遇到瘋子，不要在意。

香玲　筆

香玲於一〇六年四月七日辭世，四月十九日骨灰樹葬於東勢山林中。夫一峰及兒彥達、彥鈞依照其生前囑咐完成生後事。以此方式告知親朋摯友，失禮之處，敬請見諒。

原來這信是香玲先生在她走後正式發出，我閱畢之後，難過了一下子，感覺人生無常，和她的先生黃一峰醫師對話一晚，我們決定依此方式，傳line通知我們的二十人「復興高中美少女」群組，還有幾位香玲Line group台中教育大學在職藝術碩士專班的同學等。當下我抑淚寡歡寫下了一段文字，如下：大家都不勝唏噓，心頭十分難過，痛失一位摯友，想不到醫生醫人，自己生病是這般無奈無情。

香玲　好走！

妳在往　綺色佳的路上
告訴我　那是妳的歸途
當年　兩個女人的約定
成就　一場美麗的藝術饗宴
沒有牽掛　毋須交代
這般灑脫　如此自在
我噙住淚水　就如我們當年的約定　如妳所願
阿呆　人世匆匆　來做客　該來就來　該走就走
願妳　一路好走　不必相隨　阿西

二〇一七年四月十九日

——高中同學　摯友　黃香玲　女使於一〇六年四月六日辭世，四月十九日骨灰樹葬於東勢山林中。

五月中旬，我特別在一次出席台中嶺東科技大學流行時尚畢業發表會走秀的活動後，隔日是國際崇她社全國大會在台中舉辦，特邀黃一峰醫師出來敘敘，也瞭解香玲走的前因和過程及安撫他身為夫婿的心，想不到來去匆匆，人生不過南柯一夢，看著二〇一二年七月二日的《澎湖時報》

剪報報導，回想在二〇一二年七月間，她帶領著台中教育大學美術學系的在職進修師生，於七月一日到十一月三十日，共同舉辦了一場：兩個女人圓一個「心想事成」的約定之「澎湖水族館海洋嘉年華美術聯展」，撫昔感今，我真的是感慨萬千，斯人已走黃花已逝，徒留傷心客在人間。

專題特寫

兩個女人，完成高中時的夢想

澎湖水族館昨日舉辦海洋嘉年華美術聯展揭幕儀式，據主持人大東山希望天地總經理呂華苑說，這個活動源自兩個女人高中時代的約定，如今而夢想成真。貴賓台中教育大學美術學系教授陳懷恩說，希臘神話故事美麗女神源自於海洋，所以在水族館舉行畫展特別有意義。縣長王乾發與省諮議員黃建築等人親往祝賀，參展的畫家們都特別從台中蒞臨會場與觀眾互動場面溫馨。

縣長王乾發昨天一大早趕到會場參加水族館海洋嘉年華美術聯展揭幕活動，在致詞時，他特別感謝主辦單位大東山希望天地呂氏兄弟姐妹，長期對故鄉澎湖的支持，當天在現場有董事長陳呂華娟、總經理呂華苑、還有她們很少露面的大姐呂華麗。省諮議員黃建築是龍門呂家的故舊好朋友，也到場祝賀並致詞。澎湖在地畫家鄭美珠也代表出席歡迎台灣來的貴賓畫家們。

與會貴賓台中教育大學美術學系教授陳懷恩說，這次參展同學都是該系在職進修生，原本在美術這行業就極有成就，是他們美術系的菁英，這次參展作品水準極高，目前該系有兩個展覽館可以與澎湖做進一步交流。陳懷恩教授這次有作品海角參展。

據主持人總經理呂華苑說，這次畫展能順利展出，是她與其高中同學黃香玲「心想事成」的約定，黃香玲說，這次活動她是為信守承諾排除萬難完成。昨天揭幕夫婿、兒子都到現場加油。這次畫展她有提出作品硓𥑮石厝。

據了解，國立台中教育大學於民國三十五年成立台中師範美術科，是國內首創之美術專業教育機構。歷經師專美勞組，在民國九十三年更名美術系，並於民國九十五年成立碩士班。其設立目標乃在培育具創作與理論修養之美術教育與專業藝術人才，除延續傳統精粹，更設置當代藝術媒材之技術課程與理論課程，以增進對藝術產業及國際藝術活動之參與。其碩士班旨在培養藝術理論研究、藝術創作或藝術設計能力的專業人才、提昇研究生獨立思考與研究的能力，持續深耕人文內涵和創造力兼具之藝術師資領域。

本次展出是由展出者以澎湖或澎湖海洋為主題並利用不同的方式做表現，其中作品創作方式包含油畫、雕塑、攝影、水墨等，以展現出不一樣的澎湖之美。

此次美術聯展的創作家有：洪瓊美、謝宜珍、黃香玲、廖定詳、邱景祥、楊春旅、徐韻琴、童凱俐、倪雅娟、趙純妙、賴慧容、阮惠芬、林子旭、王亮欽、張也、邱泰洋、唐昌浦、陳宏文、黃子寬、洪淑文、江明恭、朱啟助、陳美廷、林育如、梁勝雄、郭家宏與林澄瑤。海洋嘉年華美術聯展從七月一日到十一月三十日止。

（轉載自《澎湖時報》，記者廖璟華報導，二〇一二年七月二日）

第四章

福氣牽社企，台灣好福氣

秉持「社會公益，就是最好的生意」這個理念，透過更多的分享和交流，一定會讓更多扶輪人勇於創業，以社會企業打造台灣愛護本土，樂於助人，與人為善，共創愛與關懷的美好世界。

我們希望透過扶輪社友的力量與台灣社會企業合作，能夠發揮更大的社會影響力，把改變世界和日常生活銜接在一起，讓人們在改善自己生活的同時，也成為社會變革的推手。

為了刊登二〇一七年五月二十日福氣扶輪社授證交接典禮社刊，整理一下簡歷和扶輪社資歷，再找一找，許多無法列入，看來一頁是不夠，就像當年爸媽生了許多個孩子，在一次排排坐看戲時，生到我是老么，數一數才知道十一個，那個最後一個，就是——我。

老十一社當（就是社長當選人）：PE Pearl。我會當社長，要感謝夏威夷 Waikiki 扶輪社的華蕙姐（Flora Lu），我們也算扶輪家族，家族中國內外有許多扶輪先進，她排行老七，我是十一，所以我們有個秘密稱號，就是7-11。

進崇她社快十七年，兩度當社長，進扶輪社十三年，堅持不當社長，最終還是老么妳拗不過，當了福氣扶輪社社長。老十一社長，真有意思。我參與扶輪社的經歷如下：

二〇〇四年加入三五二〇地區台北市中原扶輪社
〇四—〇五出席副主委
〇五—〇六社刊主委
〇六—〇七理事扶青主委
〇七—〇八理事公關主委
〇八—〇九理事
一〇—一一理事
二〇一一—一四擔任澎湖水族館館長
二〇一四加入三四七〇馬公扶輪社
一五—一六國際主委
一六—一七永久基金委員會主委
二〇一七加入三四八〇福氣扶輪社
二〇一七年七月一日擔任三四八二福氣扶輪社首任社長

以下是二〇一七年五月二十日福氣扶輪社的授證典禮，我的致辭全文：

各位貴賓，各位扶輪先進，各位社長，社友，寶眷尊眷們大家好：

今天欣逢台北福氣扶輪社授證典禮，承蒙各位扶輪先進，友社社長，各位貴賓寶眷尊眷在百忙中蒞臨指導，感恩在心中，也使得福氣社更福氣，謹在此致上十二萬分的謝意。

台北福氣扶輪社由民權扶輪社輔導成立，在總監 DG Kevin 及總監特別代表及輔導顧問們的共同努力疼惜鼓勵中，經驗傳承多方協助，在很短期又超有效率下成立，這段時間的愛與關懷，多方鼓舞關心指導，再加上 CP Daniel 的睿智領導，用心經營，社友們的齊心共識努力，才能順利產生福氣扶輪社。

我們謹代表福氣社，再次感謝每一位社友和家人們，各大主委，籌備會主委 P. R. News，籌備委員們，在籌備期間提供資源和創意，才能讓今天的授證典禮，如此圓滿成功感恩。

福氣社的成立是一個美好的開始，相信日後在 CP Daniel 帶領下，聯合各位扶輪先進們的指導和成長，俾使福氣社在很短時間內，學習成長，謹守扶輪精神～進來學習，出去服務，懇請各位再予支持，不吝關懷。

最後謹祝福，由大家共同孕育的福氣社，更多福氣，

大家都福氣滿滿，快樂多多，平安喜樂。

我（Nickname Pearl）於二〇〇四年四月八日正式授證，加入扶輪！國際扶輪三五二〇地區當

年台北中原扶輪社 PE Boiler，也是我們大東山的老客戶，美嬌姐說她最敬佩推崇的人，就是我的五姐呂庫，當年還在珊瑚巷時代，綁著馬尾的庫姐，精神抖擻，是最佳的班長人選，永遠扮演領頭羊角色，也是我們家族到美國參加費城世界博覽會而留在美國，在康迺迪克州最早到美國打天下的最大功臣。我的五姐夫許俊彥先生，也是康州 North Haven 的標準扶輪人，在高雄的三姐夫徐阿信先生也是當地中區扶輪創社社友，他的女婿曾啟銘先生也是台南南科扶輪社社友，二〇一七年度和我一樣擔任社長。六姐華蕙也是夏威夷 Waikiki 扶輪社友，我的二哥、三哥在一九八四年代，還沒有出國到紐約打天下之前，曾經也是三五二〇地區分屬圓山社與天母社友，七姐夫曾經是青溪扶輪社，基本上我們就是遍佈在世界各地的標準扶輪家庭。

社會公益，就是最好的生意

二〇一四到二〇一六年間，我在中原社十年後，反而做了一項決定，將扶輪會籍轉到三四七〇澎湖的馬公社，結束了水族館 OT 的工作，回到台北，二〇一五年一月一日我和華蕙姐、華娟姐三姊妹共同創辦了「大東山文創基地，樂活人文之家」，簡稱大東山 CCC，有心人觀察到我們所做的突破，和當時台灣社會正在萌芽的社會企業很相似。

我們當初的構想很單純，我們除了每個月在最後一個星期五的下午二點到五點，舉辦一次免費的「大東山文創樂活修善講堂」之外，我想揭櫫的理念，就是希望能夠透過我的微薄力量，快快樂樂、健健康康地活下去，幫助更多的婦女和年青人。我們的社企責任旨在：

一、**青年幫助青年（Youth-Helping-Youth）**：

獎勵年輕人由創新、創意、創業中，帶動知性、人文、藝術、創意、設計為企業宗旨，給予社會更多樣性、多元化的知識引導，創造國人和業界接軌，對本土精緻文化之鑑賞力，提供豐富的精神樣貌。

二、**婦女幫助婦女（Women-Helping- Women）**：

鼓勵婦女第二專長訓練，厚植其專長創業，並自我成長，培養其自信心，帶動國際交流，將各領域之本土藝術家的文化技藝輸出，給予講座行銷，旅遊文創平台，為其培養傳承更多的專業，引導婦女在創業上專業的長才及集體行銷的工作能力。

三、**樂活銀髮互助之家（Silver LOHAS-Helping-LOHAS）**：

聚集銀髮族在身心靈的修煉工作上，作社會工作。大東山在台灣三代傳承工藝上，訓練出一群優秀的大東山人，雖多已臨退休或已退休，但是，他們稟承老東家平實穩健的企業文化，希望能退而不休，長期職場的專業訓練，希望融合各國多元文化，賦予心靈意義層次的精神，提昇文創在人文及人生多采多姿的人生價值，扮演文化傳承工作。

我也堅持「社會公益，就是最好的生意」這個理念，透過更多的分享和交流，一定會讓更多扶輪人勇於創業，以社會企業打造台灣愛護本土，樂於助人，與人為善，共創愛與關懷的美好世界。

當二〇一六年底，任職新北市銀髮人才中心、人稱豪哥的黃俊豪先生（CP Daniel）力邀我們幾位好友，去聆聽一場「台灣銀髮青年共同合作協會」籌備會時，我首次與當時的扶輪三四八〇總監廖文達（DG Kevin）接觸，當時地區正在執行即將在屏東武潭國小的 Global Grant 計劃工作，來自夏威夷扶輪社一行人，其中一位社友正好就是我旅居夏威夷三十八年的六姐華蕙。想不到因緣際會，和一連串的巧合，原本不打算擔任社長的我，竟然在二〇一七年的三月，成為甫成立的「福氣扶輪社」的第一任社長，而豪哥則成了我們三四八二地區台北福氣扶輪社的國父及創社社長 CP Daniel。

我深深地感動，二〇一六—一七年度，在 DG Kevin 總監的慧眼睿智下，由三四八〇地區首開台灣扶輪先河，宣示了「扶輪社企元年」在扶輪世界中建立對「社企」印象與合作論述的三部曲，不僅在內部，更在公部門、社企圈、青創界，亦造成話題與迴響。

我們希望透過扶輪社友的力量與台灣社會企業合作，發揮更大的社會影響力，把改變世界和日常生活銜接在一起，讓人們在改善自己生活的同時，也成為社會變革的推手。

專題特寫

結合社會價值與永續經營理念的社會企業

文／馮燕（台灣公益團體自律聯盟理事長、前行政院政務委員）

社會企業發展背景

環顧全球發展趨勢，在綠色消費、公平貿易、人道援助等新的公民社會及全球化思維下，以社會價值和營利價值並重的新型態公司正蓬勃發展，就是「社會企業」。社會企業的本質，即為運用創新的商業模式，解決社會及環境問題，其組織特色提供非營利組織研究自給自足並永續發展的可行方向，亦促使企業實踐企業社會責任時，調整過去捐助社會公益的傳統作法，同時讓創業者審視事業經營的初衷，及其所能帶來的社會影響力。換言之，支持社會企業，就可為解決社會問題把餅做大。

台灣的社會企業發展多元，關注議題也相當多樣，可以綜整為六個類別：弱勢扶貧，食農創新，文化保存，公平貿易，科技創新，估計目前全台約有八〇〇家到二〇〇〇家。

政府推動社會企業生態圈

為了創建有利社會企業發展的生態圈，行政院於二〇一四年九月制定「社會企業行動方案」作為政策，由經濟部、勞動部、衛福部、教育部和行政院農委會做為前導推動機關，透過「調法規」、「建平臺」、「籌資金」等經營環境基礎建設，輔以「倡育成」等經營能力提升措施，以提供社會企業友善環境、建構網絡平台並強化社企經營體質。

「扶輪社」可以成為社企生態圈的重要支柱

有別於傳統營利事業及非營利組織，社會企業結合社會公益價值和經濟永續自主的精神，透過創新營運模式，為國家包容性成長開啟希望之路。除了完善社會企業發展之生態環境，也致力參與相關國際事務與活動，期盼使台灣成為友善社會企業發展的好環境。對扶輪社的企業界專業人士而言，試圖透過創新商業手法，從解決當前社會問題出發的社會企業家們，無論是用投資、產品採購、業務合作、或當作CSR（企業社會責任，Corporate Social Responsibility）標的之方式，或進入輔導模式與之攜手共創新商機，都能進入我國社會企業的生態圈，成為促進台灣社企發展的最大支柱。

專題特寫

結合社企與扶輪社，成就「扶企共好」願景

二〇一六－一七年度，在PDG Kevin前總監的慧眼睿智下，由三四八〇地區首開台灣扶輪先河，宣示了「扶輪社企元年」，並極有效率地完成了包括：《扶輪高峰論壇》、《Rotary Talk 2016》、《社企相扶輪轉台灣，扶輪社企聯合嘉年華》等，在扶輪世界中建立對「社會企業」印象與合作論述的三部曲；不僅在扶輪內部造成無數迴響，在公部門、社企圈、青創界，亦引發許多話題與期待。今年度（一七－一八）隸屬同源的D3481/JP總監與D3482/Skin總監，也希望將這把「扶企共好」的火苗延續燃燒；因此，在兩位總監的責成之下，設立了台灣扶輪地區首創，專職服務社會企業的對接窗口：「扶企共好委員會」。

扶輪社企二年

這個新生的委員會，並非僅僅重複去年的盛況那麼簡單！為了讓扶輪與社企的合作關係更為具體緊密；地區扶輪二〇一七今年在兩位總監的諄諄提點與牽線之下，也攜手了新的策略夥伴，除了過去就一起共事的「社企聚落」之外，又加入了「KPMG安侯建業聯合會計師事務所社會企業服務團隊」，當時經濟部沈榮津次長亦表達相當關心扶輪社這部分的發展，並委託中小企業處全力提供盡可能的資源，期許扶輪社能帶頭協助社企、鼓勵青創。

倡議、宣導、媒合、永續

這四個大方向，是新年度「扶企共好委員會」的工作戰略，上半年主要工作重點依然聚焦在扶輪社友對於社會企業的認知，以及未來與社企共推服務計畫的優點方面；一七－一八年度的活動亮

點，將發生在十二月十六日（週六），除了是前半年的成果驗收之外，同時也是下半年主動媒合與制度永續的新起點；戰術目標則計畫以下列型態呈現：

一、福氣（扶企）去哪兒？（每支六分鐘視頻短片介紹社企概況與合作計畫概述）

二、福氣人影展暨頒獎典禮（最受扶輪人肯定的社企服務計畫與創意視頻）

三、下一輪福氣（新創社企爭取扶輪社支持贊助的挑戰擂台賽）

四、福氣金輪獎（已展開合作的扶輪社與社企的共同成果發表、感恩大會）

五、Rotary talk 2017（主題：扶輪牽社企，台灣好福氣。）

六、二〇一七扶企共好聯合嘉年華

上述為「扶企共好委員會」主辦的扶輪地區活動，另外地區扶輪亦緊密結合策略夥伴KPMG搭配協辦相關社企的廣宣倡議活動（Buy Social），藉由參與的合作關係，再擴大鏈結到金管會、櫃買中心、國營事業與工商總會等機構及組織等，期能將扶輪的策略夥伴關係多元化與再深化。

讓社企夥伴替社友執行服務計畫

讓社企夥伴替扶輪社友執行更有效率更永續的服務計畫，是地區扶輪一直以來的宗旨。面對網路社群世代，百年扶輪的健全成長，您我都需要年輕創意的新策略夥伴共同成就；「社會企業」是世界潮流、國家政策，更適合成為與扶輪社相輔相成的共好夥伴！地區扶輪誠摯歡迎所有三四八一、三四八二地區各社，支持投入「扶企共好」的行列，大家都能成為貨真價實的「福氣人」；相信是另一個社會力共創的正向循環！期待有您、有您更好！

國際扶輪三四八一／三四八二地區「扶企共好委員會」共同榮譽顧問
一六—一七年度總監廖文達 DG.Kevin
D3481「扶企共好委員會」主委台北老松社P. Landmark
D3482「扶企共好委員會」主委台北大龍峒社PP. Consultant

專題特寫

國際崇她社簡介

一、關於國際崇她

國際崇她（Zonta International）創立於一九一九年十一月八日，由美國紐約水牛城九個創始社組成，屬於聯合國非政府組織（N.G.O.）的一員，集合位居各行各業、專業領域、領導地位的女性所組成全球性公益社會服務團體。提供策略幫助受虐待婦女，成立基金會提供獎學金幫助婦女學習，支持對婦女的健康、安全、經濟和政治有幫助的方案，並鼓勵會員間彼此忠實和友愛。

國際崇她總部設置於美國伊利諾州芝加哥市，全球分為三十二個區（District），超過一、二〇〇個崇她分社（Club），會員總數約三〇、〇〇〇人，分佈於六十七個國家（截至二〇一六年七月止）。每逢雙數年舉辦國際崇她大會，單數年舉行區大會。

二、國際崇她標誌

Zonta（崇她）衍生自印地安蘇族人的語言，代表著「誠實與值得信賴」，而崇她標誌則是合成了蘇族人六個象徵，來表彰崇她人的精神。

	這個符號代表了光明（Ray of light, Sunshine, Flash of radiance），以及「鼓舞人生」（Inspiration）。表示崇她的活動可以鼓舞人心，同時也代表著崇她的每一份子。
	此則代表著「殊途同歸」（to band together for a purpose or to stand together），換言之，即是「忠誠」（loyalty）。因為忠誠，則從社員、社、區到總社便能團結一致，共同為崇她目標努力。
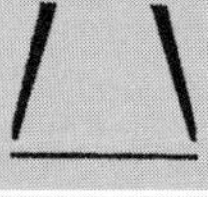	此代表了「攜手合作」（cary together）。唯有攜手合作，才能完成崇她目標。
	這則代表了「保護所」（shelter）。崇她許多服務計劃都是為提供需要的人一個保護避難的場所，所以足以代表崇她的目標與理想。
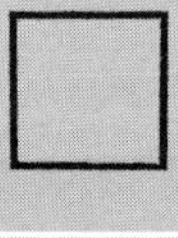	這個符號並非來自蘇族，而是後來才加上去的，代表「誠實與信賴」（honesty and trust）。
	這個由上述各種符號結合起來的標誌，代表著崇她是一群具有忠誠、誠實與值得信賴的商業及專業人士所組成的一個熱力四射的團體，立志要改善全球婦女地位。

三、國際崇她宗旨

(1) To improve the legal, political, economic, educational, health, and professional status of women at the global and local level through service and advocacy.

透過服務及倡議來改善全球及在地婦女在法律、政治、經濟、教育、健康及專業上之地位。

(2) To work for the advancement of understanding, goodwill, and peace through a world fellowship of members.

透過全球會員情誼的建立，增進彼此的認知、友誼與和平。

(3) To promote justice and universal respect for human rights and fundamental freedoms.

提倡社會公義、全面尊重人權及基本自由。

(4) To be united internationally to foster high ethical standards, to implement service programs, and to provide mutual support and fellowship for members who serve their communities, their nations, and the world.

結合國際之力量，來培養崇高道德標準、執行服務計劃，並對於服務社區、國家及全球之會員，提供相互之支持及友誼。

四、雙年度工作目標

服務、倡議、會員、資源、百週年紀念

目標一：崇她的服務計劃反映及強化崇她的任務

目標二：國際崇她為婦權倡議之主導團體

目標三：國際崇她增進並維持全球具活力之會員總數

目標四：國際崇她保有資源藉以實現其任務和願景

目標五：崇她一百週年紀念慶典在全球展現能見度

五、國際服務計畫——透過教育剷除問題根源

國際服務

—杜絕賴比瑞亞產科瘻管病症及婦產與新生兒死亡和罹病

—認識馬達加斯加：改善當地女青年生活的計劃

婦幼暴力防治計劃（ZISVAW）

—改善尼日早婚現象

—解決尼泊爾婦女和女童人口販運與高風險移民問題

獎學金

—艾美獎學金

—珍克勞斯曼商學獎學金

—女青年公共事務獎

—玫瑰基金

第五章

點石成金，群聚的意義

隱身台北巷弄中，曾經有個美麗的名字——「珊瑚珍珠巷」，即為本書主角大東山珠寶的傳奇故事。過去主要以珊瑚工藝、珍珠養殖、設計、自創品牌、展店國際揚名海內外，並曾獲得美國第一夫人蜜雪兒．歐巴馬、前英國首相柴契爾夫人等國際名媛貴婦們的青睞。一甲子風華，將在計畫導入適性科技、創新手法帶領商品共創未來，協助曾是台灣珠寶產業的濫觴之地美麗轉身，並且運用台灣豐富的在地文化資本，轉化成為青年的創業資源，形成新型態的產業樣貌與時代新寵。

「揪青年、導科技、邀職人、玩設計」這個順口溜，是我們企業多年好姐妹、服務於資策會、曾經就讀政大ＥＭＢＡ的日嘉瑜小姐，經過逾半年時間醞釀深思，台灣社會及產業的現象所提出來的一個構想，很幸運地在二〇一七年三月終於獲得中小企業處的青睞，將我們遴選為「一〇六年度優化服務型中小企業多元創新群聚整合輔導計畫」的共同計畫主持人。

揪青年、導科技、邀職人、玩設計

我們共同希望透過這個「點石成金．文藝青年，1＋N群聚」計畫輔導團隊，透過相關產業輔導措施，以及科技導入協作創新商品與服務實例，導引職人工藝家、珠寶設計師、文創商品創作者、通路行銷與學研機構踴躍參加，期待引入跨界資源與元素，鼓勵企業共同開發合作，並且運用現代科技，智慧發展，創新能量。

我們文創基地工作人員，經過無數次的整日討論，終於在二〇一七年四月十八日，首度在澎湖舉辦第一場的媒合說明會。當日下午也特別在湖西鄉公所二樓大禮堂順便舉辦，這是我離開澎湖水族館經營之後的第五場澎湖海洋文創設計論壇。我們希望透過民間的力量，可以為澎湖文創法催生，也為澎湖許多閒置空間活化成藝術文創設計基地，共同努力。

建立國際交流創新聚落

其中最令人感動的是甫上任的澎湖縣政府參議洪棟霖先生，他是和我共同完成許多澎湖與國際交流活動的窗口與盟友。除了我和華蕙姐的手工藝報告，及台灣遠道而來的專家們，我們還有一個共同構想，澎湖國際合作發展促進會（ＰＩＣＤ）的誕生，我們的共同目標是一致的，以下是洪棟霖提出的初步構想：

一、促進澎湖與海內外各地多元面向的合作發展，具體推動澎湖國際化的過程。

二、善用合宜的專業與資源發揮總體綜效，創造澎湖各界參與國際化的發展契機。

三、邀集海內外跨領域專才，群聚澎湖建立國際交流創新聚落。

四、持續推展澎湖成為世界和平島與世界航海的全民行動，展現澎湖包容友善的海洋島嶼文化。

我則提出ＰＩＣＤ的宗旨（mission）：

一、國際合作交流（To Connect International Cooperation and Development）

二、執行國際服務任務（To Execute Global Social Service）

三、聯合國際公民、產業、社團和政府間的資源（To Connect People, Industrial, Associations and Government's Sector）

四、發展澎湖和國際間文化、經貿、產業的交流（To Develop Penghu's Global Culture, Economic and trading Exchange Programs.）

企業案例：點石成金—文藝青年復「新」運動

案例簡介：隱身台北巷弄中，曾經有個美麗的名字——「珊瑚珍珠巷」，即為本個案主角大東珠寶的傳奇故事。過去主要以珊瑚工藝、珍珠養殖、設計、自創品牌、展店國際揚名海內外，並曾獲得美國第一夫人蜜雪兒·歐巴馬、前英國首相柴契爾夫人等國際名媛貴婦們的青睞。一甲子風華，將在計畫導入適性科技、創新手法帶領商品共創未來，協助曾是台灣珠寶產業的濫觴之地美麗轉身，並且運用台灣豐富的在地文化資本，轉化成為青年的創業資源，形成新型態的產業樣貌與時代新寵。

案例亮點：

一、媒合資訊服務平台介接：協助導入原住民、海洋文化等在地主題設計元素（素材模組），提供新銳設計師創意發想，建立運用開放平台溝通，達成跨域共創共享的經驗經濟新模式。

二、科技加速創作產出及設計質量提升：運用三D列印技術與職人帶領等手法，協助設計師發展多元的創意生活商品，將文化或平面概念轉化成數位思考的產品原型。

三、運用科技精準行銷：透由AR或影音強化設計思考脈絡，優選具市場潛力商品串接通路，快速進入市場進行商模驗證或客製調整，預計十萬人次觸及或瀏覽，以及發展新型態主題與週邊服務商機二、〇〇〇萬元。

專題特寫

二〇一七大東山點石成金設計公開邀請賽簡介及作品集

共同協力：中小企業處／資策會／群聚業者

活動宗旨

為提倡台灣在地文化，延續與傳承本土設計人才，期望能提供文創與珠寶業界一個交流的平台與管道，鼓勵新銳設計人才投入創新數位設計與技藝傳承，提升台灣在地之藝術價值與創作能量，故舉辦「二〇一七大東山點石成金設計公開邀請賽」，廣邀各界新銳設計師、青創人才、學子共襄盛舉。

設計主題

以「海洋文化」、「原住民文化」、「台灣植美」、「自由創作」四大主題，請參賽者發想出有關台灣在地文化之工藝品、工業設計產品、金工首飾等商業性產品，寶石適切運用亦為創作時須考量之要點，材質無設限（金屬、環保材質、布藝、纏花等），結合主辦單位提供之寶石元素進行創作與設計，創作出屬於您的設計故事。

寶石設定

運用主辦單位提供之寶石元素（請參閱「Luperla 大東山工藝」FB臉書紛絲專頁），並搭配其主題進行創作，提升作品完整度。

作品集分享

一、總序

寶石的自然美和色彩所引發的文化底蘊，實是宇宙自然賦予人類的恩典。原是實質的材料，到了高度智慧的人類手中，更擴充了這些寶石的精神性，「點石成金」是關愛、悠遠的台灣文化，除了保有珍貴寶石的稀有性，更在長久的記憶累積傳承中，發展了工藝之美，並臻技術頂峰，保存傳統文化的藝術性。

二、評審主席——呂豪文評「點石成金」

IDECO品牌負責人．呂豪文工業設計有限公司負責人．國立台灣藝術大學兼任副教授．國立台北科技大學兼任副教授．國立台灣科技大學兼任副教授．中華工程學會IEET認證委員

「點石成金」設計公開邀請賽，在主辦單位精心規劃、竭誠盡力的推展，終於有了亮眼的成績。

不同於一般設計競賽，「點石成金」先經由專家、先進、及師長，帶領學員參與講習、座談、實習實作等過程，讓學員先行理解材質加工、設計表現、文化元素轉化、市場需求等基礎概念，反映在將近百件競賽的作品中，幾乎每件都是優質設計，參與競賽者確實能掌握設計方向及目標重點，也傳達主辦單位的用心有了難得的回饋，獲獎的作品更是令人驚艷，尤其在文化元素加持，創新務實，且能兼顧市場需求及製作工序合理等方面，整體處理得宜進而脫穎而出，超乎一般水準。

三、台灣四大主題概念發想與作品分享

1海洋文化

在海洋文化中，魚代表著幸福和自主，也是福氣和自由的象徵，因為牠們完全可以在水裡自由悠遊游動。更由於繁殖迅速，魚代表著多子多孫多福氣，在台灣禮俗中，魚有「餘」和「魚」雙重意義，因此，魚成為物質財富的雙關語，在風水命理傳統中，養魚成為招財進寶的代稱。

台灣海洋豐富多元生物的海洋文化之美，透過本次競賽，令人驚艷，無論是「鳳螺濤聲」，或是「海之心」、「鰈魚」，還是「來自仙島的祝福」，都讓人稱讚喜悅。

2原住民文化

胡德夫在《最最遙遠的路》中緩緩唱到：「你我需遍扣每扇遠方的門，才能照到自己的門，自己的人。這是最最遙遠的路程，來到最接近你的地方。」這次以台灣原住民文化之美來發想，對珠寶創作者而言，是最最遙遠的路；對原住民而言，照亮每個孩子回家的路，是最最遙遠的路。對每個民族而言，看清民族的未來，用心地守護自己的家園，是最最遙遠的路。

非常感謝，透過本次競賽，我們看到「台灣DNA—山豬牙系列」和「阿美族傳說」優雅質美的作品。依據人類學者的研究分析，原住民族的屋架建築、火壟、吃檳榔、紋面、皮衣製作、輪舞等文化習俗，都與傳統的南島文化相近。過去大多數的原住民族，都是以傳統游耕及狩獵為主要的生產方式，近年來靠近平地的（高山）原住民族則與漢人的生活方式接近，但是部落組織的維繫仍然保留著。

原住民族常用的衣料是自織的，是由苧麻或構樹的皮製成，各族各有特色。大部分而言，成年男子穿鮮豔的腰裙，女子穿長裙，喜歡用禽尾、鳥羽做頭飾。原住民族有紋身的習俗，至今仍然保存，但紋身的圖案越來越隱蔽。

原住民的音樂和工藝也具有相當特色。排灣族、魯凱族的陶壺及琉璃珠製作、雕刻藝術，布農族的皮衣製作技巧，音樂方面也有著名的合聲清唱（誤稱為八部合音）、鄒族的揉皮技術。泰雅族與太魯閣族的多金屬簧口簧琴、布農族的多聲部合唱、阿美族的自由對位式複音合唱等是其音樂特色。除此之外，臺灣原住民各族的文學與神話傳說，亦是相當重要的文化寶庫。

3台灣植美：

二〇〇六年其間，透過台灣優良設計協會的安排，大東山珠寶曾經參與客委會當年的「桐花祭」活動，體驗文創繽紛的「一朵桐花創造百樣商品」的寶貴經驗。所以，本群聚團隊，在甫接受「點石成金」計畫時，也希望由「台灣植美」主題的萌芽，開枝，展葉，到綻放，甚至邁向「結果自然成」的境界。

台灣植物之美十分豐厚，無論是蘭花，桐花，荷花，玫瑰花，梅花，杜鵑花，牡丹花，海芋等等，都是設計師創作的豐盛題材。

其中，植花意念的珠寶設計文創商品不僅美，更具有時代的抓地力，不但，傳承了文化，更蛻變為台灣美學的代言。

曾經，一朵桐花，化身為台灣客庄美學的標竿，成為客家的守護神，為客庄創造藍海，是台灣文創產品的典範，我們相信本次競賽中，三件代表作品：「菁仔50」、「熱代風情」及「茹意」，有異曲同工之妙，其開啟創意之濫觴，更令人驚嘆與喝采！

4自由創作：

能夠天馬行空的創作，是每位珠寶設計師的夢想，本競賽特別規劃這一組別，希望能夠讓年輕一代發揮創意。所以就有六組作品，在此呈現：「花緣」、「平步青雲」、「小花鹿珍珠套鍊」，「許願天燈Y字項鍊」、「雙鳳雀替」，和「山城記憶——玫瑰珊瑚燈籠耳環」。

自由創作，是理想的呈現，能夠讓寶石物料，在色彩、材質、切割、研磨、自然中，反映創作者的巧思和慧心，希望透過本邀請賽共同連袂演繹，讓擁有者享受原創的精心設計。

主辦單位／大東山珊瑚寶石股份有限公司

協辦單位／3Design Concept Studio、大東山文化創意有限公司、弘鶯陶創意執行發展中心、旭傳媒科技股份有限公司、玩藝家族工作室、春仔花工藝之家、恬恬有限公司（傳統工藝花燈藝術）、商奇整合行銷股份有限公司、澎湖美人魚文創、魏贊科技、鑫金股份有限公司（智能珠寶）

第六章

認識珠寶的價值

我們世世代代子子孫孫仍可賣我們現在賣的珠寶，且今日的商品，過一百年後，就成為骨董（Antiques），就像酒一般，愈醇愈香。隔行如隔山，蠻有道理的，再看看人們都有不同的嗜好，收集字、畫、郵票、書、棒球卡等，俟將來絕版了，或當事人榮休了、封筆了，收藏品就愈來愈值錢。今日的骨董，百年前也是一件商品或藝術。

美好的人、物和事，常常被聯想在一起，廣告行銷界，更是特別酷愛這樣做，於是，某知名影星為某名牌化妝品聘為巡迴大使，或某知名模特兒化身為某一服飾品牌的美麗發言人。

潮流的改變

近幾年來，可能因全球經濟不景氣之故，女士們亦看緊荷包，在各大百貨公司的珠寶部門擺設面積佔最大的卻是人造珠寶（Imitation Jewelry）〔一般業者不如此稱呼，而較喜歡叫流行珠寶（Fashion Jewelry）〕。

前些年，受嬰兒潮一代基於快速、方便消費習慣之影響，人們凡物用畢即丟（disposable）大大風行，例如：免洗尿布、紙內衣褲等流風所及，亦影響到女性們的珠寶消費習慣。基於價格便宜，款式新潮、多變化，且為天然珠寶的代用品，可符合上班女性的要求，所以我們可以看到一盒六副甚至一打裝的耳環包裝，或是各種不同款式的戒指擺在一個戒指盒內，且價格合理（真是cheaper by dozen最佳寫照），據購買者稱，買這類產品的心理是戴戴好玩，褪色、破損用畢丟棄，因為便宜，也較不心疼。

但是，近來基於綠色革命，環保意識高漲，人們開始倡導天然的產品，珠寶業亦受影響，例如：衣服的鈕扣用木頭、貝殼取代塑膠製造，礦產寶石也是產自大自然，為保育人士所倡、所喜好。

一時之間，消費者對於自己所擁有的珠寶或計畫購買的珠寶，有真假莫分的困擾，藉此，僅由以下三個角度探討珠寶的價值觀。

感情取代真假之辨

一、由技術層面來看真偽

所謂「鬼斧神工」、「匠心獨運」，用於珠寶的加工最貼切了。爐火純青的加工、鑲工技術常常可彌補寶石本身的缺陷，但是，有時科技太發達，人們常很難判斷孰真孰假。例如碧璽透過實驗室內輻射處理來促成，加強紅色、粉紅的方式已經成功，及數年前，用熱擴散滲色處理的藍色剛玉，在市場上大量流通；據稱，紅色、粉紅色熱擴散處理的剛玉也問市，這些新穎，高技術上分辨真偽的工作，實有賴專業寶石鑑定師來代勞。

一般國人的觀念中，日本產的養珠風評頗佳，殊不知在西元一九二一年，當日本養珠之父御木本幸吉（Kokichi Mikimoto）欲將養珠推上市場時，曾面對很大的衝擊，一度與英、法衛道人士步上公堂，在當時均認為唯有西洋產的天然真珍珠，才足以稱為「真的真珠」，一切經人工養殖的不足稱之。時至今日，養珠已廣為大眾所接受、普遍受歡迎，但在專業的珠寶書籍上，仍稱之為 Cultured Pearl。養珠為有機珠寶（Organic Gemological Category），與琥珀、珊瑚並稱，而非 Natural Pearl。另一著名的西班牙人造珍珠製造商，在其產品廣告詞上，自稱為"The World's only Organic Man-Made Pearl Jewelry"以避「魚目混珠」之嫌。由此看來，真假的定義，往往是人為設定的，很難有一個絕對的範圍。

二、以珠寶本身的意義為前提

當你瀏覽珠寶店櫥窗時，會看到以人們出生的月別所訂的誕生石，當你挑選珠寶，可能針對受禮者的生日，而挑選對方誕生石的珠寶作為禮物，有這層意義，珠寶本身的價值（value）就大於其價格（price）。

曾經在《台灣珠寶雜誌》上看到一篇文章寫道，一位珠寶專業人士的鑑定經驗談，很有意思，在此與大家共享。文章上寫的是有關一位林董事長手上的紅寶石戒指，作者為顧及持有者的面子，在某個公眾演講場合不便告知林董，他戴的傳家寶原來是一顆人造紅寶石，因為對方強調那是四十幾年前在上海以高價買的，待隔日在鑑定師的顯微鏡下一看，確認是用火焰法製造的人造紅寶石。

但是，經過這一折騰，擁有的人反而釋然道：「說實在的，這紅寶戒是我太太當初聽人家說手指有縫容易漏財，所以買給我戴的，想不到一晃，這戒指和我一起度過四十多個寒暑。或許因為它的緣故，我這十幾年事業一直很順，沒有漏財。」的確，Who Cares! 所以，當事人說：「何必管它是天然或人造的呢！」

時間創造價值

何況，戴真的珠寶，往往是由擁有人造珠寶入門的。在美國，有一家珠寶連鎖店 Imposter，這公司標榜的就是 Copy Jewelry，他們的所有產品均仿造 Cartier、Tiffany 各大名牌，其價差可以十倍到一〇〇倍，這家公司創立者的經營理念，就是要普及高級珠寶，讓人人都買得起，配戴名牌珠寶不再是少數人的專利。

三、時間創造珠寶的價值

珠寶和人們的服裝流行有密切的關係，一般流行風潮十至十二年一輪，女性們穿長裙膩了，就會換換味口改穿褲裝或迷你裙，或是窄管褲又變成喇叭褲，現在，銷不出去的珠寶，難說哪一天敗部復活，再度暢銷。

多年前，在一個美東「華人自創品牌協會」非正式的廠商聚餐場合中，一位經營電腦業非常成功的呂先生，和珠寶公司的呂明鑑先生，互相交換不同行業的經營心得。電腦業呂先生說：「我和太太很少有長假，因為我們電腦業的庫存出清率一年數次，且日日出新貨，同行間競爭很厲害，如果全家出去玩一趟回來，庫存的電腦就遭淘汰了，壓力真大。」珠寶業的呂先生說：「我們珠寶業的問題較單純些，當然也是有壓力，但是貨品本身，較沒問題，我們世世代代子子孫孫仍可賣我們現在賣的珠寶，且今日的商品，過一百年後，就成為骨董（Antiques），就像酒一般，愈醇愈香。」隔行如隔山，滿有道理的，再看看人們都有不同的嗜好，收集字、畫、郵票、書、棒球卡等，俟將來絕版了，或當事人榮休了、封筆了，收藏品就愈來愈值錢。今日的骨董，百年前也是一件商品或藝術。

猶記得數十多年前，法國人喜好裝點門面，將各種寶石的大型雕刻，擺設在自家當骨董，附庸風雅，於是一時之間，在台灣，各種粉晶石、蘇膽石、東菱石所雕成的彌勒佛、觀音等雕刻大件都坐飛機向歐美彼邦報到，因為這些雜石的硬度頗大，雕刻起來頗費工，但審美的角度不同，今日回想，件件均與朱銘的木雕神似，頗有「異曲同工」之妙。在今天，那一批寶石大件雕刻的身價，大概也隨台幣升值不少吧。的確再數十年後，也是骨董一批了，真是時間創造珠寶的價值。哪一天，出現在蘇富比的拍賣現場，在我們有生之年，我們也不會吃驚的。

上一代傳下來的傳家寶，無論是珠寶、家訓、祖產、精神，有形、無形，不論真偽均給我們下一代很大的啟示。

人生與珠寶雖談不上很大的關連，但是人在一生中絕非全程坦途，人在最困境時對所擁有的一切，都會好好珍惜，俟我們峰迴路轉、否極泰來時睹物反思，則應更加珍惜我們現在所擁有的一切。

活得尊嚴，活得美麗

走筆至此，想起一位美國設計師的故事。他的名字叫奧斯卡．德拉倫塔（Oscar de la Renta），當他離開他的祖國多明尼加到西班牙上藝術學校，那年，他才不過是一個十八歲的小伙子，一個偶然的機會，他為當時美國駐西班牙大使的女公子所設計的一件衣服，登上了《生活》雜誌（Life）的封面，這一件事情，改變了他的一生。雖然他已在幾年前過世，曾經名列美國十大設計師之一，他經營的時裝品類繁多，其中高級時裝和晚禮服最為有名。

多年前，德拉倫塔為美國一個「看來不錯，感覺更好」（Look good—Feel Better）的機構設計了一條華麗、色彩鮮艷的花飾綴在綠色絲綢的圍巾，其中販賣這條圍巾的百分之二十五營收，將捐給美國防癌協會（American Cancer Society），其餘的百分之七十五將歸前述的這個組織。談到這個機構的宗旨主要是在研究一切與癌症婦女，在治療期間，因治療所引起的外表、容貌、皮膚、及心理等之不適，及如何將其減少至最低的程度，且如何保持樂觀的心態面對這項挑戰的種種研究。

德拉倫塔與這項設計的淵源，肇始於他的首任夫人，因患癌症而逝，其間與病魔的掙扎、奮鬥，深深讓他體會生命之可貴。他個人覺得很榮幸應邀設計這項工作，且呼籲大家一同來贊助支持這項有意義的活動。他表示，只有經歷過親人那種苦痛煎熬的人，才會深深感受到那股與生命挑戰的勇氣。他特別強調，以花為主題，是因為花象徵生命的美好與生生不息（I specially thought of the Floral design because flowers represent the continuity of life and beauty.）。

閱畢這則故事，使我感到身為女性，對生命的體驗似乎特別深刻。容貌之於女性，雖言「女為悅己者容」，但當妳連對生命都沒多大把握時，可能有人會說，誰還會理會到妳的容顏，這是一種消極、悲觀的想法。先母生前在病榻上，不願訪客看到她憔悴的病容，獲知將有訪客或醫護人員查房，一定梳妝打扮整齊，以最佳淨素的一面見人，身為子女的我們也一定為她穿戴整齊，在旁愉悅她的心情，試著減輕她因病痛帶來的不適，這就是我們提到的 survivorship：如何奮鬥存活下去，如何活得有尊嚴。

珠寶的療癒效果

醫美技術日新月異，目前就有一門治療方法，即外表或門面治療（Appearance Therapy），這門療法就涵蓋了醫學、美容化妝保養及心理的治療等等。

罹患癌症不單影響外觀，同時也改變人們的心情，例如：因化學治療（Chemotherapy）引起的掉頭髮、皮膚變質出斑點等副作用時，這些外表的變化，就多多少少影響心理，在這時候，如何建立個人信心，不只是患者本身的努力，也有賴家人從旁支持、鼓勵。所以，對患者來說，為勝利而活（Living in Triumph），象徵著積極建立及重整個人及家人的生活品質（Quality of Life）。史丹佛大學的研究報告顯示：患癌症的婦女參加支持團體（Support Group），其存活時間較長，且患病期間較少焦慮、壓力及懼怕。當然，這項治療的內容包含極廣，其他尚有來自宗教信仰的力量及來自外在、心理及物質環境的支持。

中國諺語：「藥石醫假病，真病無藥醫」。港澳華人亦有一俗語：「行運醫師醫病尾。」即指運氣好的醫生，是當病人快痊癒時，才轉診於他。各種說法，莫衷一是。有一年的夏天，在紐約，一位脖子上頂著護綁的客戶，看到我們公司門市部櫥窗內擺著各種不同的寶石原石，表示有興趣購買數種石頭，她的表情是很歡愉的，我基於好奇也是關心的問候她的脖子怎麼回事？她說，一天夜裡，她和先生正熟睡中，禍從天降，天花板整個倒塌，她的先生無恙，但她傷及脖子整個動彈不得，在醫院奮鬥了數月之久，已經大致痊癒。因她個人篤信Crystal Power（水晶石的原力），她表示：「只要手握這些寶石，或將這些寶石貼在患處，她就會感受到有一股力量，導入身體中，這股神奇的力量，會幫助我們減輕患處的疼痛及有助於早日恢復……」，我個人雖非擁護這項治療的經歷者，但只能祝她早日康復。在美國，這股「拜石」的信仰，如風潮雲湧，多年前的Tucson亞歷桑那州的世界寶石礦石大展中，人們一股熱衷Crystal Power，各種原石或稍經琢磨的寶石原石，供求源源不絕，可能也是拜當時電視、報紙、雜誌等公眾媒體對這主題報導之賜。

療效見仁見智

在美國，一些名流、影星對於占星術、傳統醫療特別有興趣，大概是因為有錢有閒的人，加入這行列的比較多吧！多手前好萊塢的名模、女星們興起吃珍珠粉的風潮，用真正的珍珠研磨成粉狀置入膠囊內，據說吃了可以幫助美容，其實，這項美容養顏的秘方，在數千年前，已因「埃及艷后」（Cleopatra）的「晚宴」而廣為人知了。據說埃及艷后宴請她的愛人安東尼（Mark Anthony），一顆溶解在醋中的巨大珍珠（值百萬美金以上），兩人打賭，埃及艷后將珍珠醋汁一飲而盡，而安東尼雖喜好享受豪奢，亦當場瞠目結舌，拒絕將第二顆同樣的珍珠弄碎，這就是西洋史上有名的Conspicious Consumption（不尋常的消費），史上倒是沒有特別記載，埃及豔后是否因服用珍珠而達到養顏美容之功效，不過，她的艷史多采多姿倒是不爭的事實。

近年來另有一說法，日本的「養珠之王」御木本幸吉是養殖海水珍珠的始祖之一，他延年益壽的秘方之一，就是日服一顆珍珠；姑且不論其可靠性，他生於戰前一八五八年，逝於西元一九五四年，前後近百年，他為自己養殖的產品，做了最佳的「珍珠療效」的見證。

這些林林總總的傳說及治療是否可信可靠，端視個人的體驗及看法，究竟外表的，心中的，有形的，無形的治療，見仁見智，在我想，如果你Look Good、Feel Better（看來不錯，感覺更好），那你就收到療效啦！

珠寶與教育——由夏威夷大東山寶石博物館談起

一談到夏威夷，你會想到什麼陽光、海灘、巧克力豆、鳳梨、草裙舞、Aloha，一般到夏威夷的觀光客，對當地的印象大概只有這些，殊不知它的背後，尚有一段鮮為人知的故事——即呂華蕙女士（Flora Lu）創立大東山珊瑚寶石博物館（Lucoral Museum）的起源。

華蕙是我姐姐，有一回，她住在薩摩亞（Samoa）的朋友跟她談起：「Flora，我們的年青人，被關在監獄的人數，比上大學的還要多。」令她非常驚訝！她在這兒生活十多年了，每年到夏威夷的遊客有六百萬人次之多，應該是個很文明的觀光勝地，竟然還有這樣的情況存在，真想不到。

牽起夏威夷與澎湖兩地情

夏威夷與澎湖，不祗在外觀神似，在這島上，某些方面，竟然還有些類似五六十年前，我們的故鄉澎湖一般的原始與純樸。當她講給她的朋友聽：「我們小時候，在澎湖沒看過火車，也沒見過什麼大山，鄉下土包子，一趟要到台灣去，我們可以向左鄰右舍表示，好像要出國一般神氣；收音機會講話、會唱歌，以為躲個小人兒在裡頭；電冰箱打開來，就好像牆壁上鑿個洞兒，就有食物吃一般神奇……」令聽者直嘖嘖稱奇，彷彿是現代天方夜譚。但是，在夏威夷，的確有一群人一生沒有機會到美國本土去一趟，或離開他們生活的島嶼，他們或許看過許多來自世界各地的觀光客，卻鮮少踏出他們出生的地方，他們缺乏現代技藝文化的訓練，外來的文明，已淹沒了當地最原始的原住民的求生技藝，他們是時代夾縫中的一群。

夏威夷首府火奴魯魯當地的報紙《The Honolulu Advertiser》生活版曾報導，位於威基基海灘（Waikiki）不遠處，有一座「別有洞天的珠寶博物館」（Hidden treasures at Lucoral Museum）」。文中提及，這座博物館的外觀看來似乎不太顯眼，但待你仔細一瞧，它又別有洞天，步入停車場，首先映入眼簾的是由紫水晶和粉晶石所砌成的寶石牆，接著是兩座很大的寶石雕刻，在電梯口迎接你的光臨，其中一座是台灣玉刻的觀音像，另一座則是重達三百磅、由蘇謄石（Sodalite）所雕的八仙過海。在這座博物館內陳列了不少的寶石雕刻，也包括了難得一見的珠寶，還有一個世界上最古老的石頭，及石化的木頭、魚的化石、一個恐龍蛋、來自蘇聯的琥珀和很多稀奇寶貝，教育大眾認識各種寶石，是這座寶石博物館對外開放的主要宗旨。

館長華蕙表示，多年前成立「大東山珊瑚寶石博物館」是為了紀念母親——呂洪閨淑女士，她說：「先母於一九七六年，在她六十歲那年，遠渡重洋來到夏威夷，那還是她頭一回學習寫自己的名字，簽在護照上，在她那個時代的女性，因『女子無才便是德』的傳統桎梏，剝奪了她受教育的權利，夏威夷的天然環境，使她感覺像她的第二個故鄉，同時為排遣時間，引發她習字繪畫的興趣，所以，直到晚年，她才有機會提起筆來畫花、船、鳥、魚……畫中所題字句很有警世教育之意義，不外乎勸人為善、向上、孝順父母、兄友弟恭、家庭和樂等字句。呂老太太的紀念書畫集出版後，是勸人向善的一大福音。」

生活即教育

大東山珊瑚寶石在台灣有五十餘年的歷史，當年成立博物館的初衷是公司本身在職人員訓練及對顧客的展示教育用，但後來大東山決定將博物館對大眾開放，迄今已多年。在夏威夷的這座博物館學童參觀過本館，負責館內介紹、招待事宜的呂華蕙表示，「小朋友們喜歡到大東山博物館參觀，因為他們可以觸摸他們喜愛的寶石，挑選他們自己心愛的寶石，然後，自己將它完成為自己心愛的珠寶。」她接著說：「館內所有的礦石均標明它們的出處，所以小朋友們可以由其中學到寶石不同的產地。」整個參觀的行程，最後是小朋友們的重頭戲，因為花二至三元包括在參觀行程內，他們可以ＤＩＹ設計自己的寶石珠寶，而且，他們最高興的是，他們可以將傑作帶回家。

無論是在海內外，工商企業界或各行各業，有心回饋社會的人，不在少數，有設立獎學金，有鼓勵清寒的，也有默默行善的，無論用什麼方式回報，只要其本意是純正的，其出發點是對大眾有益的就是好事，就是一股清流。教育是百年樹人大業，不管是贊助中國大陸的「希望工程」，或是台灣花蓮證嚴法師慈濟救人興學蓋學醫院的好事，人不分東西南北，聚沙成塔，就是一股力量，據知有一位廈門人陳嘉庚，世代興學，嘉惠故鄉子弟，至今仍為當地人感念不已。

認識珠寶文化，從小開始

博物館開班授徒，教夏威夷居民如何做珠寶、雕刻寶石，將教導島民如何穿珠，如何設計珠寶，比如耳環。呂華蕙表示，「我們希望在夏威夷，教人們如何建立本地的手工藝工業（Cottage Industry），讓當地人創作具夏威夷文化特色的珠寶，來吸引推展給一年到此六百萬的觀光客。」如果說「生活即教育」，教大家如何討生活求生存，這一套推廣教育，也正是學校教育之外的又一章！

珠寶與教育結合，也許是一項創舉！如何教育你的消費者也是一件工作，兒童是未來的主人翁，兒童也是你明天的主要顧客群，今天，你在此默默耕耘，也要數十年後才會開花結果，世界上很多事情的得失，很難驟下斷言，如果你推銷一項商品，已臻其文化精神層面的推廣，那麼你就已經成功一半。

如果你到夏威夷，踏足到威基基海灘不遠處，不妨花幾個鐘頭的功夫，到這座珠寶博物館參觀，它的入場是免費的，下一篇寶石博物館遊記，不妨由你來執筆。

第三部

創新思維

以珊瑚來說，台灣、日本和義大利是世界主要的三個珊瑚產地，但是台灣一直在背後做代工，沒辦法踏上世界舞台與人競爭；目前政府推動的文化創意產業，我認為首要在於結合創作與生活，而人民的生活水準及業界的研發能力是其中的關鍵。現在台灣產業環境比較吃虧的是「外國的月亮比較圓」的觀念，如果產業界與民眾能互相影響、彼此帶動，提昇技術、品味和品質，營造出一個富而好禮、懂美學的環境時，才能談到更深層的享受。

在台灣澎湖起家的大東山珠寶，其所創造、銷售的MASAMI珠珠（南洋貝寶珠），成了蜜雪兒參加G20領袖高峰會期間，讓人眼睛為之一亮的珠寶飾品。蜜雪兒將平價服飾珠寶端上國際檯面，也正宣告平價商品有其市場的經濟價值。珠寶往往被視為是高消費力族群的象徵，近年在金融風暴的影響下，平價珠寶也慢慢在時尚界、消費市場取得地位，尤其在名人的加持下，平價珠寶亦成為出席正式場合的選擇之一，為消費者開創了新的選擇，也為業者拓展了市場更多的層級。

第一章

流行與風格：富而好禮才懂深層感受

以珊瑚來說，台灣、日本和義大利是世界主要的三個珊瑚產地，但是台灣一直在背後做代工，沒辦法踏上世界舞台與人競爭；目前政府推動的文化創意產業，首要在於結合創作與生活，而人民的生活水準及業界的研發能力是其中的關鍵。現在台灣產業環境比較吃虧的是「外國的月亮比較圓」的觀念，如果產業界與民眾能互相影響、彼此帶動，提昇技術、品味和品質，營造出一個富而好禮、懂美學的環境，才能談到更深層的享受。

有鑑於全世界超過四十歲的女性人數與日俱增，她們的影響力不容忽視，一夕間，年齡成了書籍、商業廣告活動及醫學研究的一項熱門話題。美國一所婦女研究中心研究報告，女性在四十、五十、六十歲時，是其一生中，各方面均臻最理想、成熟的階段，只是社會上一般人往往忽略了這項事實。美國《城鄉雜誌》（Town & Country）綜合了各方的看法，彙集成數篇「女人四十一枝花」的主題，達成的共識是：Aging Women in America have a lot of Wisdom to Impart，其中Aging Women，不妨稱為成熟女性，她們的確擁有許多睿智與經驗傳授他人。

傑出女性如過江之鯽

依據最新全美人口統計局發佈的統計資料，在二〇一六年，大約有一千六百萬的美國婦女，年齡界於四十到四十九歲之間，與一九八〇年相較，這數據十年期間，增加了三六%，的確，不容等閒視之。如果再細數超過七十歲全球知名的傑出女性，在各領域的傑出表現，則如過江之鯽。例如：七十多歲的時尚界龐克教母薇薇安．魏斯伍德（Vivienne Westwood）縱橫業界四十年；八十多歲的英國影后茱蒂．丹契（Judi Dench），每回演出總讓人跌破眼鏡，至今卻仍不輟地在演，其他默默貢獻己力的中年職業婦女，無論在商界或慈善事業上，均表現得可圈可點，更有一些女性在中年創業，她們的人生已過半百，卻是大好人生的開始。

企業界更有感於絕大部份的The 50-Plus Generations（五十歲以上世代），具有舉足輕重的消費力，會尋找上了年紀的模特兒充當廣告明星或企業的發言人，例如：化妝品及球鞋，會鎖定中年以上的顧客群為其銷售目標，而訂定了一系列的廣告活動，知名品牌聘用五十歲的明星展現美麗大方自信的風采。在雜誌封面及各大社群廣告中，不斷曝光露臉，明星本人及代言的品牌深刻映入消費者心中。

婦女在停經期之後，的確具有個人發揮生命力的潛能，科學上證實，一般女性的平均壽命約為七十八歲。內政部公布最新統計數據，二〇一五年台灣人平均餘命達八十歲，其中男性達七十七歲、女性八十三歲，均創歷年新高。為生命尋找熱源，填補這些歲月，加上科學界不斷地研究，如何使女性活得更好（Live Better），如：荷爾蒙治療、攝取更多營業食物、增強體能指導等，及如何使外觀更理想（Look Better），如：臉部保養、美容整型手術等。但很諷刺的是，再如何改進，唯一不變的是，問女性們的年齡，仍是一項禁忌，她們一般仍不願公開自己的真正年紀。

尋找自我、浴火重生

利用人工（Man-Made）美化外觀，整容術始於一九一〇年，蘇珊博士（Dr. Noel Suzanne）在巴黎，首次為她的「患者」拉臉皮，為成熟女性美容啟開一個新紀元，今日先進的美容整型手術，對四、五十歲以上的婦女，嘉惠不少她們的「門面」。真是應驗了一句話：「上帝為女人創造了一張臉，女人又為自己造另外一張臉。」除了這些所費不貲的人工手術外，感謝上蒼，一名女性同時可選擇另一種「天然」的方式，即靠個人努力認真保養來邁入成熟期，優雅地活著。

我的眾姐之一，當年甫步入一枝花的年齡之際，因她成日忙於事業，忽然有一天對著鏡子，撩撥自己頭髮之際，驚見竟灰白了好幾撮頭髮，心中無限感傷，幸好二哥開導她說：「沒關係啦！整體看來還是頗黑的嘛！」

她想想也挺有道理，Who Cares，誰有閒功夫在那兒傷神，細數自己又多冒出了幾根白髮了，黑的還是佔多數嘛！無論男女，人過四十，要為自己的容顏負責，心智上的成熟、睿智均一一印證在你（妳）優雅的外貌上，一點也不含糊。

一位女性過了五十歲之後，應該瞭解到她已經找到自我，而且，她可以做些更有意義的事，使人生更臻理想。五十歲的光景，女性開始真正地活著，不必懼怕失敗，到了五十歲，絕大多數的女性已歷經了不少挫折，而且深深體驗到其本身可以浴火重生，對人生種種人情事故均駕輕就熟，生命中，仍有更多不同的事情，待她嘗試、品味、學習仔細思考和享受。

活得更優雅成熟

至於，女性如何在暮年之前，活得優雅成熟，端視其個人對生命的領受和態度而定，她可以將生命視為一只半空或是半滿的玻璃瓶子，兩種截然不同的看法。美國國際禮儀頂尖權威麗雅．鮑瑞（Letitia Baldrige），在甘迺迪總統在位期間，擔任美國第一夫人賈桂琳．甘迺迪的幕僚長達二十餘年，為其提供服裝儀態、白宮裝潢布置、賓客招待事宜等相關諮詢，著有《跟著第一夫人學品味：品味用錢買不到，但可以學習》，就曾經建議以下四大原則，頗中肯，值得大家參考：

一、凡事保持幽默感：不要吝嗇自己的笑聲，因為妳笑別人也會跟著妳笑，笑使妳更年輕。

二、懇切地感謝妳的家人，如果妳很幸福地擁有（一個）的話。更廣義的善待妳週遭的每一個人，無論是親人鄰居或朋友，的確使妳獲益匪淺。

三、保持輕盈健身體態，如果需要努力運動加強練習，並不一定要求妳需有像偶像明星般的傲人身材，但最起碼，需保持一定的運動量，且適度地穿適合妳年齡的裝扮，此階段是表現妳最佳智慧和迷人風采的時機。

四、心靈上也需要陶冶，將妳的內心，想像是一個龐大的資訊檔案庫，裡頭已裝滿了四溢的資料、殘渣及瑣事。妳應好好地打點、清理、歸檔，騰出多些空間給新的事物，新的資訊。例如：

(1)打入年輕人的圈子，多和年輕人交往、接觸，向他們學新的事物，她（他）們可能也正需要妳的忠告、指導。借助妳的人生經驗，為他們解迷津。

(2)創造妳生命的優先順序：如：自願服務公益，慈善事業等。

(3)多學習一種語言：新學會另一種語言，使妳更有成就感。

(4)規劃一些旅遊行程：隨身自備一本筆記，記下妳的所見所聞，如荷馬史詩奧德賽般探險，發現新事物。

(5)多接近文化事物、音樂、文學、戲劇、珠寶、古物收藏等。

(6)學習修身養性，成為某項消遣的愛好者：如插花、茶道、烹飪等。

(7)學習一種新的樂器，且找機會表演給大家聽。

(8)對人方面：不要當收受者，多施惠予別人。

(9)對事方面：不要當旁觀者，多扮演參與者角色。

(10)將一切惱人，不如意的往事，築一道圍牆，將之摒諸牆外，且拋諸九霄雲外，樂觀、進取，對生命充滿信心，多花時間回憶美好的人、物、事。

人生寶庫，自在存取

睡眠專家說，中年女性平均需要睡足七個半鐘頭，且年齡愈大愈淺眠，愈不容易沉睡，許多暮年女性有失眠或不眠症狀，所以睡飽也是很重要的。

看看妳經過這些天然陶治後的人生，不要理會那些惱人的皺紋、白髮。現在的妳，是否比妳年輕時更迷人，更風趣，更熱情，更富智慧，更具哲學觀，更會諒解他人，更容易接受和瞭解別人。

高興地迎接妳人生的另一個階段，妳擁有這麼可觀的個人資產，儲存在人生銀行寶庫，還有這麼豐富的希望擺在眼前，妳需要尊嚴地活著。

雖是「夕陽無限好，只是近黃昏」，半百的日子，被當成半個空瓶子看，與其勉強不情願地活著（Aging Reluctant），不如視其為半個裝滿五彩繽紛的瓶子，成熟優雅地活下去。

下回，妳再攬鏡自顧時，不妨稍稍往後退一點。

富而好禮，才懂深層享受

所謂的「時尚魅力」或「流行」，其實是人在引導，通常國外品牌流行間隔大約是十年或二十年，這其中的關鍵在於是否禁得起時間的考驗。很多年輕品牌初期利用大量媒體來造勢，也獲得不錯的效果，但是在宣傳期過後就後繼無力。因此，要成為成熟的世界品牌、能帶動潮流的百年老店，通常都要傳承三代以上，讓業者和消費者之間不只是做單純的交易買賣，而是在日積月累的經驗中，不斷強調品牌精神與經營者的特色。

以大東山為例，我們努力創造自己的上、中、下游的產業鏈，提供更多元化的服務與附加價值，如成立博物館與鑑賞教室、舉辦演講、成立文創基地、樂活人文之家和展覽活動，透過各種非商業性的方式與消費者互動是最珍貴的。經營五十多年下來，許多消費者對我們的依賴，是一代接著一代，等於幫顧客做了人生的見證。我們與消費者之間，不只是有形的購買與銷售關係，而是建立起無形的信任與情感，這絕不是用ＩＳＯ認證所能表現的。

從事珠寶業這麼多年，我認為國人的美學觀念還是有待提昇。我們每年到瑞士參加展覽時，前來參觀民眾的穿著並非都是很華麗隆重、也不一定是名牌，但是看起來就是很優雅得體，主要原因在於他們有品味、懂得搭配，這就是一種生活美學。回頭看看國內，有些台灣人喜歡到歐洲買名牌包包、服飾，擁有美的東西卻不會發揮利用，結果花了大錢還被人笑「俗」，得不到應有的尊重。

建立國際化的品牌，需有世界級的水準

至今仍有部分的台灣人，會覺得國外的產品比較好，我們很難去左右消費者的喜好與品味，但是業者可以做到自我提昇與推廣的功效。許多廠商會把最好的產品外銷，次級品則留在國內銷售，結果惡性循環之下，造成國人的審美品味每況愈下；或是寧願幫國外代工可以馬上獲得利潤，而不願意做後續的服務。因此，我們不應該抱怨消費者的無知，而是業界並沒有給國人最好的東西、純以商業利益為導向，我認為這方面還有很大努力的空間。

以珊瑚來說，台灣、日本和義大利是世界主要的三個珊瑚產地，但是台灣一直在背後做代工，

沒辦法踏上世界舞台與人競爭；我們大東山印製了許多中英文對照的文宣，就是要讓消費者認知到我們是國際化的品牌，具有世界級的水準。能在業界佔有一席之地，除了商業經營方面之外，我們還一直致力於推廣本土產業與工藝技術，做別人不做的事。

目前政府推動的文化創意產業，我認為首要在於結合創作與生活，而人民的生活水準及業界的研發能力是其中的關鍵。現在台灣產業環境比較吃虧的是「外國的月亮比較圓」的觀念，如果產業界與民眾能互相影響、彼此帶動，提昇技術、品味和品質，營造出一個富而好禮、懂美學的環境時，才能談到更深層的享受。

文化創意產業也是非常多元的產業，許多本土業者可以研發主題商品，但是缺乏後續向外延伸的力量。這種力量必須從核心價值爆發出來，這也是我們一直在努力的地方；當與消費者的互動增加、研發技術更為精進時，附帶的商機自然源源不絕。如果只是硬生生的把產品銷售出去，背後沒有故事、沒有由來，就難以和消費者互動，也不易成為成功的文化創意產業。

專題特寫

特色珠寶，吸引同性戀族群

有人說到舊金山不要忘了帶花，也有人說到舊金山逛漁人碼頭、金門大橋、唐人街之餘，不要忘了瀏覽那條「街」！

多年來，那條街的景致與別的街頭相較沒啥大差別，車水馬龍，但見路上情侶，三三兩兩，對對相倚（擁），他們的服飾穿著，有些標新立異，帶點狂狷不拘，情侶雙雙八成著情侶裝，且黑色居多，一般人多抱著七分好奇，三分看戲的心情，到那兒溜達溜達。待你仔細瞧瞧路兩旁，商店內多數人的舉止打扮與你我就大不相同，情侶對對，眉目傳情，酒吧（The Gay Bar）內對對情侶，細聲對語，或手握一起，含情脈脈，或擁一塊，你儂我儂，或動手動嘴，零與壹的結合，好不熱鬧，現在，有人說舊金山是同性戀者的大本營，實不為過。

新興消費市場，不容忽視

在那兒，商店內多擺設同性戀者所喜愛的明信片、海報、同款的馬克杯、新奇物、小玩意兒。今天，同性戀之風已吹四處，不再是一街、一地、一國之特異風情，世界上，方里之內，均有同好者，端看其本人是否現身表白。中外以Gays為題材的電影，如《斷背山》（Brokeback Mountain）、《喜宴》、《因為愛你》（Carol）等，不勝枚舉，很自然地，專為同性戀者而設計上市的珠寶，也在美國超市內可以看到。

以前，人們常將耳朵上掛著一邊耳環的男性與男同性戀者畫上等號，殊不知流行風潮所及，無論男女，耳朵上掛個一副、一邊、二邊、耳環都是見怪不怪了，如果在耳垂上穿洞，那第三或第四個洞兒，在打洞槍「執刑」的當兒，碰到骨頭，想必很痛！

同性戀者喜好的標誌，如：心形、十字架、鼻環、星座都是設計Unisex（男女兩用）珠寶的好題材，市面上有一組磁性耳環（Magnetic Earrings），利用陰陽磁性的吸力，設計圖騰花樣製成耳環，實在創意前衛，其他的Homosexual或是Unisexual Jewelry（同性或兩性珠寶），如：對戒、對鐲、對錶、對鍊，均是你一個，我一個，卿卿我我，兩意正濃時的定情物。

據華爾街一項非正式的統計，在美國平均一般男性Gay的年收入在美金五萬五千元以上，百分之六十的男同性戀者是大學畢業，百分之六十五有海外旅遊（出國）的經驗。姑且不論正確與否，但是，如果以市場行銷的觀點來看，同性戀者的消費市場不容忽視，有人想將美國大兵（G.I.Joe）和芭比娃娃（Barbie）的角色互換一下，未嘗不可。

第二章

拍賣會與傳家寶——母愛的昇華

當你親眼看到在那兒的人們所種下的種種善果，你將會十分驚訝，那真是這可怕世界的一個異數，到非洲、亞洲、南美去！只要那裡有疾苦、貧病、戰爭，就有成千上萬的善心人士貢獻他們的力量，幫助受難者，我不過是其中小小的一部份罷了。

艾嬪娜的行善義舉與世界之最的珠寶拍賣會

多年來，全球媒體喜歡稱艾嬪娜．波樂瑞（Countess Albina du Boisrouvray）女士為「慈悲天使」（Angel of Mercy），以表彰她前後捐助逾一億美元給世界各地的慈善義行。

一九八九年十月二十六、二十七兩日，蘇富比在紐約公開拍賣艾嬪娜的珠寶，那是一場美國拍賣史上，最引人矚目的私人珠寶珍藏拍賣會。翻開目錄，直映入眼簾的是令人屏息、目瞪口呆的世紀之最珠寶藝術品，例如：一組綴鑽的圍巾夾，估價為三十至三十五萬美元之間，數只鑽戒為六十五到七十五萬之譜，而另一套鑽石墜子及耳環夾則是七十五萬至一百萬之間，一只二八七顆寶石和鑽石合鑲的項鍊（估價為八十萬至一百萬之間），而以一百一十六萬美元拍出了一條一九三七年Cartier（卡地亞）名牌項鍊，帶有十二顆郵票般大小的祖母綠，總重超過一〇〇克拉以上（約在一百五十萬至二百萬上下），另一款同份量的五顆總重約一二五克拉的大藍寶鑲綴的項鍊，出自范．克里夫．亞波（Van Cleef & Arpels）（也是估價在一百五十萬到二百萬美元之譜），除了這些璀璨奪目的珠寶收藏品之外，同時，艾嬪娜收藏的傳統藝術及印象派大師所創作的骨董家具亦在拍賣之列。兩天拍賣會成交總價為五千一百二十萬美元，這項「專題拍賣」紀錄，只有一九八七年四月二、三日蘇富比在日內瓦舉辦的「溫莎公爵夫人的珠寶」可與之相匹美。

出生戰時顯赫世家

究竟是什麼動機，使得一位仍然健在的女性，願將她珍愛的祖傳珠寶，全數傾囊而出，拍賣一空？但見此拍賣會目錄封面，一名十分俊秀面帶微笑年輕人的放大照片，他頂著一頭曲鬈的金髮，臉上露出一般天使般無邪的笑容，就是他，使得他的母親幾乎將她所有值錢的東西拍賣轉手。艾嬪娜亦闡明道：「我認為這些珍貴稀有的財產，應予流通轉手，賦予其新生命，為其尋找新家庭，結交新友伴。」

艾嬪娜於二次世界大戰爆發期間出生於法國巴黎，她的母親乃是玻利維亞錫礦大王賽蒙．帕汀諾的么女。艾嬪娜的外祖父，即是原由赤貧、奮鬥而成世界首屈一指的大富豪和傳奇人物，艾嬪娜一家人即因工作、家庭及戰亂的因素，在巴黎、倫敦、南美和紐約之間，顛簸輾轉遷移，所以她說：

「我的世界觀，乃在我年少時，奔波遷徙的生活中形成。」

艾嬪娜出身富貴之家，求學時曾因病輟學，在瑞士山區靜養，故與其首任夫婿布樂．北諾德邂逅，後來，且不顧家族長輩反對，毅然下嫁，生養兒子法蘭西歐，但這段婚姻最後以離婚收場。戰火蔓延中，她仍想繼續中輟的學業，但身上流著部份玻利維亞人冒險進取精神的血液，她在一次機會中，搶得先機，獨家報導頭條新聞，而成為一名成功的記者，所以她闡述道：「長年累月，練就的筆法，無論我何時身處世界任何災區，我即揮筆完成一份完整的報導。」

一九六八年間，艾嬪娜發現自己對人道博愛工作充滿興趣，當時，她驅車載病患至醫院、運送醫療藥品、提供食物、茶水，給街頭上為伸張理想、主義的法國學生，且讓他們在她住處盥洗、落腳。基於這層經歷，她說：「法國並不是一個友善的國家，但在當時，人們均善待別人，愉快地相處。」感動之餘，她想將其過程拍成一部電影，在四處碰壁、覓不著合作對象的情況下，最後終於拍成一部極為成功，頗富好評的影片《轉捩點》（Le Grand Tournant ;The Turning Point）於焉誕生！在此時，她遇到了第二任先生，一位影片製作經理，倆人共結連理且一同出品了近二十二部影片，其間飽嚐了電影事業的大起大落，波濤洶湧，但她與能和世界上最優秀的電影人才共事為榮。她同時也是八十年代初期，法國最頂尖的製片人之一，並擔任坎城影展評審委員會的副主席。一九八五年，有近十二部的影片在她名下出品，她被推崇獲頒法國至高官方文化獎章。

紀念愛子，化悲傷為力量

在她多采多姿的人生道路上，似乎就此平步青雲，一帆風順，其實不然，她說：「我本人對事業不是挺熱中，不過置身其中，使我倍感成長」，她解釋道：「生命中充滿著機會和選擇，你緊緊地把握住，但是，有時它卻象徵著另一個方向的轉變。」

當時，她的第二段婚姻亦告破裂，而她的親生子，法蘭西歐正在美國密西根州安娜堡市的密西根大學研讀航空，她於是收拾行囊，打算與其唯一最親的家人團聚，也想利用美國高科技的影片製作法，在當地拍一部海底世界的影片。但是一九八六年，二十四歲的法蘭西歐在一次直升機空難中喪生，人機全毀，他生前曾完成了近三百次的空中救難任務，他的一連串英勇救難事蹟，為他贏得了「山中救難小王子」的美名。事件發生後，艾嬪娜回憶說：「有兩年的時間，我什麼事也不想做，但後來，我冥冥中似乎感覺到，能使我活過來的唯一方法，就是幫助別人。」所以，她積極投入一個在第三世界服務的醫生自願組織（Medecins du Monde）在戰火蹂躪後的黎巴嫩工作。她感悟到：「身歷這麼多的苦難當中，讓我瞭解到，我該做些什麼——我兒子要我做什麼！」

籌措一億美元成立基金會

自其父在一九八〇年過世，艾嬪娜繼承了所有的家族財產，法蘭西歐當時是她將來唯一的繼承人，但遭此鉅變後，艾嬪娜對這些珠寶、骨董有絕對的處理權，拍賣會的總數加上後來變賣的房地產，她一共湊足了一億美元，於一九八九年成立了以法蘭西歐為名的ＦＸＢ基金會（The Francois-Xavier Bagnoud Foundation），此基金會的涵蓋範圍以其子所好活動及所關心的航空、兒童福利及救難為服務對象。

做善事，不分國界

爾後，FXB基金會在其母校密西根大學建立了航空大樓，設立了以他為名的獎學金，也提供了一項總額二十五萬美元的航空界獎章，鼓勵有傑出表現的航空人才。在瑞士，FXB基金會投設資金給山區救難隊、青年網球活動等。有鑑於一項統計數字，即在本世紀末，上百萬的兒童將因貧、病及營養不良而死亡，故她在美時，以FXB基金會名義大手筆地捐出二百二十五萬美元給一座在紐澤西州、專門治療先天由母體感染愛滋病毒的兒童醫院，實令研究人員感激萬分。第一所專為收容五歲至十二歲，流浪兒而設的「FXB之家」，於一九九一年十月在華盛頓DC成立，將來，在泰國、肯亞、哥倫比亞、巴西亦有類似計畫籌設中，在泰國清邁及曼谷，她為雛妓設立轉業中心。

FXB基金會的總部設在西恩（Sion），離日內瓦不遠處，但整個工作運作，遍佈全球，艾嬪娜全年馬不停蹄，不眠不休地工作，她本人並不向基金會支薪，目前，她的剩餘資產及生活收入來源，靠其父生前經營留下來的四家位於瑞士的飯店之營運盈餘，她掛名總經理，但聘有執行經理，專人管理。目前，談到兒子，她個人感受是：「他是一位比我更能幹的人，我可以感受到他時時跟隨著我，到世界各處不斷地鼓勵我、督導我、指示我的工作！」

做善事，不分國界，一位具有世界觀的母親，一生歷經百事，在喪子之痛煎熬中，拋出私有珠寶財產，這種能夠捨得（Let go）的精神，實屬不易，她還能化悲痛為力量，去幫助別人，這是母愛的昇華，實在令人嘆詠。偉哉！母親！

本來，人生就是一場挑戰，不是一場遊戲。

美好的事物——賈姬的真善美人生

《綺色佳》（Ithaca）　　作者：希臘詩人卡瓦菲斯（Constantine P. Cavafy, 1863-1933）

當妳出發前往綺色佳（註一），願妳的路是長的，充滿冒險刺激，充滿新奇發現。那萊斯特律戈涅斯巨人與獨眼巨人（註二），或是那憤怒的海神——波塞頓（註三），妳都不要怕它們。

在妳的路程中，只要妳保持高度警覺，只要妳全神貫注，這些駭人、惱人的怪物都不會來煩妳。那萊斯特律戈涅斯巨人，與獨眼巨人，或是那駭人的波塞頓，都不會被妳碰著，除非妳自己將它們依伴心房，除非妳將它們帶到眼畔。

願妳的路程是長遠的，願那兒有無數的夏日早晨，充滿歡愉，充滿喜樂，當妳首次進港停泊，願妳停靠在腓尼基的交易站，去採買「美好的事物」：「貝殼、珊瑚、琥珀和黑檀木」，及各式各樣不同味道的香水，妳儘可放手去挑妳所想要的香水味兒，願妳踏足許多埃及的城鎮，探訪學習且繼續向他們的學者聆聽討教。

將綺色佳緊記妳心房，妳命中早注定該到那兒的，但，路上不必太匆匆，但要是能延續幾個年頭，更好些，所以，當妳抵達那島嶼時，妳該老了，妳一路獲致的財富，夠妳享用不盡，別指望綺色佳能讓妳致富。

綺色佳為妳帶來這趟奇妙之旅，就是她的緣故，妳才啟程前往。此刻，她沒有為妳留下隻字片語。

如果妳發覺到她的貧瘠，綺色佳並沒有矇騙妳，似妳這般滿富經驗且聰慧的人，屆時，妳將瞭解綺色佳的意思。

多美妳的一首詩，如果說「好東西要和好朋友一同分享」，當華蕙姐在坊間一本雜誌看到這首詩時，就忙不迭傳給我，她說：「EUREKA」（註四），因為詩中的美好事物（fine things），指的就是我們（珠寶業界）做生意時，觸手可及的貝殼、珊瑚和琥珀，我花了一點工夫經好友 Paula

備註：

一、綺色佳（Ithaca），一連串冒險後的美麗家園，源自荷馬史詩奧德賽《Odyssey》圍攻特洛伊後的航海歷程，Ithaca 在此隱喻賈姬一生多逢波折，死後所歸之安息地。

註二、駭人可怕的怪物。

註三、海神波塞頓（Poseidon）。

註四、EUREKA，希臘文的「我發現」。

從旁解析，翻為中文，與讀者共同欣賞。有時候覺得自己滿慶幸的，從事珠寶業，不但為人們帶來美和喜樂，自己也變得較樂觀與積極些。

永遠的第一夫人

她，被稱為「美國永遠的第一夫人」——賈桂林．甘迺迪．歐納西斯，或是「賈姬」，已走完她璀璨的真、善、美人生。如果說她一生榮華富貴、歷經滄桑、羅曼蒂克，實不為過。她與甘迺迪的結合為她帶來名聲與權勢，甘氏遇害，守寡五年後，第二段與歐納西斯的婚姻則為她帶來名利與財富；至於她晚年的摯友、比利時出生猶太裔的紐約鑽石進口商茅里斯．田博斯曼，所給予她的則是前面兩人所欠缺的永恆專一的愛情與快樂，他稱得上是最瞭解她、且最懂得與她共同生活的男人。

佛教般若經以金、銀、琉璃、硨磲、瑪瑙、琥珀、珊瑚為七寶，據稱「硨磲」所指的就是貝殼，《綺色佳》這首詩直指的就是七寶中的三寶，田博斯曼本人經營鑽石，知道這海中三寶的珍貴，他選用這首希臘詩人卡瓦菲斯所寫的現代詩，作為賈姬在教堂告別式上的獻詞，一定有他的道理。

在賈姬走完她人生的旅途之後，有關她生平的報導，坊間的報章雜誌爭相出籠，甚至於有的為慎重其事，除了專文報導之外，還特別出了一冊《賈姬特輯》，以示對這位美國「永遠的第一夫人」永恆的悼念。

簡單、完美與典雅

不可免俗的，為了下筆，也為了緬懷那個時代美好的事物，我買了好幾本書，也參考了許多資料，此外，還看了數百幀她生前的照片，仔細端詳她的臉，發現她的雙眼距離較一般人來得遠，但兩眼很有神韻，眼波盪漾，雙眉很有個性，但牙齒不很齊平；老年時，佈滿風霜的臉，額前的縐紋與眼角的魚尾紋歷歷可見，但這些均不損她的睿智，無論在她人生的那個階段，她的臉總是那麼有個性，讓人一見難忘，她有一股說不出的脫俗氣質，眼、鼻、髮式、皮包、珠寶、衣飾、鞋子等的整體搭配，總是那麼的得體，神采出眾，這種散發難得的文化氣息與生活品味，人們稱作「賈桂琳風格」，即簡單、完美與高尚典雅。

在六十年代，她的打扮穿著，是全球女性爭相模仿的對象，任何衣飾珠寶經她穿戴後，隔月同款的流行就會在市面上暢銷，並且領導世界流行風潮。她善於擺鏡頭，而本人就是精於特寫的攝影家，她的肢體語言，不只是長期訓練出來，而且得自家傳薰陶的法式貴族氣息。她的洋裝模式剪裁簡單，多半是黑白搭配為主，善用圍巾、帽飾做整體調合。年輕時，多以輕裝打扮，早期的高腰洋裝，偏好綠色、粉紅系列。而中、晚年職業婦女的裝扮，也很適合她當時的身份，可以說她是一位忠於「整體造形」的藝術設計家。

我們藉此談談她人生不同階段，及各重要場合所佩戴的珠寶。五十年代，當她與甘迺迪總統談戀愛時，鮮少看到她戴首飾，少女清純的模樣，不需紅花綠葉的陪襯，其本身就是一朵含苞待放的蓓蕾。她和甘迺迪結婚時，除了身著新娘白紗外，項上還戴了一串四～八mm、十六英吋左右的珍珠項鍊。在為甘迺迪總統競選到入主白宮前後，一串巴洛可（Baroque）形狀的天然珍珠（約十～十六mm、長十六～十八吋），再配上以大顆珍珠（Mabe）鑲鑽耳環，實在非常耀眼。

勇氣、智慧與耀眼的氣質

榮晉第一夫人時，她在很多場合，常戴一串由三條珍珠項鍊（約八mm或十mm大小一致，分別為十八吋、二十吋與二十二吋），她的妹妹Lee也和她一樣，想必當時正流行三串的BIB項鍊，因而成為日本養珠銷美的顛峰時代。她與歐納西斯「協議式的婚姻」，為她與子女帶來財富與生活的保障。據稱，當時歐氏給她價值三百萬元的珠寶，從此，她的珠寶變化大且多，首飾、耳環、別針看起來均是一時之選，耳環的樣式以大且垂下來的為主，而手鍊的造形相當特殊。雖然中年至晚年近二十年間擔任編輯工作，但仍保有勇氣、智慧與耀眼的高雅氣質。所以，她的兒子小約翰・甘迺迪在她身後曾說：「我母親的本質就是對文字工作的喜好、戀家和冒險嘗試的精神。」

如果細數她人生的不順遂的確很多，十三歲父母離異，二十六歲與大她十歲的甘迺迪結婚，三十四歲守寡，之後，兩個小孩不克存活，兩任丈夫均赴黃泉，加上兩次婚禮，自己的生父均無法參加，因為他酗酒好女色。雖然如此，她還是一位非常堅強的女性，她人生的光明面則是，一女一子均教養成才，且兒孫圍膝。晚年得摯友，並為她守候病榻，而且個人的嗜好攝影與編輯皆順心。我說她是一位善良的人，因為有人說：「她是美國文化結構下的部份精髓，因為她的格調瀟灑、高尚，她沒有宣傳人員為她計劃節目行程，沒有香水公司付她錢，雖然用了她的名字當香水廣告，她就是這麼簡單。」

她的美在於她熱心公益，因為她的大聲疾呼，到處奔走，因而紐約的中央車站得以保存，她的朋友說：「和她相處時，可以感到她這般的自然與平實。」

賈姬，請安息吧！朝妳的綺色佳前去吧！

系出名門的無價之寶：由蘇富比的賈姬收藏品拍賣會談起

商品有價，而屬於藝術、文化、社會、歷史等層面的精神無價。昔日王公貴族的最愛，今日成為士農工商之歡求，有人說這是百世不易的定律。

一九九〇年代，蘇富比曾在賈桂琳辭世二週年舉辦了一場拍賣會，將其生前擁有的珠寶、首飾、藝術品、書籍、收藏等遺物，共五千九百一十四件，於紐約曼哈頓上東城熱熱鬧鬧的登場。在拍賣會之前，約有四萬餘人率先前往瀏覽，品味這批屬於部份美國人心目中的「文化遺產」，而本次拍賣會所拍售的目錄約在十萬冊以上。拍賣會前後新聞沸騰，電視、雜誌、報紙等各大媒體均大幅報導。其中最引人注意且津津樂道的是數串人造珍珠（曾伴隨賈姬風采出現在歷史鏡頭上），以超出蘇富比標價四、五百倍以上的超高價定槌成交。據蘇富比在拍賣會之前的保守估計，總拍賣額約在三百三十萬到四百六十萬美元之譜，然而會後的成交額，結果共計三千四百五十萬美元，美國社會各界，對這群「踴躍」的舉標者，投以正負不同，兩極的說法評論。

賈桂琳旋風再現

有人說這是賈桂琳的旋風再現，魅力未除。有人則評論道，這是一種「炫耀性的消費」。有人則不以為然的說，再過些年代，誰知道賈桂琳是誰。有人卻說，這些人買的是美國歷史的一部份，文化遺產！有人說，他們買的是對賈桂琳時代的一種緬懷思念。

有人則估計，這批拍賣物，部份東西會再二度流入古物交易市場。

屬於賈桂琳的年代，拜新聞媒體發展之萌芽期，加上個人獨特高貴風采，在多種場合配戴珍珠首飾曝光，對當時時裝，珠寶首飾潮流的領導地位，與英國戴安娜王妃相比有過之無不及之勢。所以，這場拍賣會，數串人造珍珠價格的定奪，競價者買的已不是商品或珠寶本身，而是其深刻蘊藏的意義。雖然賈姬後來下嫁希臘船王歐納西斯，落得「貪婪的賈姬」之風評，然而拍賣會歐氏的定情物也未缺席。

美國近代歷史上，另外一位喜愛配戴珍珠的總統夫人，則屬老布希夫人：芭芭拉．布希。她的祖母級慈愛和藹可親的形象，已深入世人的記憶中，所不同的是賈姬生前鮮少對媒體吐露自己真正思緒，後半生則由燦爛歸於平淡，以為人著書出版為業。反觀她則由家庭、先生、子女、社會各方面面對媒體如數家珍侃侃而談，晚近則出了一本屬於她自己的回憶性質的自傳《白宮魅影：芭芭拉．布希回憶錄》（Barbara Bush: A Memoir）。前者神秘，後者開明，當然兩者截然不同的時代背景、生長環境、風格、外觀、個性、家庭、人生際運均不需相提並論，然而兩人對珍珠的喜好則輝映媲美。

創造「價值」的歷史珠寶

我認為這次拍賣會給予世人的啟示是，一件過去的商品，如同透視當代歷史的窗口，記錄當時人們盛行的風格、手藝及愛好，後代稱之為歷史文物。例如：當時拍賣的數串賈桂琳珍珠項鍊，將來就成為欲窺一個時代的歷史、文化、哲學思想、藝術、珍藏品，需深入瞭解當時人們的風格特色、品味、髮式、服飾穿戴、特有設計象徵圖騰、民俗等。從前以徒手做的簡單式樣手工藝，拜現今科技設備進步之賜，可能不值一提，然而這些文物代表的就是當時人的命脈，人們常言「我們正在創造歷史」，指的就是這點。

有人提及，現今台灣人佩戴蜜臘、琥珀、水晶、珊瑚、瑪瑙等手串、唸珠的「密度」，已超出任何時代，任何地區，這是一個值得學者玩味的課題，當然經濟情況的變遷、社會背景的不變、宗教信仰的興盛等，都成為地域的獨特現象。

歷史上，曾是王公貴族專利的國家至寶，今日陳列在歷史的長廊，文物精萃，盡集在博物館中，或流傳入平民百姓，人人均可欣賞珍藏，於是許多傳家寶為後代視為無價至寶。當年賈姬在佩戴珍珠首飾時，大概也沒有想到現在拍賣的價格會狂飆到這種程度。如何創造歷史，命運的趨勢掌握在個人手中，所謂傳家寶不一定非要奇珍異物，然而創造其背後「價值」的意義，則遠超過其販賣「價格」的本身。

購買一件商品，付出的是有形的價格，而珍藏一件傳家寶，擁有的是無形的價值。

專題特寫

第一夫人的親民選擇：從MASAMI珍珠看平民珠寶的崛起

在台灣澎湖起家的大東山珠寶，其所創造、銷售的MASAMI珍珠（南洋貝寶珠），成了蜜雪兒參加G20領袖高峰會期間，讓人眼睛為之一亮的珠寶飾品。蜜雪兒將平價服飾珠寶端上國際檯面，也正宣告平價商品有其市場的經濟價值。

撰文／賴泰安（國立台北科技大學寶石鑑定講師、賴泰安寶石鑑定中心負責人）

（轉載自《珠寶世界》二〇一〇年一月號）

珠寶往往被視為是高消費力族群的象徵，近年在金融風暴的影響下，平價珠寶也慢慢在時尚界、消費市場取得地位，尤其在名人的加持下，平價珠寶亦成為出席正式場合的選擇之一，為消費者開創了新的選擇，也為業者拓展了市場更多的層級。

名媛們最愛的珍珠　也有平民化選擇

美國誕生史上第一位非裔美籍總統，平民的作風使第一家庭風靡全球。第一夫人蜜雪兒的一舉一動都是鎂光燈的焦點，在歐巴馬就職典禮上，穿著台灣設計師吳季剛的白色單肩禮服，博得時尚界一致的讚美，此後她所穿的衣服、戴的飾品亦一夕爆紅。

在台灣澎湖起家的大東山珠寶，其所創造、銷售的MASAMI珍珠（南洋貝寶珠），成了蜜雪兒參加G20領袖高峰會期間，讓人眼睛為之一亮的珠寶飾品。蜜雪兒將平價服飾珠寶端上國際檯面，也正宣告平價商品有其市場的經濟價值。

有人說，珍珠是所有女人應該具備的珠寶基本款之一，過去被視為高級的珍珠飾品，如今多了些平民化的選擇，雖然，大自然生態的改變，讓天然珍珠的生存空間受到壓抑，但是人類智慧的創新，卻也相對增加了珍珠相關產品的誕生。

MASAMI平民珍珠　創造新的商業價值

植核技術是養殖珍珠過程中極重要的關鍵之一，過去是以植核應用在海水養殖，而以殖肉應用在淡水養殖，不過隨著養殖技術不斷的提升，植入珠核或珠肉都不侷限在海水或淡水養殖了。珠核決定養殖後珍珠的大小，同時也考驗母體（蠔）對它的相融度，珍珠的養殖過程存在許多可能的危險，這些包括外在環境與母體本身（如排斥）的危機，讓整體養殖市場充滿了不確定性。

經研究發現，植入珠核成功率最高的是一種叫做豬蹄蛤（Pigtoe Clam）的貝類，據報導，日本著名的珍珠之王御木本（Mikimoto）所使用的珠核，就是以來自密西西比河（Mississippi River）的豬蹄蛤。珠核植入母貝的養殖過程而形成珍珠，需要一定時間，此種方式已成為珍珠市場的主流。

養殖珍珠依它的圓度、大小、顏色、光澤度等差異性而價格各異，基本上要達到消費大眾的普及性仍有一段距離。MASAMI珍珠不但創造了市場中平價珍珠的新選項，在美國第一夫人蜜雪兒無意間的造勢下，讓更多人對它產生好奇，為何MASAMI珍珠如此平易近人？

簡單來說，蜜雪兒所戴的MASAMI珍珠並不是養殖珍珠，而是以硨磲為珠核的珍珠替代品，中文名稱為「南洋貝寶珠」，它多變的顏色則來自於外層特殊的人工包膜處理。硨磲貝與用來孕育養珠的貝類具有類似的特性，而硨磲體積大者，可提供較為厚實的切割材料，做為較大顆的MASAMI珍珠之用。這樣的過程所創造出的MASAMI珍珠，相對於真正的養殖珍珠而言，的確在市場中開拓出一條很不一樣的道路。

硨磲貝，海洋中的巨型貝類

MASAMI珍珠以硨磲貝打磨後加工而成，硨磲是生長在海洋中的大型貝類，屬於軟體動物門，早期的澎湖居民會以硨磲貝殼做為容器。早期很多人不知道有硨磲的存在，大概只是聽過它為佛教中的七寶之一，現在偶爾在觀光景點，會見到擺攤子的師傅賣起硨磲相關商品，當場可以雕刻或製成串珠，雪白的外型是硨磲十分典型的外貌，不過仍得注意是否有其它材料的仿替品來充數。

不同的硨磲分類具有不同的寶石特性，體積大的硨磲可達百來公斤以上，它看起來就像是童話故事中美人魚常棲息的大蚌殼，殼體大而厚實，以巨硨磲蛤（Tridacna gigas）來說，貝殼大小可達約一七〇公分，大約一個成年人的身高，甚至有資料記載更為巨大者，其殼長可達二〇〇公分以上，重量則超過二五〇公斤。硨磲所分佈的海域以印尼、菲律賓、澳洲、西沙群島、南沙群島、以及台灣南部海域等等，至今仍無法人工養殖。

以下列舉幾種硨磲的基本資料與特性來作比較：

科名	硨磲蛤科（Tridacnidae）			
學名	巨硨磲蛤（Tridacna gigas）	鱗硨磲蛤（Tridacna squamosal）	長硨磲蛤（Tridacna maxima）	圓硨磲蛤（Tridacna crocea）
貝殼大小	約一七〇公分	約三〇公分	約二四公分	約一〇公分
分佈地區	西南太平洋	印度太平洋海域（夏威夷除外）	印度太平洋全海域	西南太平洋、日本南部
棲息環境	離岸近珊瑚礁水深二—二〇公尺	淺海到水深一〇公尺	淺海珊瑚礁	生活在珊瑚礁平台的凹穴中

由於硨磲與珍珠的生長環境接近，因此兩者具有相當的特性，單就它的貝殼礦物成份來看就是一例。硨磲的主要礦物成份為文石（aragonite）、有機膠質體、氧化鐵、與黏土之組合物，而珍珠的化學組成為CaCo3，當中大部份也為文石與方解石（Calicite），同時珍珠亦含天然的有機膠質體（conchiolin）與少量的水份。以硨磲貝切磨打圓後做為養殖珍珠的珍核，這種作法據悉已為澳洲養殖珍珠所採用，甚至有傳聞在大溪地黑珍珠與Akoya品種的養珠亦採用。

珍珠替代品琳瑯滿目　材質、名稱多樣化

早期這種類似於MASAMI珍珠的作法，並不侷限以硨磲為主體，而是以任何貝類的殼來切磨後，鍍上一層類似於珍珠的薄膜，就成了珍珠的仿替品，這種作品被統稱為貝殼珠（Shell Pearls）。

貝殼珠一詞，很容易產生不同的商業解讀，有些人對於這樣的名稱表示有意見，因為容易會讓人誤以為是養殖珍珠的其中一種。藉由這種方式所形成的珍珠替代品，它所可以使用的材質並不只是天然硨磲，甚至會以方解石（Calcite）或其它非天然材質（例如塑膠或玻璃）表層鍍膜後，充當商場中不同需求的珍珠替代品（imitation pearls）。

鑑定這種經過表層鍍膜（Coating Treatment）的珍珠替代品，在板光上所呈現出的質地與養殖珍珠不同，若因外力磨擦或刮拭而導致薄膜破損，則可能會見到裡層的材質。筆者曾鑑定過不同材質鍍膜的珍珠替代品，除了皮光的差異外，從珠洞便可以觀察到材質主體與表層鍍膜之間的微妙變化。

就市場本身而言，能夠創新與嘉惠消費族群，是很重要的一項成就，而MASAMI珍珠確實締造出珠寶的親民形象，如今在經過美國第一夫人的肯定下，平價商品當道，可說是小兵立大功。

第三章

珠藝的設計、心靈與迷思
——大珠小珠落玉盤、寶石瓔珞綴滿環

考古學家、歷史學家們曾為推算珠藝的起源而瞠目，只因其發掘出土的地方與原出產地竟相距十萬八千里，這也可以瞭解珠藝的魅力，的確無遠弗居。一名成功傑出的珠藝設計家，他（她）有著一雙靈巧敏銳的手，經過他們的「穿針引線」似「珠聯璧合」般，將大自然美好的東西聚合在一起，而其傑作，更是絲絲入扣，動人心弦，金石琅琅之聲不絕於耳。

珠藝的歷史淵源探秘

「珠藝」指的是一門穿珠設計的藝術。

遠溯自史前時代，人類就知道利用珠子作「以物易物」的交易工具，或當作美化自己的裝飾品，如果說「珠藝的歷史」，是「人類的歷史」實不誇言。

美洲的印第安人以穿珠結繩來記事、曆法和辨認時辰。南美的馬雅文化以寶玉穿綴的珠串玉珮作祭祀、祈福用；亞洲的草原民族在蒙古、西藏，均可看到當地人以土耳其石和珊瑚串結成的珍品瓔珞。非洲文化的編珠藝術起源頗早，自歐洲人和地中海商人抵達非洲以降，旋珠藝術文化席捲整個非洲，其光彩奪目，至今仍不墜。今日，人們稱這種具有強烈民族、文化特色的珠寶為「ethnic jewelry」，而珠藝文化則是其中最重要之一環。

多元文化中，無與倫比的珠藝

為什麼世界上多元文化中，發現如此多無與倫比的珠藝呢？究其主因有三，一因珠子易於輾轉運送，隨身一帶或往身上一掛即可。二是通常珠藝的精神內涵價值不菲，因其代表創作者的品味，表達持有者的權勢地位和人生經歷，由一個人身上的珠藝，可以發覺出他曾經踏遍的足跡，遇到的人，經歷的事，三是它們是可交易的天然物品，來自大自然的寶貝。考古學家、歷史學家們曾為推算珠藝的起源而瞠目，只因其發掘出土的地方與原出產地竟相距十萬八千里，這也可以瞭解珠藝的魅力，的確無遠弗屆。珠子可以用作計算的工具，將其固定在一個框架中，再於其上盤撥幾下，可使操作者，四兩撥千金，演練純熟可成為神算手，這就是中華文化的國粹之一——「算盤」也。

如果我們說凡是穿有洞眼的可以稱為珠子，而以珠玉串成的項鍊則是瓔珞了。古印度貴族男女都佩帶瓔珞，印度人結婚時的信物是一串珠鍊，而不是戒指，非洲民族的裙緣、髮飾甚至於弓箭武器，多綴以珠藝點綴著。美國早期十三州，於十八世紀中葉沿用印第安人以物易物的貝殼念珠（Wampum）當作印第安貨幣，這種流通的珠串，今日已快被塑膠作的信用卡取代了。

珠藝設計成的創作品，其用途很多，如普遍的項鍊、耳環、墜子、戒指、腳鍊、珠飾手提包、手鐲、錶帶、腰帶的流蘇（tassel）、手串、念珠、髮飾、新娘禮服上的珠飾、披肩、皇冠、鳳冠霞帔、裙緣裝飾、宴會服飾的裝點，甚至於可作成珠簾、珠床、珠子掛軸、支撐眼鏡的珠帶（leash）、化粧舞會用的道具、面具，而居家用品裝點門面的珠飾則不勝枚舉，連馬背上的道具亦綴以珠飾，印度人以珠網驅蟲等等。

珠藝瓔珞的形狀及圖騰則更是包羅萬象，例如，常見的圓珠、心形、米粒形、圓柱形、鬱金香形、十字架形、如意、星狀、八掛。

從前謨拜時用的佛珠，多以一百零八顆的木珠做成，今天人們善以珊瑚、珍珠、琥珀、蜜臘、菩提等質輕護身的寶石為質材，回教念珠則以三十三顆珠子居多，有時亦有以四十五、六十六、九十九，甚至於九百九十九粒珠子作成。而天主教的念珠則共有一百五十顆珠子，由十顆較大的界珠分隔成十五個段區。

古代的印章有個洞繫以絲帶，以便隨身攜帶充作信物，玉璽、簽名之用，而判別測試金屬成份的試金石（Touchstones）和紡綞用的螺紋等，都可能被涵蓋在珠類的子項之內。珠子的定義，正如審美的角度人人有異，端視個人的喜好而定，而珠藝的功夫亦同，勸君珍惜你所喜愛的，敞開心房，串穿出你的品味來。

珠藝設計的要理、技巧與主題

珠串藝術的優點，就是隨時可以依個人意願重新排列組合，重穿、加長、截短、打結或改變用途，只要珠子本身的尺寸質材許可。

珠藝的設計，基本上可以分為：一、主題創作，即以一個或數個「絕無僅有」的珠子為主題，旁邊再搭配一些陪襯的珠子。二、或是最普遍的質材一致，即完全相同尺寸、色調、材料的珠子穿一起。三、色彩搭配也是一種藝術，依珠子本身的色彩，分成暖色系、冷色系或對比色去設計。四、亦可用尺寸大小來取捨，一般最大最醒目的珠子擺在最中間位置，然後由大至小排列。五、還有依瓔珞的平衡、對稱、整體整齊感發展出來的圖案。六、隨興發揮的風格創作，只要表現出整體美，令人欣賞讚嘆即成珠藝傑作。

穿針引線，珠聯璧合

旅美期間，我曾應密西根大學附屬兒童發展中心主任林素芬女士之邀，為其暑期夏令營幾位來自世界各地的小朋友們介紹珍珠、寶石及講解珠藝，我依照前述的基本原則，作為他們創作的依據，再任其自由發揮，很有趣的是，我發覺小朋友們的珠藝創作，或多或少反映其民族特性，也顯示出個人的風格。

一名成功傑出的珠藝設計家，他（她）有著一雙靈巧敏銳的手，經過他們的「穿針引線」似「珠聯璧合」般，將大自然美好的東西聚合在一起，而其傑作，更是絲絲入扣，動人心弦，金石琅琅之聲不絕於耳。細數過往，華人珠藝家人才輩出，作品富東方色彩的首推羅啟妍（Kai Yin Lo）女士，而旅居舊金山的 PAT TSENG 女士，更利用她在絲綢針織縫紉方面的專長，結合珠藝，其作品精工細緻，整串珠鍊看不到針頭實令人嘆為觀止。我的表嫂馮秋鴻女士（東華大學榮譽教授鄭清茂夫人）的作品頗富民族風，加上她的文學修養、宗教信仰、哲學思想、與踏遍三川五嶽的閱歷，使其創作更見奇特。旅居夏威夷三十餘年的呂華蕙六姊，則以簡單大方，自然為訴求，帶領數百名各地的珠藝設計師為大東山珊瑚寶石公司作專業集體創作，前後隸屬於其旗下的珠藝設計家，如：陳美絹、董彩雪、梁綉鳳、胡東、張碧合等人，每位均有十年、二十年的珠藝創作經驗。而在台灣、香港、中國大陸、美國等地，我們不難發現許多珠藝設計家新秀不斷出頭，他們具有建築、藝術、美術等專業背景，或不一定是學院派出身，純粹是個人嗜好，巧手領悟出珠藝的竅門，為培養新人或與珠藝愛好者相互交流砌磋，以珠藝ＤＩＹ小班或開班授徒，為推廣珠藝不遺餘力，其奉獻精神可敬可佩。

別具創意的珠串

我近年來於大東山文創基地，暑假開放暑期實習機會給華梵大學、中華大學、大同大學的同學們，也承王玉峰、陳呂華娟、梁綉鳳、張碧合、胡東、謝芝喬及錢郁安等老師親臨教學，老幹新枝，相輔相成、作育英才。

珠藝的配件、工具及搭配方式，各有巧妙在其中。配件，在穿珠藝術中的定義是：凡是不是珠子的，可一同搭配的，即稱為配件。它包括：扣環，即俗稱的項鍊、金屬線、金屬環扣，即俗稱的彈簧頭、頭針、眼針、耳環檯子、金屬珠子、鑲嵌珠寶的底座、線（包括了絲線、釣魚線、尼龍線等）及鬆緊帶，墜子頭、錶面、髮笄等等。設計師需要這些配件來搭配珠主體，以完成一件珠藝藝術品。有的珠藝設計師將他們的配件設限於高級金屬：如純金、十八K金、十四K金、白金、十二K金、十K金、包金或純銀等配件來創作，如此的創作空間可能較不寬廣，作品成本可能較高些，但其優點是作品可流傳長久些，其附加價值提高，且對某些容易對某項金屬過敏之消費者是一大福音。

反觀有些設計師則不拘此件的類別，或珠子質材的價格高低，以藝術導向取代商業導向，海闊天空任何配件均可入作品，創作大膽突出，也是一項特色。倘一件珠藝的配件有現成鑄模、規模尺寸標準、珠子供應來源不匱乏，且廣為大眾消費者接受喜愛，則此作品被大量生產的可能性將更為提高。所以，珠藝設計家們無不絞盡腦汁的求新求變，抄襲之風在珠藝設計上鮮有聽聞，因為要找到完全一模一樣的創作品的確不易。

珠藝設計的題材很多，穿法也不少，由最簡單的單條、雙條、數條、編織或中國結藝、打結到利用金屬線穿過或彎曲成形、或雙調或數條互相打轉（可用人手工打轉或機器打轉）、響尾蛇似的穿法，亦可成堅硬式似狗圈狀、或以鬆緊帶穿好打結即可、或加上各種圖騰鑲綴金屬、或在珠與珠之間加上分界片、亦可利用項鍊頭的陰陽面增加長度、或由項鍊變成多個手鍊的戴法、也有珠子本身就是個裝飾用的項鍊頭，還有項鍊頭可包住珠子成為綴飾的，其至可任意取下放上的墜子和別針三用附件，凡此穿法列舉不完，而珠子與織品結合的方式，整排珠子一次縫上稱為 lazy stitch，一顆珠子縫一次的方法則不作此稱呼。

穿珠時的工具，基本上少不了剪刀、鉗子，講究的人可能需要個珠藝設計板，有的人只有一塊素色的布即可，較專業的人會用到針鼻鉗子與專門剪金屬線的 wire cutter。為了穿線可能用到穿珠針或用白膠抽絲，甚至於用香來燒，當然也有電繞線的發明。而為了黏珠子或設計特別式樣，可能用到強力膠、快乾膠或雙種膠、林林總總，總之珠藝設計師的工作檯永遠五彩繽紛，五花八門的工具舉目皆是。

「佛要金裝，人要衣裝」，別具創意的珠串，也要有適當的搭配方式，才會顯現出個人的風格與珠藝的特色來，例如香奈兒香水廣告，最引人遐思的是一串由背後拉到前襟，足足有百餘英呎長的珍珠項鍊，模特兒以一襲黑色晚禮服相搭配，黑白相映刻劃出她的美麗風采。

第四章

天然寶藏鑑賞要領與珠寶界行業大觀

珠寶業是一個社會的文化、藝術及生活品質，提升到某一個指數標準時所衍生的傳統行業。珠寶市場行銷，即指人們的購買能力由需求到慾望的階段，其對珠寶產品的實際與潛在之交易過程。而以珠寶業者的立場來看，在決定產品定位策略之後，珠寶產品的行銷組合，包含了所謂的四P，即產品、價格、配銷通路及產品之促銷。在國際珠寶企業的營運中，國際市場行銷是一項複雜、瞬間萬變、多彩多姿，又最為重要的一環。

公元前四千年以降，古埃及、腓尼基、巴比倫、希臘及羅馬等地，曾是珠藝的主要出產地。東方古文明，中國與印度均產珠子，而十三世紀的義大利威尼斯曾是歐洲最大的珠藝發源地，波蘭、捷克及法國亦是珠藝的集散地。今日的日本、美國、韓國、香港、泰國、台灣及中國大陸等地的珠藝加工設計水準，已列世界之窗，遠非專治一項的寶石出產地可望其項背，加工出品的珠串就像散落世界每個角落的珍珠，珠圓玉潤，光彩奪目。

天然寶石配上珠藝，正如紅花綠葉相得益彰之美，上蒼造物孕育出大自然珍珠的珍奇琇璇，結合了人定勝天的偉大創作，寶石珠藝更在人類文明史上，大放光彩，採擷不盡。

揭開天然寶石的神秘面紗

天然寶石具有其內涵意義，我們彙集了數種常見天然寶石的傳說、迷思及羅曼史，不難一窺其神秘面紗下的美貌。幾世紀以來，瑪瑙被視為是吉祥寶石，據說配帶瑪瑙使人臨危轉安，否極泰來，而對尋寶者則會帶來好運；琥珀是一項神秘，歷史久遠，具大自然超能量的寶石，懾於她的閃耀剔透明光，人們認為琥珀可保身體健康，對牙痛，風濕痛具有療效。紫水晶亦有驅吉避凶之功，更神奇的是據說紫水晶可解人們思鄉之情，可保衛上前線的戰士凱旋安返，和保護狩獵者的安全，紫水晶還可怯除雜思邪念，使人聰穎敏慧，事業發達隆盛，財源滾滾。東菱石則可於愛情或任何大小比賽中，為人們帶來好兆頭，且可有助持有者獨立，故被稱為是「機會吉石」，可創造和諧與人際間的快樂與和平。

珠圓玉潤、光彩奪目

深海的貴重珊瑚亦稱「紅金」，自古即被賜位於珍寶之林，傳說旅者攜帶珊瑚可破驚濤駭浪，安然跨過廣大河川，鑒於珊瑚的美麗色彩和平滑表面，她常被尊為珍貴珍寶和上品藝術收藏。珊瑚賜人智慧，護身之功，據說可平衡身體中的各項機能，使人平息怒火，安和鎮靜。寶玉代表愛情和尊容，最慈愛、謙讓、勇氣、正直、及智慧等五種美德的綜合體，象徵人類純善的本性。佩玉者可避傷痛，有平和、鎮靜、保護之功效。碧玉俗稱「紅磚石」，有多種色彩，據說是風調雨順吉兆的代稱，且有助孕婦生產。青金石則助人卻除頹廢，免黑暗之苦，代表光明智慧，與權力、誠信及愛情相連。孔雀石，一個多麼美的名字，許多父母相信熟睡中的嬰孩配帶孔雀石，可驅除巫術惡運的干擾，具有不少療效，令人擴大心胸，平心靜氣。黑瑪瑙可令人耳聰目明，專心一意及啟發靈感。

珍珠與珊瑚，寶石中一后一王，恰似月亮對太陽緊緊相繫。珍珠神似一位高雅的女性，純潔白皙，雍容華貴。珊瑚則好像一位剛毅不撓的君子，不疾不徐，進退有守，品德似其色彩般璀燦明亮圓融。水晶素有「能源之石」的美稱，因其可保持或集中精神能源之療效，可開啟智慧之窗，護身、穩健帶來成功。粉晶石則可激發想像力，是慈悲、仁愛的代稱。虎眼石則令人鼓舞心智，上進向前。土耳其石又稱綠松石，印第安人深信土耳其石對其狩獵大有助益。有人上賭場時十指均戴土耳其石戒指，認為這樣手氣旺，因其色彩承襲自大海與藍天，象徵莊嚴與權勢，可減少壓力，帶來好運、健康和快樂。

土耳其石也是十二月誕生石。蚌貝則帶來屬於海的羅曼史和振奮的原動力，常被綴飾在手錶錶面。黑膽石阿拉斯加人稱之為「黑鑽石」，是很好的避邪物，戰士普遍認為是「戰神之石」在大小戰役中保護他們，且會帶來勝利，黑膽石延展機敏靈活、活潑、朝氣和成功。蘇膽石又名方納石，可解焦慮不安怯除畏懼，廣為藝術名家法貝熱（Karl Gustavovich Faberge）及卡地亞（Louis-Francois Cartier）用作其名貴藝術品創作之質材。研究學問的人，常需提出自己見解的理論稱為學說，如果我們在此說：粉晶＋紫晶＋水晶代表夏天、清涼，而黑瑪瑙＋貝等於寒冬，那麼本段僅供參考用，欲啟抛磚引玉之效，每位珠藝創作家均有其理想，一枝草一點露，皆可創造出人間更多更美好的珠藝果實。

珠藝的收藏與社團組織

人們對珠藝的喜好，取自不同的角度，有人純粹以欣賞角度出發，發覺它的美好讚嘆大自然的傑作。有人好好善加利用，將它穿來戴，將它縫來穿，有人則以收藏珠串為某石，只藏不戴，偶爾端出細細觀賞，故其珠串永保如新。

珠藝收藏家很可能是一名旅行家，亦可能是一位藝術家，對於珠藝有人創造它，有人發覺它，有人研究它，有人擁有它。自一九七五年，世界第一個珠藝社團 Bead Societies 成立伊始，這組織集合了珠藝同好共同砌磋交流，有些剛成立，有的不具規模，有些則擁有數百位會員，有的定期集會，有的舉辦展覽會，有些成立珠藝圖書館，有的組織奠定其成立宗旨，甚至於有的發派珠藝研究基金，美國的珠藝團體如雨後春筍般遍佈於西岸、西南部、中部、南部及東北角大西洋沿岸，世界上其他國家如英國、菲律賓、加拿大及迦納等國亦可找到類似組織。坊間亦有關珠藝的雜誌、書刊等出版，指導珠藝迷如何串珠，圖解文字說明，十分詳盡，珠藝專賣店亦有一袋袋、一盒盒的珠藝材料和工具販售。台灣掀起的穿珠ＤＩＹ，在美國已行之有年，倘能造成一股風潮，亦是珠藝愛好者之試金石。

炎炎夏日或漫漫寒冬，上班父母為其子女尋找解悶又有挑戰，富創意的消遣，穿珠設計，的確是一項考驗美感和耐性的好手藝，因為努力勤學創造珠藝的孩子，不會變壞。

漫談珠寶產業的人才需求

俗話說：「男怕入錯行，女怕嫁錯郎。」因此，選擇一個稱心如意的行業，就像是嫁一位忠實可靠的丈夫一樣的重要。談到珠寶這個給人們帶來快樂的行業，一般人似乎都有著一份異乎尋常的好感，並充滿好奇，表面上珠寶業者每天都是穿金戴玉，殊不知從事這類珠光寶氣的行業，個中甜、酸、苦、辣的滋味，只有行當中的人，才能冷暖自知。我願藉此機緣，淺談珠寶業的組織架構與內涵，以及它在生活中扮演的角色。

基本上，一般珠寶專業者，可由縱的層面分為：

（一）零售商：擁有門市店面或個人銷售，第一線直接面對消費者。

（二）批發商：批貨給零售商，批發商可大可小。

（三）進出口商：進出口珠寶成品或原料配件者。

（四）製造廠商：珠寶加工廠商，可能主局部加工，或全程至成品加工。

（五）原產地原料供應商：控制、供應甚至於壟斷整個或局部寶石、配件原料。

有的業者，扮演一項或數項的角色，例如：既是加工又是批發，因此，珠寶業從橫面發展，可以分為：

一、售貨人員：含對第一線的直接消費者銷售，對零售商或對進口商的銷售，端視這位售貨人員是居於哪個縱層面。

二、加工人員：包含寶石切割、品質分級、金飾鑲工、雕刻技藝、穿珠配色設計等較緊複的手藝，及一般的操作機器、穿工、包裝加工等，前者較重訓練和經驗的累積。

三、寶石鑑定人員：一般需經嚴格訓練，或有長期實際工作經驗者才可勝任這項工作，且能操作寶石鑑定儀器，在可正式出具證書、保單的機構（有立案、合法）下工作者。

四、珠寶估價師：當消費者想為所擁有的珠寶投保，或前人的珠寶遺產需要估價、申報或拍賣、還是一般當鋪，均由掛牌的珠寶估價師來作這項工作。

五、珠寶設計師：本身具流行趨向、美學、珠寶專業知識、色彩學及深知市場導向等素養者，可從事這項工作，可分為實際操作者（真正從事嵌鑲、切割、穿工及設計珠寶）及紙上作業者（平面設計、負責構思、畫圖讓別人去做）。

六、珠寶市場行銷研究人員：從經濟的起伏，或是由大數據的分析與研判、市場的變動、消費者的喜好，及多年的實際工作經驗，來研判大珠寶公司的市場行銷策略，這項工作多屬幕後工作，倘有背景者尤佳。

七、珠寶包裝、展示設計人員：俗言道：「人要衣裝、佛要金裝」，珠寶的包裝非常重要，展示珠寶的櫥窗設計，最近也成為美術視覺設計重要的一環，一種專門為珠寶零售店或珠寶鐘錶展整體設計展示的行業，也應運而生。

八、珠寶銷售業務代表：多靠實際推銷珠寶的業績來算佣金，這代表需具多項才華，尤其能夠在大場合下示範或說服大公司的珠寶買主，買其公司的產品，一般從事這項工作多需長途、頻繁的旅行，雖然辛苦，但如果真有業績出來，收入實在很可觀。

九、珠寶採購人員：有別於消費者，採購人員買的珠寶成品或配件，是為了公司銷售或加工用，所以本身需要對產品很瞭解，對價格的高低很清楚，對消費者的喜好拿捏得很準，對市場的趨向很敏感，否則採買的珠寶變成長期庫存，公司就需承擔這項看不見的囤積成本。

十、珠寶公司行政人員：負責公司內的文書、財務、會計、人員溝通、內部管理、稽核、庫存、人事等等工作。更廣泛的，我們亦可將珠寶原產地的寶石開礦人員、珍珠養殖場或海域的採珠等工作者、或珠寶初期加工品質過濾者、珊瑚原木的開採漁民、珠寶掮客、中間人或委託行跑單幫的人，或一切與珠寶有關連的人員均涵蓋在內。近年網路商機崛起，也造就了一群新興業者，如跨境電商、網紅直播、電視購物專家、廠商代表、玉市賣家、拍賣場人員等，真是五花八門，跨域攜手合作，共成美事。一件珠寶產品有形無形、直接或間接就經過了這多人的手，真不可思議吧！

珠寶業經營的特色

以珠寶業歷史的經營者角度來看，珠寶業多為傳統經營（即採世襲制），父傳子，子傳孫（例如在日本、義大利的傳統珊瑚業者，或印度幾大鑽石家族、以色列及美國紐約的猶太人家族式經營均屬之），但是這種發展趨勢漸漸在變，在式微中，且可大可小，端視家族的成員多寡，及數代幾百年的沿襲是否順利。在歐洲，一家老牌老字號的珠寶鐘錶公司，可能因襲數代整個家族沿續數百年均從事珠寶業，是相當不易的一項傳統。

這項傳統構成珠寶業經營的一大特色，究其原因可能因為技藝的傳授、經營者精神的傳遞，均是很不容易的工作。隨著時代潮流變化，永續經營的擴展，實賴分工、專業、授權等經營方式來進行。曾與一位在紐約的鑽石家族成員談及他的從業心得，他表示從小就被叔伯輩列為刻意栽培的人選，受最完整的英式教育，十來歲就開始參與家族珠寶事業的鑽石加工、採買等一切基本工作，且到世界各地去，眼界大開，所以來自家族的刻意培訓，他不需具任何 G.G.（The Graduate Gemologist diploma，高級寶石珠寶專家）的文憑，他很自豪的說，他本身的專業知識、經驗就足以勝過學院派的訓練。

然而有多少人是像他這樣的幸運兒？有這樣的背景？但是，同時，他也談到辛苦的一面，鑽石的交易金額很大，相對地來自心裏的壓力也很大，有時候在洽談交易時，會產生瞬息間不知下一步要談什麼，或忘了什麼的窘態。有時，為了推銷一顆鑽石，需不眠不休開車輾轉數州去做最亮麗顯眼的展示，所以，外表光鮮，但其背後辛酸實不足為外人道也！平日怕被偷、被搶的心理壓力也很大，他每年在鑽石保險安全的花費，佔他營業額很可觀的大部份，所以從事高級珠寶業所擔的風險相當大。

當珠寶尚在原產地階段，珠寶業者多需「看天吃飯」，例如：出海打撈珊瑚，下海採珍珠需看天候，有季風、颱風等顧忌。在零售業階層，天氣雖不致造成太大影響，但多多少少消費者會挑個好天氣、好心情去買珠寶。珠寶業是一項奢侈消費的行業，不涵蓋在民生必需品之範圍內，當經濟不景氣時，總是首當其衝，雖不是看天吃飯，也看人吃飯，但也拜經濟成長之賜，所以，珠寶業者多盼景氣會好轉，社會、政治會安定、國泰民安，消費購買力才會強。

各大國際珠寶專業展

珠寶業的另一個特色就是種族文化多元化，每年一度的國際珠寶專業展（如瑞士的 Basel fair、紐約的 JA Show），就宛如一個小小的聯合國，可以看到各族裔的人種穿梭其間，其中幾股大勢力頗具代表性，例如：金鍊、金飾多由義大利人把持、德國人精於高級寶石切割、猶太人與鑽石息息相關，若逢猶太人週五宗教作息日，他們的攤位就空在那兒。日本人賣養珠、印度人亦精於幾項切割寶石，來自香港、台灣、泰國、新加坡的華人也是一股很大的勢力，所賣的以翠玉、淡水珍珠、寶石、珊瑚、半寶石為大宗。各族裔在本土或外國又集結成珠寶商會，以商會名義向當地政府交涉稅務、進出口等事宜，力量較大。例如：設於紐約第五大道間的四十七街，有鑽石街（Diamond Street）之稱，白日頭頂黑呢帽，身穿黑西裝黑大衣，留著一把大鬍子的猶太人歷歷可見，他們或疾疾於行，或以希伯來語交換情報，路旁可能站著個黑人便衣警衛，不明究裏的人會以為是街頭小混混。四十七街的金店面租金奇高，真是寸土寸金，當不景氣風來襲，空舖率居高不下，紐約政府一心想整頓這條街，重振鑽石街美名。

珠寶業的好壞，需由個人心神領會，覺得從事這行最大的滿足，大概是我們每天看到的、接觸的，都是人間最美好的東西，大自然的傑作，及人類的辛苦集體創作。我們是為人類帶來欣悅歡愉的一種行業，常常我們的辛苦，也就在購買者的滿意上雲消霧散了。從事珠寶業這一行，最好必需愛這一行，才會由其中領受它的真、善、美，謹以此文與所有珠寶業前輩後進共勉之。

專題特寫

貴重珊瑚與造礁珊瑚之分別

貴重珊瑚與造礁珊瑚之分別，在於造礁珊瑚會建造珊瑚礁，這些珊瑚礁廣泛地分布在熱帶的淺海，其骨骼粗糙，屬自然生態，須保護資源。

貴重珊瑚生長在深海，數量很稀少，質地細緻，價格昂貴。最重要的是，貴重的珊瑚不會建造珊瑚礁，而以其質地細緻，色澤鮮豔及紋理細密的特質，在寶石學中獨占一席之地。

差別點舉例說明	貴重寶石珊瑚	造礁珊瑚
1. 造礁比較	不會建造珊瑚礁	會建造珊瑚礁
2. 數量	稀少	廣泛分佈
3. 大部分產地	深海（一百噚等溫線附近及以上海域）	淺海（一百噚等溫線以內）
4. 骨骼質地	細緻	粗糙
5. 功能	藝術、珠寶、珍藏、國寶、國粹藝術	觀光、觀賞、潛水
6. 舉例比喻	深山的靈芝	熱帶雨林
7. 教育／推廣方向	惜福、惜寶、藝術導覽、博物館珍藏	保護資源

專題特寫

國際珠寶市場八大行銷概觀

珠寶業是一個社會的文化、藝術、及生活品質，提昇到某一個指數標準時所衍生的傳統行業。珠寶市場行銷，即指人們的購買能力由需求到慾望的階段，其對珠寶產品的實際與潛在之交易過程。而以珠寶業者的立場來看，在決定產品定位策略之後，珠寶產品的行銷組合（marketing mix），即指廿世紀行銷的主要觀念，它包含了所謂的四P，即產品（Products）、價格（Price）、配銷通路（Place）及產品之促銷（Promotion）。一般在國際珠寶企業的營運中，國際市場行銷是一項複雜、瞬間萬變、多彩多姿，又最為重要的一環。藉此，願將此四P，老瓶新裝且深入淺出，探究在新世代可能的新釋：

一、產品

首先談到珠寶產品。一般寶石不外以天然、人造、合成、養殖、人工加工、漂白、染色、灌膠、上臘等各種方式出現，無論是何種方式，科技的日新月異，鑄金、造模、各種珠寶加工及設計技術的改良，都使珠寶產品更臻完美與精良。且人類有感於大自然寶藏之珍貴，一切以「回歸自然」為設計主題之珠寶產品，更廣受人類的喜好，且歷久不墜。更進步的寶石加工、設計過程，縮短了珠寶設計家與消費者間的距離，而促成珠寶產品之普及化，更成為一項人類追求真、善、美人生的主要訴求。因而各種人造及合成寶石，便如雨後春筍般上市銷售，以滿足廣大消費者對天然寶石的需求。

相對地，寶石鑑定行業所使用的儀器設備，也隨著科技發展更加精確且迅速。因此新世代珠寶產品的質與量，均將更符合消費者的需求，減少了各種時、空、人力及能源的消耗。另外，電腦在珠寶產品的生產、設計、管理、庫存及行銷等方面，更扮演了一個不可或缺的角色，而媒體、資訊網路的廣泛應用，更促使「珠寶無國界」之理想具體實現。

二、價格

珠寶產品的價格設定，代表消費者為了購取該項珠寶產品所需付出之金額。本世紀所倡導的統一公定價，除了在世界的黃金、純銀、鑽石或哥倫比亞的祖母綠、日本養珠市場上釐定一個價格標準外，其他零售價、批發價、折扣及信用條件，均是珠寶產品價格的考慮重點，而生產、供銷者，對買方的售後服務滿意程度，也被核算歸納入價格之中。如現今的有限期保單（limited warranty）或終生保證書（lifetime guarantee）之提供，均是新世代消費者，購買珠寶產品時的多項考量之一。當然珠寶產品的價格是有價的，而珠寶本身的精神意義則是無價的，如何提鍊出珠寶產品的精神，是新時代珠寶行銷的精髓所在。

三、配銷通路

珠寶業界為了使產品傳送至消費者手中，所執行的各種活動稱為配銷通路。除了傳統式的珠寶零售店、批發商、出口／進口商、百貨業珠寶專櫃、郵購、珠寶拍賣會、珠寶展銷會、免稅商店、飛機艙內雜誌目錄或珠寶連鎖店方式外，如何使其產品有最佳的陳列位置，並保持最有效率的倉儲作業，如配銷中心的設立、電腦連線控制庫存的活用、最新產品的上市介紹、最暢銷產品的統計及庫存倉儲的管理設計等工作，及近來興起的網紅直播、跨境電商，新興網路及傳媒革命風起雲湧，均是珠寶行銷的研發重點。

四、促銷

為宣傳珠寶產品的優點以促進廣大顧客群的購買力，所執行的各種活動，稱為珠寶「促銷」。媒體廣告，包括廣播、電視、電子網路、報紙、雜誌及電視購物、網紅直播、跨境電商、B2B2C、目錄等，均是促銷的媒介，配合專業的銷售人員，採銷售推廣，並為產品作相關之宣導。本世紀最具說服力的促銷方式之一：口傳，顧客介紹顧客的促銷途徑，將會延用到當今的新世紀。

為了給消費者最高的滿意度四P的周全配合，是國際珠寶行銷的基本原則。在一次公司的行銷會議中，我提出四P之外的二P：利潤（profit）和公眾形象／公關（publicity / public relationship）的重要性。

五、利潤

傳統式的投資報酬率（ROI），已不符時下珠寶業者衡量管理、利潤、成本回收及行銷工作績效的核算方式。我認為珠寶業者更應將存貨週轉率，或因商品瑕疵、損壞或買方改變主意的退貨或因補償商品之瑕疵、損壞予買方降低價格的折讓、或市場佔有率、產品研發成本、社會成本、或更甚者：如管理資產報酬率或淨資產報酬率，乃至於因通貨膨脹、競爭壓力增大、資金來源或成本上漲、匯率的調整起伏，這種種的無形成本均為當今業者所忽視。將來珠寶業界的營運，利潤幅度的調升準則，十分重要。

惡性削價競爭的情況，將會有所改善，而細水長流、永續經營，將成為新世紀業者存在的要素與業界道德。珠寶營運的利潤，將刺激業者，改良產品的品質、外觀、及其便利性，使受惠對象轉嫁到消費者身上，因為「羊毛出在羊身上」的定律，是不會變的。

六、公司或產品的公眾形象／公關

如果說愛美是人的天性，那麼本世紀可稱為是「包裝」的世紀，不單政治人物，面對選民、上電視、在議場其予以人民的公眾形象很重要，同樣地，珠寶產品的行銷方式之一，就是試著引起人們的共鳴欣賞與喜愛。日本養珠的開山鼻祖御木本幸吉是最善於利用公關、公眾的影響力，將其養珠產品介紹到世界各地的人。無論是綴滿養珠的和平鐘，或是DE BEERS推廣鑽石的手法，一棵綴滿鑽石的聖誕樹，均會引來消費者的注意與喜好。

大東山珠寶公司歷年來亦在建立公司形象上，不遺餘力，如對外賓的來訪，即贈予公司的產品，在收受者感謝之餘，亦無形作了國民外交和公關。當然，公司或產品的形象，絕非一蹴可及，新時代的珠寶業者在市場行銷上需豎立自己的風格，我在多方忖思後又加上了以下的二P：參與社會公益、回饋社會（participation），和預測、展望將來（prediction / projection）。

七、參與社會公益活動

在西方，學者稱這種行銷方式為「使命感行銷」，我們由較廣義的社會觀點，而非狹隘的產品營利觀點，來定義產品行銷的經營使命。例如：前文敘述的將珠寶與精神結合，將珠寶與文化結合。上蒼賦予人類的寶藏是有待人類予以開發，給予生命活力，否則一項珠寶仍是一項珠寶，而不是一項愉悅產品（pleasing product），帶給人類真、善、美的人生。

社會公益活動的範疇十分廣泛，可以是宗教性的慈善性質，例如：贊助慈濟「擁抱蒼生」珠寶藝術品的義賣活動。也可以是教育性質，例如：教育現有或將來的消費者，對寶石的認識，期望本文能引起拋磚引玉之功，讓更多人投入珠寶教育工作和社會公益活動。

八、預測、展望將來

珠寶業者在作行銷決策時，不但必須考慮消費者的慾望及公司的需求，同時也要考慮消費者及整個社會，甚至於全球市場的長期利益（Long-term benefit）。以珠寶業者的立場，我們不僅要設計愉悅性的產品，同時也要設計有益性的產品，是一個以社會為導向的行銷法則。

第四部

飲水思源

回顧這五十多年來，大東山企業家族的歷史轉換沿革，是從五〇年代成立的萌芽期，到六〇年代OEM美國拓展期，再進入七〇年代的品牌行銷（多品牌）期，八〇年代拓展到機場免稅店，到了九〇年代更進入航空郵購智慧成熟期，到二十一世紀，這些都是兄弟姊妹奔忙於世界珍珠會議、以及各地演講、珠寶業界專業展會所發揮的功效，而且是大家同心，共同踏上國際專業舞台上所得的成果。

在產品發展方面，除了珍珠朝向多樣化、設計開發新產品之外，由於大家有心將父親生前致力推廣的珊瑚消費繼續拓展下去，我們更致力於「國寶」珊瑚的推廣。

「大東山」是當年父親歸零後讓家業東山再起的奮發初衷，更是家族齊心守護的共創共榮，我們虛心謙和的把自己當作珍珠，接受刺激、挑戰，激發珍珠般的溫潤光華，以珍珠精神活出生命精彩，這也是來自澎湖子女譜出的家族生命之歌。

第一章

如何珍惜寶石珊瑚與珍珠資源

本報告《如何珍惜寶石珊瑚與珍珠資源》刊於《台灣礦業》二〇一七年三月，從蘊釀、構思，到付諸行動，期間獲得相當多的相關人士及各界的支持與鼓勵，咸認對寶石珊瑚和珍珠藝術的推廣及人文教育的提昇裨益甚多；大東山珠寶在獲得各界的鼓舞與期勉下，更當不負各界的殷殷期盼，戮力為打造一個有文化素養的國度而努力。

壹、如何珍惜寶石珊瑚

貴重珊瑚為一種生長於深海的大自然寶藏，在世界的歷史舞台上佔有一席之地，扮演著多元文化的重要角色，它得天獨厚集各種功能於一身，自古來，即被認定為祥瑞的曠世珍寶，倍受人們的喜愛與尊寵。

一、探索珊瑚藝術之美

珊瑚是一種很好、很值得工藝家作為開發研究的材料。保留珊瑚自然的特質、造型與風采；

強化其優美、表現地區文化特色，可提昇珊瑚工藝為更有文化內涵的精品。將自然材料與人文思想結合，使珊瑚藝品更能繼往開來，傳承久遠。

二、貴重珊瑚與造礁珊瑚之分別

貴重珊瑚與造礁珊瑚之分別，在於造礁珊瑚會建造珊瑚礁，這些珊瑚礁廣泛地分布在熱帶的淺海，其骨骼粗糙，屬自然生態需保護資源。

貴重珊瑚生長在深海，數量很稀少，質地細緻，價格昂貴。最重要的是，貴重的珊瑚不會建造珊瑚礁，而以其質地細緻，色澤鮮豔及紋理細密的特質，在寶石學中獨占一席之地。

三、貴重珊瑚原料取得不易

資料來源：《世界珍寶：大東山珊瑚藝術之美》

▲深紅貴重珊瑚與鑽石套組

貴重珊瑚的生存條件，受到來自大自然的諸多限制，如水溫、海流、光度、水壓、海流流度、沉澱物之沉降狀態及鹽份濃度等因素，故其生長速度極為緩慢，至今仍無法人工養殖。

四、貴重珊瑚的性質、種類與主要產區

貴重珊瑚的主要化學成分為碳酸鈣八二～八七％

之間，另含次要微量成分碳酸鎂、硫酸鈣、氧化鐵、水和胺基酸有機物，其成分比例因種類不同有少許的差異。

貴重珊瑚的顏色主要為紅色、桃紅色、粉紅色，次要顏色為白色、黑色與金黃褐色，顏色產生的原因很複雜，現今只知道是由珊瑚蟲吸收海水中鐵質或其他不明物質造成的；產於地中海的貴重珊瑚整體全部為紅色，產在太平洋的貴重珊瑚有些外表為紅色或粉紅色，但其中心則為白色。

放大觀察貴重珊瑚縱截面的結構，可見到顏色和透明度稍有差別的平行紋，是由肉皮中互通的微細小脈管產生的特徵，橫截面則呈現同心圓的結構，枝體上有小坑洞或裂隙是海水自然浸蝕造成的；貴重珊瑚呈蠟狀光澤，硬度為三．五～四，相對密度為二．六〇～二．七〇，怕酸和鹼，遇鹽酸會起泡，無螢光效應。

貴重珊瑚的產區，有太平洋海域的日本、琉

資料來源：《世界珍寶：大東山珊瑚藝術之美》

牽手 雙囍

對對雙雙，雙雙對對。

牽雙手，勾小指；千千意，萬萬年；雙囍連，同心結。

製作珊瑚手鐲必須採用相當巨大的珊瑚枝幹，加上原料的耗損極大，因此形美質佳的珊瑚手鐲極其稀有珍貴，現今全世界所存不超過百隻，特別是整件素面光圓的手鐲，純粹以它天然紋理與圓潤飽滿的質感，來顯現華麗富貴之美，必須選用完美無瑕的珊瑚琢製，更是難得的稀有傳家珍寶。

球、台灣東岸與澎湖群島、菲律賓海域、南沙群島、夏威夷西北部、中途島附近的海域。大西洋海域以地中海為主的國家有：義大利、西班牙、法國、摩洛哥、阿爾及利亞、希臘、突尼西亞等國及非洲西岸。

五、台灣珊瑚藝術產業歷史背景

台灣的珊瑚產業，自始以外銷為大宗，外銷比例高達九〇%以上，早期的外銷是以原料為主，在十幾年前才慢慢改以半成品外銷。

其發展階段大致可分為：

(1)一九七〇～一九八〇年為代工製造（OEM階段），是珊瑚產業最輝煌興盛的時期，也奠定了台灣珠寶加工產業的基礎。

(2)一九八〇～一九九〇年為設計研發（ODM階段）。

(3)一九九〇年之後，為自創品牌（OBM階段）。

(4)一九九五～一九九七年受到美國培利法案的制裁，珊瑚產業受到最嚴重的致命打擊，造成很多產業外移或轉行。

(5)一九九七年到現在，只剩下主要的少數幾家珊瑚公司，繼續奮鬥經營。目前台灣還剩下少數合法採撈漁船，產量雖大幅減少，但在珊瑚產業仍然居世界領導地位。

(6)近幾年，拜兩岸觀光開放之賜，台灣珊瑚成為必購之伴手禮。

一九二三年台灣漁民在東北方釣魚台附近海域撈獲第一支珊瑚，珊瑚產業從一九二四年起開始迅速發展，一時成為世界有名的珊瑚產地，由於產量逐年遞減，至一九三四年北台灣的珊瑚漁業完全停頓。

同年在澎湖的西南方海域發現新漁場，珊瑚產業從一九三五年起在澎湖開始蓬勃發展，台灣珊瑚的質量和產量在鼎盛時期凌駕於日本，高居世界第一位，據估計約佔世界總產量的八〇%（日本、義大利各佔一〇%），其中澎湖產量佔了七〇%，因此台灣才有「珊瑚王國」之稱。

一九六五年日本漁船於中途島海域發現貴重珊瑚漁場，在南中國海珊瑚漁場趨於枯竭沒落之際，日本的珊瑚漁船率先到此作業，台灣漁船於一九七五年才進入此海域採撈，台灣與日本改用大型拖網漁船作大量採集。

今日太平洋的珊瑚業，在各國擴大經濟海域權、海洋生態保育與採撈成本高漲種種問題的考量之下，趨於保守，卻愈顯現珊瑚藝術品的珍貴價值。

六、貴重珊瑚的稀有和珍貴性

貴重珊瑚的口四周長有八個花瓣狀的觸手（稱為八放或八射珊瑚），生長在南北緯三十度之間，一百公尺至一千公尺以上的深海，也分佈生長於海底有大山脈經過的岩礁上，目前得知貴重珊瑚採撈產量較多的漁場，都是生長在海底有火山山脈經過的海域，成點狀或帶狀散佈生長於各大海洋。

貴重珊瑚需在洋流是同一方向，海流速度為一～二海浬緩慢流動的環境，生長在海床岩礁上或斜坡上呈直立，或橫生於崖壁上或倒掛於崖縫下，為了捕獲食物，樹枝狀的群體以扇形平面密集排列並面向水流的方向，或伸展於從高處不斷有浮游生物掉落的地方；這種珊瑚不會建造珊瑚礁，只能作美麗海底世界的點綴品。貴重珊瑚數量稀少，質地細密，色澤艷麗，唯一的用途就是作珠寶首飾工藝品和藥材。

至今貴重珊瑚還無法採用人工養殖的方法來生產，其生存與生長條件受到大自然環境諸多因素的影響和限制，例如：陽光、海洋的水溫與水壓、海水的鹽分濃度、海流速度、食物豐富度、健康狀況都有密切關係；在深海中陽光無法長期照射，甚至照射不到，由於海洋污染日益嚴重與深海採擷的艱難，造成貴重珊瑚的採獲量越來越少，更顯示出它的稀有和珍貴性。

七、國際珊瑚產業的悠久歷史淵源

根據外國文獻，在德國舊石器時代的遺跡中，發現了最古老的珊瑚首飾品，依據考古學家推算約有二萬五千年；另外在希臘、埃及、義大利等古文明國家的遺跡，都有發現珊瑚製品，古羅馬時代的書籍也有記載潛水採集紅珊瑚的資料，約在五千年前；由此得知，人類與珊瑚的關係是始於地中海沿岸各國。

地中海的珊瑚商品在一千年至二千年前，經由中亞的波斯、阿富汗、巴基斯坦、印度、越過喜瑪拉雅山的尼泊爾，或從另一條舊絲路經由塔吉克傳入中國和日本；更遠甚至傳到美洲大陸，在印地安人的古物遺跡中，也發現了地中海產的珊瑚製品。義大利珊瑚產業具有悠久歷史的淵源，於十九世紀初就奠定了領導國際的重要地位。

貳、如何珍惜珍珠資源

珍珠和寶石珊瑚相似之處，在於兩者皆為有機寶石，製成相仿，都是來自海中的寶石，今特別為各位分析如下：

一、珍珠的類別 Pearls

1. 日本養珠 Akoyo

- 尺寸：三～九mm
- 品種：Pinctada fucata Martensii
- 分布：主要於日本及中國一帶
- 外觀：珍珠層較薄，接近規則圓形，光澤亮，帶淡粉色折射。

Akoya 珍珠是歷史最久的養珠商品，由御木本幸吉（Mikimoto）率先創建養殖成功，深受國際市場喜愛，規則的圓形，適合串成珠串配戴，是最具代表的經典珍珠款式，加上耀眼的皮光，一直深受女性青睞。Akoyo 珍珠貝大約長至直徑三英吋左右，所需時間為三年，生命週期短，所以只可植珠養殖一次，珍珠層薄，故需小心保養。

2.南洋珠 South Sea Pearl

- 尺寸：平均為一〇mm以上，白珠最大可達十八mm以上。
- 品種：Pintada Maxima；Pintada Margaritifera（Black Lips）
- 分布：菲律賓，馬來西亞，泰國，澳洲，及南太平洋島嶼附近。
- 外觀：顆粒大，皮光厚實耐久，可分母貝種類：白珠（白蝶貝）、銀珠（Silver Lips）、金珠（Golden Lips）及黑珠（Black Lips）。

在南太平洋上所產的養殖珍珠，尺寸較大，品質佳，所用的蚌類生長周期長且產量較少，因此價格亦高，在視覺上其高貴優雅凜然的實在感，經常在國際知名拍賣會創下高價的紀錄。南洋珠基本上分為三個色系：白色、金色及黑色。具有神秘色彩的黑珍珠，是玻里尼西亞海域的著名特產，獨特的顏色延伸變化在市場上獨占一席之地。南洋珠最大的魅力在於它的大小，平均可達十一～十八mm大，這樣的大小可壓倒所有珍珠，皮光耐久性不易消退，可保有寶石價值。

3.淡水珠 Fresh Water Pearl

- 尺寸：平均一～一〇mm以上
- 品種：Hyriopsis cumingii 三角帆蚌
- 分布：中國，美國，日本
- 外觀：一般常見形狀較小，不規則圓形居多，有白色、米色、桃紅色、金黃色、紫羅蘭色等。

新品光澤亮麗，但會隨著時間而受侵蝕。

世界上九八%的淡水珍珠產自中國，因珍珠的天然養殖特性，養殖出產的淡水珍珠中，真正能達到珠寶級的不到一〇%。以往二〇%左右才能做成珠寶飾品，八〇%左右只能他用，如做成珍珠粉等，現在，隨著飾品設計能力的更新和人們時尚品味的多樣化，異形珠、小顆粒不規則珠，也通過精巧的設計理念、染色、上光等工藝，更多珍珠成為了飾品。

以往淡水養殖並無植核而是植入外套膜為主，因次形狀較不規則，但近年來由新觀念的改變和養殖技術的改進，加強對生長品質的研究與研發，現今更有投入三~四年成的八~一〇mm有核淡水珠，日新月異的研發成果，中國以直逼日本養珠Akoyo的市場，並朝高難度富有特色的方向邁進。

目前，珍珠飾品的主要消費地是日本和歐美發達國家，雖然中國珍珠和珍珠飾品的出口量，已經占到全球總產量的九〇%以上，但是大部分是以珍珠供應日本或珍珠串等半成品的方式，經由香港深圳加工，另有部分直接分銷到全球。

4. 罕見珍珠 Rare Pearls

值得一提的是，除了市面上種種可見的珍珠以外，還有其他貝類偶爾才會產生被發現的稀有珍珠，這些貝類沒有珍珠質，不能養殖生產所以價格非常昂貴，而其稀有的珍珠，往往是被收藏家收購後珍藏而不佩戴，當作是藝術品來收藏。其中兩種廣為人知的為Conch Pearl（海螺珍珠）以及Melo-Melo Pearl（椰子渦螺珍珠）。Conch Pearl，產於一種在加勒比海居住的粉色大海螺

（Conch）體內。珠子通常是粉紅色的，也有白、奶色或咖啡色，通常是橢圓形的，珍珠出售時不是按 mm 計算而是按克拉算。Melo-Melo Pearl 顏色多見於獨特火焰狀的黃色、橘色，珠子較大。另外還有 Abalone Pearl（鮑魚珠），生長於鮑魚殼內，由於鮑魚殼是單殼，鮑魚珠附著於上面所形成的形狀多呈扁平型，鮑魚珠的顏色近於殼內壁的顏色，故呈現七彩光顏色，鮑魚珠的形成不易。

二、珍珠的來源與形成 Pearl Formation

- 珍珠 Pearl
- 成分：碳酸鈣（九二%），水（四%）、胺基酸有機物（四%）
- 硬度：三
- 比重：二．七一
- 折射率：一．五三—一．六八

當產珠的軟體動物如蠔、貽貝，其柔軟的身體被兩片稱為外套膜的肉質包裹著，外套膜不僅具有保護作用，在珍珠形成過程中並扮演及重要的角色。外套膜分置於貝殼的兩邊，分泌殼質（貝殼硬蛋白質）和碳酸鈣質，此兩成份為組成貝殼的主要成分。

1. 外圍

蚌的外套膜受到異物（砂粒、寄生蟲）侵入的刺激，受刺激處的表皮細胞以異物為核，陷入外套膜的結締組織中，陷入的部分外套膜表皮細胞自行分裂形成珍珠囊，珍珠囊細胞分泌珍珠質，層復一層把核包被起來即成珍珠，以異物為核稱為「有核珍珠」。

2.內因

外套膜外表皮受到病理刺激後，一部分進行細胞分裂，發生分離，隨即包被了自己分泌的有機物質，同時逐漸陷入外套膜結締組織中，形成珍珠囊，形成珍珠。由於沒有異物為核，稱為「無核珍珠」。

現在人工養殖的珍珠，就是根據上述原理，用人工的方法，從育珠蚌外套膜剪下活的上皮細胞小片（簡稱細胞小片），與蚌殼制備的人工核、一起植入蚌的外套膜結締組織中，植入的細胞小片，依靠給締組織提供的營養，圍繞人工核迅速增殖，形成珍珠囊，分泌珍珠質，從而生成人工有核珍珠。人工無核珍珠，是對外套膜施術時，僅植入細胞小片，經細胞增殖形成珍珠囊，並向囊內分泌珍珠質，生成的珍珠。

三、珍珠歷史與文化 Pearl Cultures

珍珠歷史悠久，在西方的傳說中，愛神維納斯出生於貝殼中，當貝殼打開的時候，從她身上滴下來的露水，就變成了一粒粒晶瑩剔透的珍珠。文藝復興時期，著名畫家波提切利在《維納斯的誕生》畫中，將女神置於一扇巨大的貝葉之上，從水底緩緩而出，女神抖落的水珠形成粒粒珍珠，潔白無瑕，晶瑩奪目。

丹麥人將珍珠與美人魚聯想在一起，美人魚思念王子而不得，淚灑相思地，被守護在身邊的貝母蚌珍藏起來，時間長了，眼淚就變成顆顆珍珠。

在古印度，人們相信珍珠是由諸神用晨曦中的露水幻化而成；波斯的神話則認為象徵光明和希望的珍珠，更是由諸神的眼淚變成；而羅馬人乾脆將珍珠的形成與愛神維納斯拉上關係，傳說當愛神從充滿泡沫的蠔殼沐浴完畢，走出來時，其身上滴下的水珠，被愛神散發出的動人光彩凝結成了閃光的珍珠。

在中國，最早期的紀錄是孔子時代；以淡水珠作為珍貴禮品，則由公元前二二〇六年開始；在波斯地帶，公元前二千年已有珍珠的遺跡；埃及與希臘人在公元前三三〇年已用珍珠來做裝飾；亞歷山大打倒波斯軍隊後，由印度返國，也帶回大量珍珠。

在羅馬的歷史故事中，也有提及珍珠為貴族最喜愛的首飾。有些羅馬婦人更二十四小時佩戴，會使人們健康和富貴。在歐洲歷史上，有一個時期被稱「珍珠時代」，反映出人們對珍珠的熱愛之情。十字軍東征的時期，歐洲人由東方帶回大量珍珠，開始了珍珠在歐洲的熱潮。

珍珠在隨後的數世紀，都被貴族、武士等用作個人飾物。後來，珍珠更演變成皇室專有的寶石。一六一二年，在 Saxony 還公布一項法律，禁止貴族、專業人士及平民佩戴珍珠，只有帝王之家才可以有此特權。英國女王伊利莎白一世亦非常喜愛珍珠，她的衣著及頭飾通常都有珍珠陪襯。

綜觀世界各國文化：美國原住民印地安文化、南美馬雅文化、中東伊斯蘭文化、猶太教、佛教、回教，基督教，天主教，摩門教等，都視珍珠為吉祥的寶貝，象徵幸福和平。如《聖經》中，就以珍珠比喻天國永生：「天國又好像買賣人尋找好珠子，遇見一顆重價的珠子，就去變賣他一切所有的，買了這顆珠子。」（馬太福音第十三章四十五、四十六節），佛教中有提及七珍八寶：金、銀、琉璃、珊瑚、琥珀、硨磲、瑪瑙、珍珠。達賴喇嘛亦接受珍珠乃天賜寶貝，是幾千年來承傳的平安文物。

四、珍珠的藝術設計之美

沒有兩顆珍珠是一模一樣的。因此珍珠搭配的協調性，在同一串項鏈上容易看出來，特意選配的珍珠，要觀察它整體的一致性，若是大小依序遞增或遞減的珠串，其每粒之間相差以小於釐米計量，而珍珠的外貌，包括顏色，珠與珠之間的光澤，都要盡量接近甚或相同，可以想像在搭配的收集與篩選上所費的時間與精力，是十分浩大的工程，因此一串搭配得天衣無縫的珍珠項鍊，理所當然價值不菲了。

五、認識南海彩虹珍珠

- 半面珍珠 Mabe
- 尺寸：各種尺寸皆有
- 品種：Pteria penguin 企鵝貝、Pintada Maxima 白蝶貝
- 外觀：Mabe 為半面珍珠，形狀極附有創意。

市面上的半面珍珠用途很廣，並深受獨特的創意珠寶設計人士喜愛並加以發揮。主要以半面

的模組植入蚌殼旁，天然的珍珠層在模組上養成，故擁有多樣的特性。市面上主要為白蝶貝和企鵝貝為主，但近年來白蝶貝市場反應下，產量已大減，反觀企鵝貝，養殖成本較低，在珍珠飾品市場仍有潛力，而且企鵝貝也可食用，經濟價值頗高。企鵝貝，又稱南洋彩虹珍珠，擁有千變萬化的自然彩虹光澤，是珍珠代表中獨一獨二的寶藏。二十年前大東山珠寶公司開始在中國南海一帶致力擴展研發養殖，以突破性的成果創建了此珍珠養殖技術及新的珍珠地位。近年來，在推廣珍珠文化及設計工作上，不遺餘力，期將其所養殖場出品之「南海彩虹珍珠」，廣泛應用到珠寶設計及多元性、多樣化之異材質，及各式各樣天然雲石及配件，一同搭配成珍貴之珠寶。

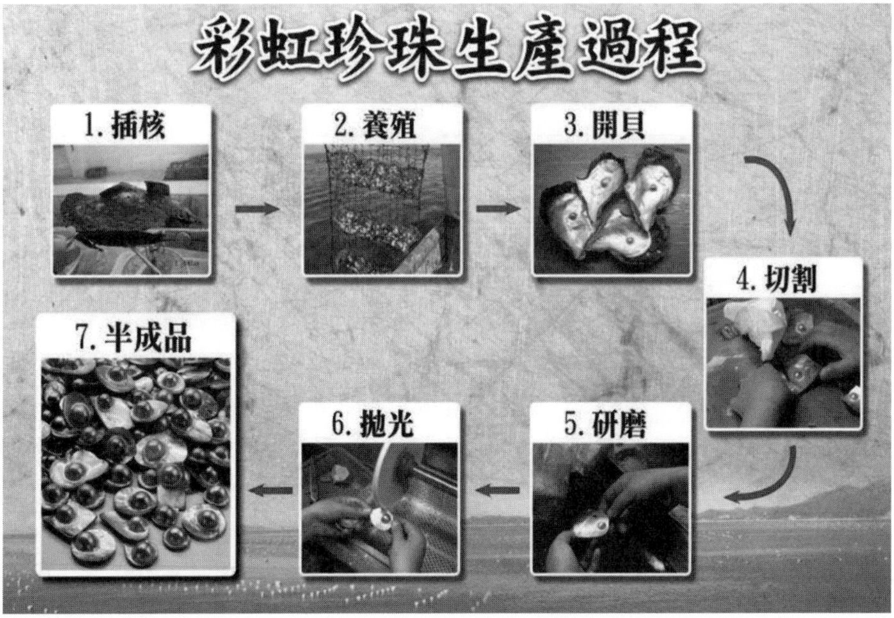

資料來源：大東山珠寶公司

南海彩虹珍珠生產過程

六、珍珠在生活應用上的功能

1.運用珍珠搭配，畫龍點睛，美上加美

2.成功女性運用珍珠，提昇氣勢與氣質

3.珠寶智慧一點通

七、珍珠的資源與人生價值

1.感恩、惜福

2.無私的付出，換來更多的回饋。

八、結語：知性、人文、藝術、創意、設計

大東山秉持著誠信的企業原則，平實穩健的企業文化，專業的經營方向，給予社會多樣性，多元化的知識引導。大東山更致力於創造國人對珠寶精緻文化的鑑賞力，為社會大眾的生活品質，提供豐富的精神面貌。

第二章

保護自創品牌、發揚中國珍珠

——就仿冒 WISH Pearl，談蚊子效應引發的中國大陸珍珠經濟海嘯

文／呂明鑑

一隻蝴蝶在亞馬遜河叢林裡震動翅膀，三個月後在美國德州引發了龍捲風，這是人們耳熟能詳的「蝴蝶效應」。事件雖小，卻可能牽一髮動全身。小事件需要大思維，本文要闡述的真人真事，就是由一隻蚊子引發的中國大陸珍珠經濟海嘯，小小「魚目」竟被混珠，中國珍珠能否再創世界光芒，已面臨關鍵時刻。

中國大陸地大物博，未開發的水域屬全世界最大。世界目前九七％的珍珠都產自中國，年產量高達三〇〇〇噸。但中國這三〇〇〇噸珍珠的總價值只有一億多美元。對比其它珍珠出產國，澳洲珍珠年產量不到十噸，總產值約五億美元；日本海域小，產珠量很少，但年產值也能達到五億美元；大溪地每年幾噸的珍珠產量也能換取三億美元的收入。中外珍珠價值反差如此強烈，究竟是為什麼？

是因為中國大陸珍珠質量真的不好嗎？發達國家海產養殖技術高超，所養珍珠絕大部分是包貝珍珠，由人工將磨成圓粒的貝殼作為核體植入母貝，一段時間後取出包裹著珠層的珍珠。這樣養成的珍珠真正珠層不過占到整體的三％左右。而中國很多珍珠是真正的內外全珠，這種對比就如同鍍金與足金之比，按常理來講足金比鍍金值錢，世界上最好的珍珠應為中國珍珠，中國珍珠的年產值應是幾百億美元才合理，又是什麼原因導致中國珍珠的廉價，和高攀不上其它世界名珠的窘境？

中國珍珠陷入廉價窘境

二十世紀末開始中國的崛起，令全世界刮目相看，世界也在期待著中國產生更多的奇蹟。一九九四年世界珍珠協會在夏威夷召開創會會議，全世界有二十二個國家的超過五〇〇家公司參與，是有史以來的第一個珍珠行業的全球同業協會盛會。

在此會議上，來自全球的代表們交流了珍珠行業的重要思維與經驗。世界珍珠協會創辦人呂明鑑（Johnny Lu）在會議上，向全世界介紹了中國珍珠所蘊含的深刻文化背景和所應體現的價值。中國是世界上最早享用珍珠的國家，而不是西方人印象中的日本，各種珍貴的歷史紀錄都證明，珍珠在中國從來就不只是一種物料、一種物質那麼簡單，而是千百年來在中華文化中，為王公貴族、文人雅士欣賞、仰慕的一種精神象徵。珍珠光芒四射卻又溫潤內斂，剛柔並濟、陰陽和諧，正是我們中華民族儒家文化與太極思想的最佳代表。

會議上其它國家的代表，紛紛要求按照西方其它珠寶行業的競爭方式，用「硬物理指標」將世界珍珠分出等級，例如由體積與光澤度來決定它們的價值。呂明鑑說，澳珠和大溪地珠體積大隻不過是因為植入了大核；日本的珍珠亮是因為加工工藝好，實為外科整形美女，更不用說也是植核。而中國的珍珠有著最天然純樸的動人魅力，還有著五千年的中華文化底蘊，怎麼可能自甘墮落被排在別人的後面？

同業雙贏的「高爾夫」理論

呂明鑑作為創辦人，在世界珍珠協會會議上倡導：讓我們全世界的珍珠同行們不要再以互相破壞、自相殘殺來競爭了。每個人都想贏得比賽，但我們可以不用拼得你死我活的方式來排高低，而是可以像打高爾夫一樣平行前進，一路共勉。呂明鑑開創性的「高爾夫」理論一經發表，就引起同業間巨大反響，就連當年卡地亞珠寶（Cartier）的主席、美國寶石學院（GIA Gemonology Institute of America）主席 Ralph Destino 先生，也特別親自寫信表示尊敬與讚賞。

十多年過去了，中國珍珠的養殖技術突飛猛進，中國成為世界上珍珠產量最高的國家，但每年幾千噸產量的珍珠在市場上缺乏統一規劃，長期處於無序競爭狀態，到現在還是被作為廉價的物料來售賣，問題究竟出在哪裡？

仿冒，在中國是很嚴重的現象。人們當然也能夠理解，在一個國家、地區與民族發展的初期階段，各方面基礎的積累還不足的時候，仿冒是無可避免的，甚至是發展過程中必須經過的階段。如同當年日本仿效西方，台灣仿效日本，中國大陸仿效台灣的過程。但當這個仿冒過程踐踏了國家資源價值，給國家人民造成重大損失時，我們認為應該提請各部門領導人關注事態的經過與發展。

仿冒，踐踏了國家資源價值

國家工商行政管理總局商標局，是一個關係中國大陸產業命運、民族品牌命運的重要單位。商標局某位經辦官員個人的主觀取向或包庇性的思考，或許自認為是無傷大雅，但造成的深刻影響，竟阻礙了整個開創世界品牌的事業與中國珍珠產業的前途，因為 WISH Pearl 被仿冒註冊成功，嚴重破壞了整個珍珠行業市場的規範與有序架構。

一九九七年香港回歸時，中國駐聯合國總部大律師莫虎先生的姐姐，推薦紐約大東山集團的原創產品 WISH Pearl 為回歸大典中的禮品。香港被稱為東方之珠，香港回歸祖國被全世界寄予著美好希望，以 WISH Pearl 作為這世紀盛事的禮品是最貼切不過的事情。WISH Pearl 經由中國旅行社贈與江澤民主席與出席回歸大典的一千多位貴賓。WISH Pearl 代表香港，代表世界和平，人們不論來自世界哪裡，不論何種顏色的皮膚，都受到歡迎與尊重，各民族一律平等，這就是 WISH Pearl 的意義。

九〇年代，中國有很多大型的珠寶行業展會，邀請在海外的呂明鑑前往演講，他將半生經驗毫無保留，坦誠相授。他提及「WTO後，中國珠寶業何去何從？」，號召同業不受制於西方標準，而以中國國家的立場製定珠寶標準向世界推廣，他同時也分享了珠寶業市場推廣的奧妙。他的演講令數百位中國同行感到震撼，同時對中國珍珠在世界舞臺上的前途充滿信心。當時，呂明鑑同時在中國大陸、美國、英國、日本、新加坡、台灣等地申請了 WISH Pearl 的註冊商標，中國大陸的申請處於審理期。WISH Pearl 當時作為中國珍珠產品的世界品牌，在全球各地的銷售都如火如荼，旅遊景點、百貨公司和電視購物頻道等大賣，消費者為之狂熱。

原可大賣竟被仿冒

黃豆大小的珍珠能賣到十幾塊美元，中國的珍珠如按此比例計算，年產值將有百億美元，幾千萬農民都能依靠珍珠過上好生活。呂明鑑分享了他的希望珍珠故事與遠大理想，但令呂明鑑沒有想到的是，當時在座聽他演講的一位溫州商人在瞭解到 WISH Pearl 的成功故事後，馬上通過一些途徑，後來居上並申請了 Wish 商標，並開始了大量的仿冒。

諷刺的是，在拿到商標權後大肆仿冒 WISH Pearl，緊隨其後又有幾十家工廠一同仿冒 Wish 商標，拿到此商標的人並未理直氣壯地用商標法保護自己，造成同業一擁而上，以低價競爭自相殘殺，互相毀滅。目前國外 WISH Pearl 產品零售價二九．九九美元，批發價可以賣到九．九九美元，而中國阿里巴巴外貿網站上幾十家公司報價均在一元以下。

中國大陸產品一向以低價競爭為第一利器，但當產品價格低到一個明顯不合理的程度，卻嚇跑了海外認真做生意的商家。以海外商家的角度來考量一筆生意，他不僅要考慮貨品的出廠價，還要考慮貨運、保險、倉儲、人工、上架等，一系列相關管理費用和市場推廣費用，這些費用不論貨品本身價值如何都要支出，而且往往比貨品本身的價格高出許多。如果因為貪圖便宜而買到質次價廉的貨品，海外商家後續一系列開銷都被置於高風險中，往往得不償失。更何況，在海外銷售產品要承擔嚴格的法律責任，仿冒產品方是萬萬不敢在產品上註明自己責任歸屬的，那麼法律責任就轉嫁到持有人海外商家身上，一旦消費者因為該批產品出現問題，海外商家不但會被告到傾家蕩產，還有可能面臨牢獄之災。大家換位思考一下就能明白，為什麼中國出口單位認為低價就一定有競爭力，而海外買家卻說：你免費，我都不敢要！

好品牌，才有競爭力

我們以這個小小的 WISH Pearl 做實例，來列舉做產品要考慮的問題：

- 商品責任保險，保額高達數百萬美元。
- 保存母貝的藥水成份檢驗證書（甲醇、乙醇等成分，在北美因可能致命而受嚴格管制）。
- 項鍊、吊墜安全檢驗證書（含鉛量，直接關係到兒童安全）
- 藥水特殊配方，貨品空運過程中不爆炸。
- 包裝盒各種圖案式樣作為知識產權受專利保護。
- 必須有開啟母貝的塑膠棒，以防開啟時，手部被貝殼劃傷而被控告。
- 各種文字印刷正確。
- 傳達 WISH Pearl 背後人文涵義的說明書等等。

巨大經濟損失

另外，除產品本身外，還要考慮整個交易過程中產生的各種成本：

- 商品寄賣時產生的上架、陳列、進出、退貨等費用。
- 銷售人員佣金。
- 為了能夠及時出貨，而在海外銷售地的組裝費用。
- 為滿足客戶訂製小批量產品的美工、印刷費。
- 滿足買家要求運送到指定地點的費用。
- 產品支持慈善事業，捐贈出一定比例的收入等等。

廉價仿冒產品，不可能照顧到商業上的方方面面，反而因為低成本而偷工減料。當滿懷期待的消費者，打開一個仿冒 WISH Pearl 時，劣質的產品給人不好的感覺，她很可能收穫的是一個大大的失望。

當不到一塊錢的產品價格，曝光在互聯網上給消費者看到時，消費者便失去了對它的興趣，自用嫌太低檔、送人也拿不出手，誰的希望可以用幾毛錢來代表呢？而因為用了一樣的商標，各種貨品給海外買家造成了混淆，也令人生疑，為了避免風險和更大的麻煩，買家乾脆放棄訂貨的打算，從幾毛錢到十塊錢的一律不要。很多用希望珍珠產品來做慈善的外國團體，也取消了訂貨。

當廉價仿冒產品以貨櫃，大批量運送到中東、非洲、南美等地區，即直接培養了幾千幾萬名向世界推廣劣質中國產品的銷售人員，敗壞中國產品在世界上應得的名譽與地位，給國家經濟造成巨大損失。「中國珍珠」這個原本應該散發光芒的世界品牌，與其它行業的很多「Made In China」產品一樣，成為「質次價廉」的代名詞。

創造中國珍珠的世界品牌

中國有幾百萬養珍珠的農民，江蘇的渭塘、浙江的諸暨是中國兩大著名珍珠集散地，香港的商人由這兩地採購後再賣到世界各地。但當全世界都不喜歡中國珍珠的時候，香港商人的貨品馬上滯銷。渭塘、諸暨一貫放長帳給香港珍珠商，由於珍珠滯銷長時間收不回貨款，無法付給最下游養珍珠的農民，地區經濟陷入窘境。為了在困難的情況下盡快將貨品銷出去，又只好使用低價的殺手，傷人之前先自斷手臂。銷路不好就廉價賣，廉價的東西更難銷，大好前途的民族產業竟不知出路在哪裡，陷入自己製造的惡性循環。中國珍珠在國際市場更面臨著兵敗如山倒的危險，短短三十年間，每公斤價格從三千美元降至八十年代的一千美元，現在市場價只有每公斤幾十美元。

小小蚊蟲扇動翅膀，使本應名滿天下的中國珍珠變成了「魚目」，處境日益窘迫。如何啟發出上天眷顧賜予中國的寶貴自然資源？如何讓屬於十三億中國人民的資源真正造福於人民？

為了在世界舞臺上推廣中國品牌，擦亮Made In China這塊金字招牌，幾十年來包括華僑華商在內的幾代中國人，都在世界商業最前線拼搏。我們希望中國大陸的國家制度，能夠保護這些開疆闢土者、知識產權的擁有者，維護中國經濟的持續發展。我們懇請國家商標局站在保護民族產業的立場、站在推廣中國世界品牌的立場，來考察商標註冊的過程和制度的完善。

這是呂明鑑的親身經歷，我們記錄下來與大家交流探討，並無他意。中國要自創世界品牌，但品牌不僅僅是一個名字那麼簡單，做品牌也不是只為一個名字。品牌事業，是要把中國的資源推廣到最高層次，給產品注入靈魂，使之產生最大的價值，讓外國人不僅購買我們的產品，還敬佩中國人的智慧和仰慕中華文化。

相信中國大陸有智慧的領導者，一定能夠從我們這一個小案例中啟發出大思維，相信中國創出的世界品牌，一定能有好的未來。

〔本文摘自美國珠寶學院（Jewelry Institute of America）出版專書《老天有活》，作者呂明鑑（Johnny Lu）〕

專題特寫

認識中國的國寶——寶石珊瑚

珊瑚，在西方素與珍珠和琥珀並列為三大有機寶石（organic gems），在東方，珊瑚在佛典中被列為七寶之一，自古即被視為祥瑞幸福之物，它代表高貴與權勢，是幸福與永恒的象徵，故其倍受尊寵和喜愛，不僅王侯巨賈多將其作裝飾用，許多西藏的喇嘛高僧亦多持珊瑚所製之念珠，而中國古代的王公大臣上朝，所穿戴的帽頂及朝珠亦多用珊瑚來做成，回教可蘭經中亦有關珊瑚為避邪之物的記載，今日，夏威夷將珊瑚列為其「州寶石」（state gemstone）。珊瑚的成份為碳酸鈣，生長在海底二百公尺到二千公尺的熱帶深海礁岩上，無論是產區、色澤品質、採撈及加工保養上，其最大主流在台灣，因此，珊瑚可稱為最具代表性的中國國寶。

珊瑚是一種美麗實惠的送禮佳品，美國前總統雷根夫婦結婚卅五週年（珊瑚婚）紀念，適逢其女公子訪台，大東山珊瑚寶石公司由當時的總經理陳明騫先生，代表贈與雷根夫婦一項珊瑚禮物，其淵源可追溯到雷根尚在加州州長任內訪問台灣，大東山曾致贈一尊珊瑚笑佛像給他，因此，珊瑚在國民外交上也扮演了重要的角色。多年前，紀政結婚，蔣夫人宋美齡女士亦委由大東山挑選珊瑚禮品送給「亞洲羚羊」。在台灣，大東山擁有一座規模頗大的珊瑚寶石博物館，歡迎各界人士前往參觀。

天賜的禮物

一、珊瑚的主要產品：珊瑚多產於岩岸和沙岸的交接處，其產區相當廣大，代表區域有：一、太平洋海區：主要是日本、琉球、台灣東岸、澎湖及南沙群島；二、大西洋海區：以地中海為主的國家，如義大利、阿爾及耳、突尼西亞、西班牙、法國等；三、夏威夷西北部中途島附近海域。

二、珊瑚的顏色及生長：珊瑚依其顏色可分為白珊瑚、深或淺粉紅珊瑚、桃紅珊瑚和赤紅珊瑚，在夏威夷可以看到黑珊瑚（即海樹）或呈金黃色，在地中海地區產的珊瑚顏色近赤紅，亦泛稱為沙丁尼亞珊瑚（Sardinia Coral），中途島海域的珊瑚多呈粉紅色帶白點紋路，一般的價格是愈紅愈貴，但是最稀少的天使容顏色珊瑚（Angel Skin）卻是上上之品。

珊瑚的生存條件，受到來自大自然的諸多限制，如水溫、海流、光度、水壓、海流流度、沈澱物之沈降狀態及鹽份濃度等因素，故其生長速度極緩，由內向外層層包圍生長（似樹之年輪），數百年才長一吋。珊瑚一直被視為植物，直到十八世紀中葉，西方生物學家才瞭解其實是動物，珊瑚的群體是由許許多多的個體——珊瑚蟲所構成的，珊瑚賴以維生的營養來源，據專家研究，絕大部份來自寄居在其體內的共生藻，共生藻也能促進珊瑚聚積碳酸鈣骨骼的速率，失去共生藻的珊瑚，其鈣化速度會大幅降低，造礁珊瑚在環境不適宜的時候，也會失去它們的共生藻，形成白化的現象，當共生藻存在的時候，它賦予珊瑚漂亮的顏色，由於共生藻有多種色素，這些色素在不同的環境中，會顯現不同的顏色，因此，我們或許可以說不同產區，因為各種不同因素，構成不同色彩的珊瑚，基本上，珊瑚艷麗的色彩，應與共生藻息息相關。

大自然的禮讚

三、珊瑚的採撈：採撈珊瑚不是一件容易的事，且珊瑚的生長不是一個穩定的生態系，偶發性的颱風、暴風雨、急速氣候改變，都可能對生長帶來災害。在深海生長的珊瑚亦會受地形變化、火山爆發、地震或沉澱物之破壞，而整棵倒地或部份折斷或埋在海底下被其他生物侵襲，所以，一棵完整無瑕的珊瑚樹往往被視為天賜之物。

四、珊瑚的保養：珊瑚的硬度約為三點五度，比重為二點六至二點七，珊瑚易為鹽酸溶化，故其保養忌接觸酸鹼，每回穿戴珊瑚飾品後，以水洗除汗垢，一經擦拭即可恢復原觀。

五、珊瑚的加工：珊瑚的一般平面加工程序，由切鋸（切枝）、研磨（粗胚）、細磨（成形、滾筒、細胚）到拋光或鹽酸處理，層層加工功夫，任何一項皆馬虎不得。另外說及珊瑚雕刻加工技術，其所使用的機器與牙醫所用的輪機類同（珊瑚與人齒硬度相近），首先構圖，再用針輪使粗胚成形，後加細砂紙輪去除粗條痕成細胚，再用鹽酸拋光處理，其過程匠心獨運，實在不易。

六、珊瑚成品的美感及意義：在奈及利亞，部落的王公酋長不以配戴黃金鑽石為貴，而是以持掛大塊（nugget）穿成的項鍊為榮，且愈大愈重愈凸顯其身份之殊榮。在西藏，多以珊瑚當信物作為傳給後代子孫的傳家寶。珊瑚的美感，可以由一朵精緻的紅花綠葉別針或墜子看出其中奧妙，以珊瑚當紅花配上台灣玉當綠葉，就是一項渾然天成的組合。一株珊瑚的海體，就像一棵具有生命力的海中樹，難怪人們讚嘆「渾然天成、鬼斧神工」。以珊瑚雕刻成的中國古代傳說，例如：八仙過海、唐三藏取經均栩栩如生，百看不厭，珊瑚圓珠的項鍊由三mm到十六mm以上，有整串大小一致，或由大至小排列，有雕刻成鬱金香打全洞穿成整串，或中間穿插一顆圓珠，可整串同樣顏色或不同顏色變化。以珊瑚雕刻成的或玫瑰花別針或墜子再配上鑽石或K金，就成了一項頗具美感的高級珠寶。

當您瞭解珊瑚背後的故事，您當更珍惜您擁有的珊瑚珠寶，無論它是一件項鍊、耳環、戒指、別針、佛珠、鼻煙壺、雕刻品或是一株珊瑚樹。如果，您不曾認識珊瑚，現在您是否也想擁有一份珊瑚的禮讚，來自大自然的生命，來自台灣及澎湖的寶物呢？

第三章

珍惜水資源——芝加哥席德水族館參訪實錄

席德水族館，是啟動典型美國文化創造夢想實現的濫觴，倘若台灣可以結合國內的海洋資源，設立一個「台灣海洋館」或「澎湖海洋館」，以海洋文化交流，也是美事一樁，其衍伸的背後附加價值，包含：文化交流、旅遊互訪包裝行程、美國免簽證的延伸、學界的學術交流與環境教育的學習與互相觀摩參訪、館際交流、國民外交、海洋文化輸出、商機的創造、海洋文創商品的研發與設計，整合國內海洋資源，與國際接軌。

芝加哥席德水族館（Shedd Aquarium）正式開放於一九二九年十二月十九日，距今已接近九十年歷史，據統計由開館截至二〇一〇年，已有上億人潮拜訪過此館，現今館藏三二、〇〇〇條，約一、五〇〇種不同的魚類及各類海洋及淡水生物。根據副總裁提姆·白德（Tim Binder）描述，現今館內約有三百位館員，包括三、四位獸醫師，歷經快一個世紀，席德仍是芝加哥最重要的必訪景點。

席德水族館的創辦人為約翰·葛維斯·席德（John Graves Sheed），他的老闆馬歇爾·菲爾德（Marshall Field）推崇他為「全美最偉大的商人」。席德先生由一九〇六年管理水族及馬歇爾的事業體至一九二三年，這期間，他是將整個事業集團由全芝加哥最大，引領到全球最大批發及零售乾貨的領導者，其雄才大略功不可沒。至今席德水族館仍位居全美數一數二的重要示範基地，水族館的經營和管理，經得起時間與歲月的考驗，足以讓我在親訪之餘，列為取經之重要功課。

以文化創造夢想

本次芝加哥之行，係在我擔任澎湖水族館館長任內，於二〇一〇年一月二十八日及二十九日密集兩次入館內參訪，首日以官方拜會交流為主，第二趟接待工作即交由海洋生物組員 Mr. Steve Ehrlich 來招呼我和隨行的林書卉小姐，他態度平易近人，專業度十足，由前台和後台都讓我全程參訪，受益良深，我得到的心得很多，當然由澎湖水族館的短暫接手經驗，也足以給予我和經營團隊很大的啟發與驚艷，以下即為我的分享：

一、珍惜水資源：芝加哥位居密西根湖，五大湖均屬淡水湖，一九八六到一九九七年間，我和家人曾定居鄰州的密西根州安娜堡市八年，深刻瞭解美國人對水資源的重視，館內生物不止是淡水也有海水飼養，但是珍貴的南水北運，由邁阿密運送海水到館中，實在是十分昂貴的運送成本，水資源和水質的控管當然也是一個重要課題。

二、全年幾乎無休日：據知，該館一年僅三天休館日，我們都知道當地約四分之一的時間都是冬天，尤其是下雪日，如何度過漫漫寒冬，培養出中西部美國堅苦耐勞與大自然搏鬥的精神，實值得稱北風寒冷的澎湖人師法。

三、因為寒冬漫長，芝加哥人懂得靠建築物成就一個城市的戶內活動，許多高樓大廈林立，以建築設計之雄偉引領風騷，例如，席爾斯大樓（Sears Tower）、豆子公共建物（Bean）、青箭口香糖總部大樓、川普大樓，我們台灣的辦事處也高居保德信保險集團總部（Prudential Plaza）的五十八樓，居高臨下，別有一番不同感受。但是同樣的風格，引領戶內活動的多元化，席德水族館就是啟動典型美國文化創造夢想實現的濫觴。

四、我觀察到該館最成功的地方，是文化包容與創意設計。我在二十多年前曾，在小孩尚稚齡時攜子匆匆走訪，當時印象是黑黑暗暗的，走馬看花沒有特別印象，但是時空變化，今日的館內對我來說，是眼睛一亮，由大夢中驚見到泱泱大國對各種文化的包容度及多元化。我看到菲律賓海洋文化的輸出與特色，還有巴哈馬的海洋生物，好像一個觀光旅遊的櫥窗向來客招手，還有亞馬遜叢林文化也在這裡呈現，讓我大呼過癮，門票有不同的套票方式，還有水母館是由企業認養，Walgreens 集團是全美最大藥妝通路品牌，我的二兒子 Richard 恰服務於其 Web Business，即網路事業部，因為是贊助企業體，服務於集團關係事業體的同仁，到該館及博物館均有特惠優待。據知該館的志工與企業及個人贊助，均是維護其營運與營收的最大來源，這也是值得澎湖水族館努力和思考的方向。

五、海洋和淡水生物的多元化和造景氛圍，我目睹極為稀少，隸屬海馬家族的海龍（Sea Dragon）及龍魚（Dragon Fish），也看到海馬由種苗繁衍到不同年紀的生物紀錄，更看到造礁珊瑚（Coral Reef）的公開養殖，活生生是一本海洋記實課程，深入淺出，讓我們就是門外漢，也可在匆匆一瞥中，留下深刻印象。

六、安全宣導教育：館內除了有超大型的海豚表演場地外，也教導如何穿戴裝備完善的潛水道具，禮品部份開發的商品由通俗化海洋生物書籍到各式各樣的玩具，令人愛不釋手。工作表單上，清楚記載餵養時間表及成長紀錄，美式控管的機制表露無疑。我們在後台，聞不到一絲魚腥味，整個SOP的要求，令人感動。

文化輸出與城市行銷

七、文化交流與學習互訪：提姆先生是一位和靄可親的謙謙君子，據知他未來會有台灣行，口諾屆時將特別留下一天給澎湖水族館及水試所澎湖中心、澎湖科技大學等，我願意擔任他的口譯志工，兼司機及地陪工作，這也是一種絕佳的館際交流機會。人，活到老，學到老，我們每一天都在學習，放下一顆謙遜的心，以最真誠的態度待人，我想我們也是和大自然學習，以魚類悠遊海洋的心，愛戀海洋、豐富生命。我也以此心情和館內同仁互勉，互相期許。

八、結語：本次的參訪，學習到文化輸出與城市行銷的重要性，讓我領悟到一群人的努力工作，可以成就一所水族館的6M，即Mission、Manpower、Management、Mechanism、Merchandise與Marketing。倘若台灣可以結合國內的海洋資源，設立一個「台灣海洋館」，或「澎湖海洋館」，以海洋文化交流，也是美事一樁，其衍伸的背後附加價值，包含：文化交流、旅遊互訪包裝行程、美國免簽證的延伸、學界的學術交流與環境教育的學習與互相觀摹參訪、館際交流、國民外交、海洋文化輸出、商機的創造、海洋文創商品的研發與設計，整合國內海洋資源，與國際接軌。

後語

完成芝加哥的參訪行程，我即走訪大東山位於美東的分公司，在紐約和康迺迪克州，看到久別再逢的家人及同仁，心中踏實許多。待回臺後，又重新投入工作，在過年返鄉的鄉親人潮工作忙碌中，手上的紙筆停停動動，想不到近日當我由電視上看到美東和芝加哥均覆蓋在厚厚的白雪下，才驚覺自己真是太幸運了！真要感謝上蒼和幫我完成這趟旅程及伴隨我的每一位！謝謝您們！

備註：本文源自二〇一三年一月二十八日至二十九日，擔任澎湖水族館總經理期間，參訪芝加哥席德水族館的實錄。當天甫完成大東山在澎湖事業體的感恩晚會，我即風塵僕僕地搭機飛往美國芝加哥。我先請教駐外館外交官夫人崇她社謝維文社姐，再透過駐芝加哥台北經濟文化辦事處葛葆萱處長、商務組王振福組長與該組的陳文誠副組長，以及林書卉經理精心安排與熱心協助下，甫下機即由在地湯銘倫醫師夫人 Molly 女士來接機，直接就護送我進入當地聞名的席德水族館，由館藏規劃的副總裁提姆．白德先生負責接見招待。本次參訪行程的貴人多助，也讓我見識到芝加哥在地，無論是駐外單位、在地僑界（如摯友湯銘倫醫師賢伉儷和紀龔蕙女士）及企業界（如美亞地產的章詣遠總裁及劉文豐博士等），均鼎力協助，我也很幸運地和我久違多載，在當地醫界服務四十年、高齡八十五歲的叔叔陳天端醫師及兩位姑姑敘敘鄉情，這些在地親情和友情及美國友人的熱心協助，收獲十分豐碩，讓我感動肺腑，特以本文和大家分享，並藉本文向曾經幫助我的人士致謝及感恩。

第四章

老吾老以及人之老——記楊逸鴻設立老人安養之家

二〇一六年和楊逸鴻女士再相聚是一場在圓山大飯店、由僑委會舉辦的「海外傑出商業婦女和國內職業婦女的媒合會」，我受邀擔任主講人，當我報告完返台二十年的努力過程和接任大東山董事長的使命之後，我拿出三十年前我還在密西根新聞執筆的陳年原始報紙，令她及在場國內外姊妹們十分感動，當晚，我獲得的掌聲和滿滿的愛，令我心中澎湃久久不能散去。我想要成功或要出人頭地，尤其是女性，就是比別人更努力，更貼心，更要細細觀察，多多體會，真心付出得到的亮點和能量，應該是會帶來不少驚喜。

在海外，女性想在任何一個團體中出人頭地，創建一番事業，的確不易，因為女性在奮鬥過程中，除了要破除少數民族的籓離外，更要突破婦女弱勢團體的角色。多年前我曾旅居密西根州安娜堡市數載，有機會與此間多位極優秀的女性認識和接觸，實感畢生之榮幸。她們的職業由專業會計師、律師、美容師、精算師、大學教授，到房地產經紀人等等，其中最特殊且讓我十分敬佩的，首推楊逸鴻與林素芬兩位女士，一位是設立老人安養中心，另一位則是創立密西根大學附屬兒童發展中心，她們以愛心、耐心及信心，共同將中華文化之精髓「老吾老以及人之老，幼吾幼以及人之幼」發揮無遺。

當然，每個人對「成功」的定義不同，這兩位傑出華裔婦女的成就，不在於她們工作業績的計量高低、收入所得的多寡，或是她們的學位有多崇高，或是獲頒了多少獎章，而貴在於她們對當地社區、社會所付出的時間、心力、精神以及來自當地人民的一致好評。

以愛心及耐心服務老人

真正和楊逸鴻及其夫婿張建明因緣際會相識，可追溯到一九九〇年代。他們那時候甫將搬離密大學生宿舍，當時，張建明剛獲密西根大學統計學博士，而楊逸鴻則是一位具有護士執照的專業醫護人員，正服務於密西根大學附屬醫院的加護中心，當時我因長子羅患重病，而外子尚在密西根大學博士班就讀，課業十分繁重。在醫院中幸得逸鴻及其他醫護人員之悉心照料，令我深深體會到身為一名護理人員的工作，除了在專業範疇上的服務病患及其家屬外，更需要具有像她那般的愛心及敬業精神。離別之後數年間，我們一直以為逸鴻仍過著暮九朝五、日夜顛倒的大夜班護士生涯，殊不知，建明捨去收入優渥的精算師與統計的白領工作，逸鴻也放棄生活穩當的護士工作，多年來他們夫婦倆投入一項深具意義的事業：成立數家老人安養之家，為世界銀髮族產業創立典範，真正以愛心及耐心服務病弱的老人們。

看重人情味和家庭溫馨

「家有一老，如有一寶」，中國人傳統家庭對老年人的寫照，多是含飴弄孫，樂享天年。人到晚年，福體康泰，才是真正一大福氣。但是，旅居海外的同胞，如果家中有一位罹患長期病症的長輩，則大多會帶給兩代、甚至於三代之間，一種長期的心理負擔，及與時間、親情抗衡的拉鋸戰。倘若負擔得起生活經濟，送到一般的養老院，又擔心長輩起居方式與別人不同而不習慣、或語言的障礙與醫護人員間的溝通不良，甚至來自親朋好友的責難質問，及受其他病人的外界干擾等種種疑慮而卻步不前，因此，安頓老人的晚年生活，常常在年輕華人的生活及工作間失去平衡而窘態百出，無端惹個不孝的罪名。

有感於一般人對養老院缺乏人情味和家庭溫馨的感覺，楊逸鴻乃構思出設立另一套家庭式的老年人安養中心，以彌補養老院與家庭之間的真空。因此，CQC（Citizens for Quality Care Company）乃應運而生，楊逸鴻主理 CQC 對外的一切事宜，張建明則主持一切管理行政、營運制度及財務工作，夫婦倆相輔相成。

CQC 位於密西根州南方的阿德里安（Adrian），是一所有別於一般養老院的老人安養中心，CQC 富有經驗處理老年病患，諸如巴金森病症、視障及重聽、健忘症、糖尿病、中風、癌症等各種老年病症。楊逸鴻談到 CQC 成立的緣由，她表示：「我從小即尊重我的父母及祖父母等長輩，由他們身上，我看到了歲月累積的智慧結晶和人生經驗。同時，由與老年人接觸中，我發覺了人與人之間相處的樂趣及知足的福份。當今眾多年輕人，大都不知道可由他們的上一代身上學到許多寶貴的東西。」這番話，真是出自肺腑之言，再談到安養中心的設立，她亦強調CQC服務之宗旨，乃是對於每一位居民，均待之以誠、信與尊重。

CQC除了二十四小時派有專人看護外，更包括了一日三頓營養餐飲的供應、提供需要的沐浴、穿衣協助、控制定時服藥、完整的洗衣清潔服務、家居打理、整層樓無障礙的家居生活、具空間感的起居及餐廳、私人專用或半私人之衛浴設備、中央空調系統、緊急呼叫設備、各項手工藝、及參加當地各宗教、藝術、音樂等團體活動。同時，還提供交通、開放訪客時間，且由具執照專業護士輪值、作測量血壓、血糖等例行檢查。

CQC當時已擴張為十個房間，可容納二十位居民，亦接受預約。除了阿德里安的中心外，據知，他們夫婦又在距CQC不遠處的Morenci購進另一個場所，約可容納十二人的設備。此外，在阿德里安的安養中心，除了應有的完善設備外，該中心外邊是一片相當寬闊，佔地一百五十英畝的花園，除了玫瑰花園、人工噴泉，還有他們夫婦悉心規劃的菜園，更可讓老人們能享受田園之樂，並可活絡筋骨。

CQC中心的居民仍以附近美國人為主，但他們希望將來有機會服務華人同胞，曾經有人與楊逸鴻接洽，在全美各地設立連鎖經營的可能性，甚至於延伸到中國大陸、台灣等地區之構想，她亦有此憧憬，但她表示最重要的，是服務品質的保持，這將比中心的不斷擴充還重要。經過三十年後，夫婦兩人因為努力認真工作；成果有目共睹，如今楊女士已經成為兩岸三地銀髮產業在正式實作、經驗傳承的第一把交椅，每趟返台應各大醫院講演、擔任照護中心顧問及教授級款待，和我們總是匆匆小聚，我以他們的成就為榮。

第五章

傳承珍珠精神，成就企業生命力

——惜才、惜緣、惜福、惜寶

我們虛心謙和的把自己當作珍珠，接受刺激、挑戰，激發珍珠般的溫潤光華，以珍珠精神活出生命精彩，這也是來自澎湖子女譜出的家族生命之歌。每個人或多或少，都扮演我生命中的貴人，凡事對人均持正念，自己光照全體，雨露均沾，福氣被人，大家就會持良善之念，慈眉善目，自然顯現，祥和社會就會帶動工作和經濟，社會自然發展有未來，充滿希望。

無論是加入扶輪社或是崇她社，在每一年或每一次的國際年會或地區年會，都會有一個流程，是為當年度或雙年度的往生社友或社姐們默哀一到三分鐘。

在二〇一七年的三四八〇地區扶輪社年會手冊上，我看到了台北大安社的和成欣業總裁邱俊榮 Tony（社友），也是我們台灣優良設計協會的創會理事長，已於二〇一六年十月一日往生了。

成長、傳承與感恩

我再閱讀邱總裁為慶祝和成八十週年出版的《淬鍊：點土成金的創新與智慧》一書，心中更是澎湃萬分。如何從鶯歌的六人小窯場，到員工逾千人的上市企業；如何從傳統的居家器具，跨足到時代尖端的科技陶瓷；從首屈一指的國產品牌，成為享譽全球的品質標誌，揭開了和成欣業走過八十年歲月的經營傳奇。邱總裁俊榮創會理事長待我如晚輩，我最欣賞他的為人親和力十足，又超有幽默感。

當和成還沒有遷移總部至內湖前，是和我們大東山在南京東路上比鄰而立。一九九八年創會之初，我剛由國外返台，他一路訓勉鼓勵我，我們一群獲得台灣優良設計獎的優質廠商，於一九九九年共同出資創立了「台灣優良設計協會」，近二十年來草創台灣新一代設計競賽，從無到有，直到和台灣設計創意中心共同主辦，我於二〇一一到二〇一四擔任台灣優良設計協會理事長後，工業局將此競賽更改名稱為「金點新秀設計獎競賽」（Young Pin Design Award），病在二〇一五到二〇一七年擔任輔導理事長，至今我已經是榮譽理事長。卸下戰袍，我知道我的責任未了，直到二〇一七年中小企業處結合了資策會，提供了一個小小的計劃案，參與一〇六年度優化服務型中小企業多元創新群聚整合輔導計劃：「點石成金，文藝青年1＋N群眾」。

帶便當盒去做公益

我常被姐妹們戲稱：自己帶便當盒去做公益，服務業外比本行更認真，我們極少做伸手牌，也不向公家取資源，只有贊助獎品出獎金給年青人鼓勵，沒有想到有一天還到擔任領頭羊的角色。

和成欣業創立於一九三一年，八十年三代家族企業的經營，誠屬不易，我個人最激賞她跨越貧窮的第一步，從前人篳路藍縷的創業過程，累積創新研發進軍國際的本錢，還要建立不計成本的尊榮服務品質。我更觀察到她上市後的考驗，不斷推陳出新的產品組合，不景氣下如何度過難關，如何讓藝術和建材結合，發揚陶藝文化，凝聚了台灣鄉土意識的本土音樂人文。而第三代接棒後，更要打造衛浴空間的新文化，我喜歡和成刻苦耐勞的精神和大東山如同一家，而「小富由儉，大富由命」，他們儉樸的精神，做事一步一腳印，按部就班，踏踏實實地進行，兄弟姐妹「分工不分家」的良善風氣，值得效法。全方位的營運策略，和成和大東山都是與台灣經濟共同成長，再創無限未來，我近身觀察並在邱總裁身上學習到的，不止是他養生的智慧，也有他保有台灣社會大家族傳統精神的命脈傳承和人生服務態度。

多年前，我甫回國時，曾接受教育電台記者丁舜怡訪問，當時我說道：記得在我們小的時候，就對澎湖老家前、祖先留下的對聯印象深刻：上聯是「惟善為寶」四個字，對聯是「不需著意求佳景，自有奇逢應早春」，這也是一生刻苦耐勞的父母親，含辛茹苦把我們拉拔到大，發展到今天的大東山珠寶事業，可以在國際市場上揚眉吐氣，最典型的寫照。

這個對聯無形之中，給了我們許多啟示，因為人生在世，不能只為求名利，但是「命中有時終須有，命中無時莫強求」，而且人在做，老天在看，凡事只求盡心盡力，自有菩薩隨時保佑。

大東山也就是憑著這種特殊的文化背景，一直持續下去，縱使有些事情未能盡如人意，但是在這個祖傳下來的精神感召之下，儘管所有家族成員大家身處世界各地、或只是同仁關係，仍能透過各種科技通訊往來，維持相當好的「一家親」關係。

凝聚員工向心力，大夥一家親

我們十一個兄弟姊妹（我是老么），在父母親成功的教誨之下，已將國際性的大東山經營得有聲有色，像三個哥哥和姊姊們都分別在美國、大陸、台灣，乃至世界各地各據一方，大哥曾負責海南島珍珠養殖場，二哥、三哥、五姊都在紐約，其中二哥呂明鑑還擔任美國華人珠寶公會理事長；另外五姊在康州、六姊在夏威夷，同時以全球產銷貫通連線方式，從過去批發、外銷導向，發展到今天轉向內銷、消費普及化和導覽教育的作法。

回顧這幾十年來，大東山企業家族的歷史轉換沿革，是從五〇年代成立的萌芽期，到六〇年代OEM美國拓展期，再進入七〇年代的品牌行銷（多品牌）期，八〇年代拓展到機場免稅店，到了九〇年代更進入航空郵購智慧成熟期，如今到二十一世紀，這些都是兄弟姊妹奔忙於世界珍珠會議、以及各地演講、珠寶業界專業展會所發揮的功效，而且是大家同心，共同踏上國際專業舞台上所得的成果。

在產品發展方面，除了珍珠朝向多樣化、設計開發新產品之外，由於大家有心將父親生前致力推廣的珊瑚消費繼續拓展下去，我們更致力於「國寶」珊瑚的推廣。

也是因為大家「一家親」（彼此有如一家人）的同事感情，所以相互之間的凝聚力特別強，每位員工也都把祖先傳下來的大東山，當作自己的家和事業經營，踏著前人「惜才、惜緣、惜福、惜寶」的腳步，大家都能夠知足常樂地過著前資政謝東閔的養生哲學「青菜豆腐保平安」的日子。

基本上，大東山母體還只是一家中小企業，和台灣大多數家族企業一樣，集結一群人的力量，結合上下游的共同努力，打造一個產業鏈。我個人則多年從事公共事務和社團，因緣際會接觸到許多企業主或是社會菁英，或點頭請益之交，或惺惺相惜，或深交，或忘年之交，我都汲取別人寶貴經驗，欣賞他人之優點，努力學習其長處，補足自己在學業與事業之不足。每個人或多或少，都扮演我生命中的貴人，依此信念，每一天，我們就當成是生命中最珍貴的每一分、每一秒，就不會埋怨不足，責怪他人，或是負面思考，凡事對人均持正念，自己光照全體，雨露均沾，福氣被人，大家就會持良善之念，慈眉善目，自然顯現，祥和社會就會帶動工作和經濟，社會自然就有未來，充滿希望了。

譜出家族生命之歌

就像華蕙姐和華娟姐在前面的推薦序文所說的，珍珠的精神其實與人生歷程是極為相似的，當珍珠母貝在生長過程，遇到細微砂粒雜質竄入殼中膜內，受到刺激殊感不適，慢慢增生並日益增大，隨著歲月漸漸形成一顆蘊潤光華的珍珠。我們一路從養殖、加工、生產、到品牌，從澎湖、台北、梅西百貨、美國第一夫人到五湖四海；感謝所有我們人生中所發生過的考驗，走過半世紀，我們依然謝天感恩，感謝這一路上老天爺賜予的考驗，感恩在家族事業轉彎處所遇到的貴人，讓所有天意，都變成最祝福的美意。

「大東山」是當年父親歸零後讓家業東山再起的奮發初衷，更是家族齊心守護的共創共榮，我們虛心謙和的把自己當作珍珠，接受刺激、挑戰，激發珍珠般的溫潤光華，以珍珠精神活出生命精彩，這也是來自澎湖子女譜出的家族生命之歌。

平日工作忙碌，現在孩子們都漸漸地成家立業了，我常常和孩子們一同選片，在週末晚上，一同看電影，針對電影內容，一起共同討論，訓練孩子們的思考邏輯和人生觀。

有一天，兒子立品推薦印度片《我和我的冠軍女兒》，我和立品及華蕙姐三人，一同前往華山文創影城，看完全片，兩人熱淚盈眶，一個父親對女兒們的殷殷期待，希望她們都是為國爭光的世界高手，訓練過程的千辛萬苦，讓我們回想到我們父親，當年是如何讓我們曝露在一個共同學習的環境下，他告訴我們象的家族是故意把小象踢到泥淖中，讓小象在翻滾、掙扎中，練就一身好功夫，才得「轉大人」。

我們不也是這樣子成長，互相提攜，走過來的嗎！

後記

二〇一七年九月十二日，在福氣扶輪社八位社友：黃俊豪、賴金山、黃世澤、周玟琪、歐陽妡宜、柯依萍、謝水樹、念恩和山導徐暘的共同激勵、努力下，我們一同挑戰三九五二公尺的台灣第一高峰玉山，九位攻頂成功。我的六姐華蕙說：真是不可思議，我相信，未來仍有許多工作尚待我們一同攜手完成。

九月二十三至二十五日，我們台北福氣扶輪社，在澎湖故鄉特邀請澎湖主辦二〇一八年世界最美麗海灣國際組織年會的總舵手呂慶龍前大使（也是我們的榮譽社友），來作整場的第六次澎湖海洋文創論壇，當晚我們台北福氣社和馬公社、澎湖社及嘉義玉山社的聯合例會中宣佈，福氣社和馬公社締結友好社。接著在十月四日至九日，福氣社一行二十人的夏威夷之行，和華蕙姐 Waikiki Club 締結姊妹社。

回憶起九月二十四日扶輪社的植樹活動，在社友與輔導顧問與眾姐妹們的支持下，達標完成扶輪宗旨植樹環保愛地球，以及打造愛與關懷的人文世界，參與的社友都十分高興。

因為澎湖主辦二〇一八年世界最美麗海灣國際組織年會，讓我們串起「美麗海灣年，福氣萬萬年」的訊息，希望每位閱讀我生命故事的讀者與福氣家人們都能一起走訪澎湖，如果在林投公園的某個景點上，看到福氣社植樹立下的基石、由大東山所敬贈的台灣墨玉，希望大家會有會心的莞爾一笑，那麼，您的福氣就會源源不絕。

專題特寫

搭起台北與夏威夷友誼的橋樑

——台北福氣扶輪社與5000地區夏威夷扶輪社締結姐妹社、簽約及訪問團精彩分享

文／呂華苑（P Pearl）

二〇一七年十月四日到九日，我們在IPDG Kevin 賢伉儷為總團長和 CP Daniel 領導下，我們一行共十九位福氣家人，赴夏威夷成功完成和5000地區Waikiki Club 締結姐妹社工作。每位家人全程自費並在精簡服務、榮耀福氣社為前提下，各位家人們效法IPDG Kevin 有情有義的精神，感恩夏威夷5000地區對台灣屏東武潭國小原民孩子們的愛與關懷，我希望我們一路上是快樂的，是平安的，是感恩的，是有情有義的。

最特別感謝的是，我們台北福氣扶輪社（Rotary Club of Taipei Fortune）一行，在今年共同渡過了兩個中秋佳節和兩個國慶日，尤其是最特別感謝中華民國外交部邀請參加國慶酒會.

我們一行要特別感謝華蕙姐（Flora），姐夫 Tim 及夏威夷朋友們：王艷阿姨、Mary、Tony、Ian、Grace 與Nora 姐們的幫忙，您們真的是夢幻團隊，讓我們有一個美好的旅程。謝謝你們的服務，很感動及榮幸能夠與大家，渡過一個幸福的夏威夷五天最有意義的旅程，感恩不盡。

當地友人們表示：「檀香山是各位的另一個家，隨時歡迎大家的來到，我們服務的範圍，越來

越大，心就越寬廣，人生就更美妙。再次謝謝哲安兄弟及眾美女姊妹，來到檀香山投入公益服務，同時也謝謝福氣扶輪社社友，在夏威夷留下正面健康的能量，太感動了，感動在夏威夷每一位遇到的新朋友，這是最棒的國民外交，相信台北與夏威夷兩地的交流，將會更密切而頻繁。」

附錄

從台灣走向世界舞台、推廣故鄉澎湖與國民外交

以海洋資產打造的獨特工藝，不但將大東山推上國際，成為前美國第一夫人蜜雪兒．歐巴馬、已故前英國首相柴契爾夫人等人愛用飾品，更促使呂華苑、呂華蕙姊妹兩人，遠赴索羅門群島，舉辦「海洋創作」手工藝品研討工作坊，再次完成一趟橫跨太平洋的海洋外交。

讓世界看見澎湖，也讓澎湖看見世界這個話題，兩者實是互為表裡，二〇一八年世界最美麗海灣國際組織年會，在澎湖舉行，藉由舉辦大型國際活動，是讓世界看見台灣和澎湖的好方法，因為藉由活動的知名度，可以讓世界目光聚焦台灣和澎湖。

享譽國際的台灣品牌「大東山珠寶」，是全球最大珍珠和珊瑚供應商之一，這個龐大的珠寶王國發跡於澎湖小漁村，創辦人呂清水一生大起大落，卻能東山再起，如今十一個子女與後代散居世界各地，堅持不分家，傳承第一代的拚戰精神，立志將台灣精品走入世界舞台。

附錄I

由文創設計到觀光服務之路：二〇一八年世界最美麗海灣國際組織年會，在澎湖

世界最美麗海灣組織主席古爾（Galip Gur）表示，澎湖海灣有獨特之處，無論是人民或澎湖縣政府還有整個城市都努力付出，支持讓澎湖海灣成為世界最美麗海灣，他希望澎湖未來能在旅遊和環保之間取得平衡點。

以行動帶動澎湖，塑造美麗海灣形象

文／張弘光

旅台鄉親、大東山珊瑚寶石股份有限公司董事長呂華苑回澎湖演講，她說：要以行動來帶動澎湖，塑造美麗的海灣形象。縣府應該號召澎湖所有旅外鄉親參與，吸引更多人才回鄉投入，積極推動二〇一八年世界最美麗海灣國際組織年會籌備工作。

呂華苑說，二〇一六年台北市有世界設計之都（The World Design Capital，簡稱ＷＤＣ）及二〇一七年世界大學運動會的舉辦。台北市長柯文哲是澎湖的女婿，當年縣長選舉時，陳光復縣長

與柯文哲市長有密切互動，澎湖應該掌握機會與台北市串聯，為澎湖世界最美麗海灣國際組織年會做熱身行銷。

最近縣府、澎科大有意把台北辦公室，設在緊鄰國父紀念館的台北市澎湖縣同鄉會會館，這作法不僅可以服務鄉親，也可以透過該據點加強與台北市政府聯繫吸引更多國際元素，她認為，此事已經迫在眉梢，要趕快加把勁。

二〇一六年是澎湖的「城市淨化年」，縣府團隊發揮專業，主動出擊，展現新氣象，活力動起來，把縣政做得更好，讓澎湖更進步。以環境美化為主軸，包括社區美化、海灘淨化等競賽，鼓勵民眾自主參與社區總體營造，讓舊社區也能煥然一新。

呂華苑說，為二〇一八年世界最美麗海灣國際組織年會籌備，縣府可以思考拋出「美麗海灣年，幸福萬萬年」的目標，由下而上凝聚共識。她說，據了解，年會籌備工作，目前縣府團隊在副縣長林皆興領軍下正積極啟動，他建議執行者可以引進民間國際社團積極參與。

例如二〇一六年是北醫大楓杏服務團到澎湖服務，規模也是歷年來最大，近二百位醫護人員和北醫學生，在八月六日到十四日期間巡迴澎湖各村落活動中心，由各類專業醫護人員，提供醫診、牙診及藥務諮詢，在活動中也創造吃喝玩樂旅遊收入，吸引社團與企業參與。現在臉書發達，只要是有意義的活動，很容易透過 FB 號召大家共同參與。積極運用有因才有果的企畫概念。

另外在年會期間，有近千名國際內外貴賓來到澎湖，所以活動動線重點要遍布全縣五鄉一市，讓各鄉市都有景點與活動與年會串聯，使每鄉市都是活動的主角，透過活動讓民間鄉土藝術、文化、生態、保育各行各業共同參與，而且要有國際化溝通能力，讓外賓們知道，澎湖為塑造世界最美麗海灣形象的努力。

只要確定目標，這些行動馬上就可以開始運作，一邊做一邊修正，經過磨合就能拿出可觀的成績，澎湖要增加競爭力，旅遊國際化，從事人員素質提升，環境優質化勢在必行。（摘錄自《貝傳媒》，二〇一六年九月一日）

讓世界看見澎湖，也讓澎湖看見世界

文／陳正筆

二〇一八年將由澎湖主辦世界最美麗海灣國際組織年會，因此日昨國際扶輪三四七〇地區馬公扶輪社例會，特別邀請到前水族館館長、大東山珊瑚寶石股份有限公司董事長的澎湖女兒呂華苑社友，專程回來發表感恩專題演講。呂華苑同時也是台灣優良設計協會輔導理事長、國際崇她台北一社社長。

呂華苑表示，讓世界看見澎湖，也讓澎湖看見世界這個話題，兩者實是互為表裡，我們在台灣，二〇〇九年有高雄世運，二〇一六年台北市有世界設計之都（The World Design Capital，簡稱WDC）及二〇一七年世界大學運動會的舉辦。藉由舉辦大型國際活動，也是讓世界看見台灣和澎湖的好方法，因為藉由活動的知名度，可以讓世界目光聚焦台灣和澎湖。

無論是出國參與國際活動，還是主辦國際活動，要能夠發揮作用，都必須要有足夠的人力和資源投入，更要有環境氛圍的營造及橫向縱向的連結配套，才能產生加乘效應，讓投入的人力智慧和投資的合理生和價值充分顯現。主事者任事的認知，態度，決心和魄力，以及社會全體的共識，將會是活動成敗，相當關鍵的因素。

身為澎湖出生的女兒，呂華苑旅美十年，歸返台灣二十年，曾經在澎湖水族館服務三年的寶貴經驗深深認為，舉辦大型國際活動的目的和意義，並不是為了辦活動而辦活動，也非放煙火般的嘉年華會，更迫切的是要能夠利用舉辦大型國際活動的機會，一方面匯集優秀的人才，形成跨領域的通力合作，另外一方面，更要透過專業的組織的與動員過程，讓在地人民可以藉由過程中共同參與學習，培養並改變意識與思維，從而推動社區、城市在地的新趨勢，和開展新階段。

世界最美麗海灣組織主席古爾（Galip Gur）表示，澎湖海灣有獨特之處，無論是人民或澎湖縣政府還有整個城市都努力付出，支持讓澎湖海灣成為世界最美麗海灣，他希望澎湖未來能在旅遊和環保之間取得平衡點。（摘錄自《澎湖時報》，二〇一六年八月二十六日）

專題特寫

澎湖加入世界最美麗海灣組織推手，前駐法國大使呂慶龍：是扶輪社的緣份促成

文／廖璟華

前中華民國駐法國代表呂慶龍用法文演布袋戲行銷台灣轟動全法國，是澎湖加入世界最美麗海

灣組織的重要推手。他將在四月七、八、九日三天，受邀訪問澎湖。

這是應陳光復縣長執政團隊的邀請，以及馬公扶輪社從中協助聯絡，呂慶龍大使得以在退休之後，首次來拜訪，他主要是將發表演講，並以他駐外經驗，傳授行銷台灣澎湖灣的想法，而獲得消息的中央廣播電台，也將有法語組記者陪同前來，據悉，這名記者是法國人－Marie Genries，他將把呂大使在澎湖的行程採訪，並將新聞對法國發布。

蹦啾！澎湖

四月七日一連三天，第一天除拜會陳光復縣長外，呂慶龍大使將在縣府工策會舉行專題演講。

第二天，呂慶龍大使在旅遊處安排下，在蒔裡國小參加「蹦啾！澎湖」，「蹦啾」是法文Bonjour的同音字，中文是「您好」的意思。這場聚會將有旅居在澎湖生活多年的法國人與其他各國國際人士、澎湖的馬公扶輪社等國際社團、蒔裡社區地方居民等多人參加，而這場聚會將以台灣人發明的「木球」與法國「滾球」的聯誼球敘，蒔裡國小正如火如荼練習的法國民謠歌舞，也會在當天表演。

第三天，呂慶龍大使安排與澎湖的老朋友相見歡，他表示，當年為了爭取澎湖加入世界最美麗海灣，在法國接待過不少澎湖的朋友，因此，他難得可以來澎湖一趟，想利用第三天即將回台北的前夕，見見當年一起為澎湖奮鬥的老朋友。

「世界最美麗海灣組織」（The Most Beautiful Bays in the World, MBBW）成立於一九九七年，總部設於法國中部Vannes市，創立人Jean Manquat，為聯合國教科文組織所支持之NGO組織，宗旨為致力推動保護全球海灣天然與文化資源。目前該組織有三〇個國家共三十九個海灣加入，包括美國舊金山灣、中國大陸青島海灣、越南下龍灣等。

行銷台灣　布袋戲當敲門磚

呂慶龍近年從外交部退休，但是生活依然忙碌，大學講課社團邀約不斷，這次獲澎湖縣政府邀請與澎湖鄉親會晤，他將與大家報告些許有趣的經驗。

他談起當年扶輪社及世界最美麗海灣組織串聯經過，沒想到這次他訪問澎湖，也是因為馬公扶輪社前社長陳明山（現任縣府工策會總幹事）最早開始聯繫。陳光復縣長是澎湖扶輪社社友，夫人吳淑瑾是馬公扶輪社的社友。

呂慶龍說，二〇一二年，他爭取到讓澎湖加入由聯合國教科文組織（UNESCO）所支持的國際非政府組織「世界最美麗的海灣」。該組織規定，各國只有一個地方能入選會員，台灣在聯合國被歸為中國的一部分，而中國已有青島加入，所以澎湖連年被擋在門外。

二〇〇九年，呂慶龍前往法國西部維尼斯市對扶輪社社員演講，會後他碰上該市觀光處執行長布宜諾，閒聊後竟發現，布宜諾同時身兼「世界最美麗海灣」組織執行長。

接下來三年多，他想盡辦法跟著布宜諾到河內、塞內加爾等地開會，不斷遊說讓台灣加入，表達「絕對不會放棄」的決心，終於讓布宜諾破天荒修改章程，避開敏感的國籍爭議，澎湖因而順利入選。呂慶龍說：「那天我是全世界最快樂的人！」

台灣外交處境艱難，不僅國際空間面臨打壓，在非邦交國開展關係，也有諸多困難要克服，駐外人員通常各自有一套行銷台灣手法。有四十二年外交經驗的前駐法代表呂慶龍，就以法文撰寫劇本、融合台灣布袋戲文化，讓法國人一窺台灣的傳統文化。

呂慶龍表示，當年為了讓法國人更快速了解台灣文化，他選擇以布袋戲偶向法國介紹台灣。談起四十多年的外交經驗，他說「三天三夜也講不完」，雖然台灣外交處境獨特，但他始終抱持著

「只要了解台灣，就會愛上台灣」的想法，推廣對外關係。

呂慶龍表示，為了讓法國人更快速了解台灣文化，他選擇以布袋戲偶向法國介紹台灣，除了布袋戲偶是台灣獨有文化外，劇本對話沒有固定腳本，大多考驗臨場反應，在呂慶龍一口流利法語中，彷彿能看見他每回在台上生龍活虎表演的功力。

提到自己的外交生涯，呂慶龍更是眼睛一亮，他說，自己相信「敲門哲學」，也就是只要有機會就該去嘗試，呂慶龍說，正因為台灣外交處境艱難，「做出東西，才是最重要的」。

（摘錄自《貝傳媒》，二〇一七年三月三十日）

專題特寫

齊柏林最後空拍澎湖影像

——海岸線到處海漂垃圾的景象

文／張弘光

二〇一七年六月十日齊柏林導演、得力助理陳冠齊以及凌天航空張志光教官，於花蓮為《看見台灣II》執行空中拍攝時，不幸罹難，此事傳到澎湖，造成地方很大的衝擊。事實上，齊柏林離開公職，進行空拍志業，就與澎湖結下不解之緣。

一九九九年，齊柏林就受農委會委託到澎湖拍漁港，「剛開始拍澎湖，是利用航空公司後送病患的機會，跟著去，再匆匆跟著回來，零零星星地拍。」齊柏林生前接受媒體訪問時，這樣形容自己與澎湖的開始。為了空拍澎湖，還將存了六年的百萬元保險解約，花兩天時間把這些島嶼空拍記錄下，並讚譽澎湖是美麗的海上珍珠。

美麗的海上珍珠

澎湖縣政府第一位與齊柏林接觸的人，是現任縣府參議洪棟霖。他說，約十一年前，當年他在旅遊局長任內，有一天收到一封電子郵件，內有附件是澎湖的無人島西吉嶼的高解析度空拍全景。西吉神秘的面紗有了清楚完整的呈現，立即吸引人注意到澎湖群島之美。

再進一步聯繫寄信人齊柏林的想法，經過多次溝通，於是大力推薦齊柏林為澎湖群島進行完整飛行空拍的計畫，讓澎湖群島之美全盤呈現，空拍後請洪國雄、歐銀釧等了解澎湖地理文化的專家，為每一場景撰文介紹澎湖每一島嶼。

洪棟霖說，當時齊柏林辭去公職，全然投入台灣環境觀察記錄拍攝的志向，《飛閱澎湖》是更早於《看見台灣》的專案，澎湖是很早期就與齊柏林展開合作的政府單位。

美得令人心醉

齊柏林在《飛閱澎湖》中，描述從空中看澎湖的海，有很多層次的藍，時而透徹、時而深邃，美得令人心醉，那是在台灣無法看到的美。尤其北海較淺，從飛機上就可透視到海中的珊瑚，甚至較大的魚，很有趣。

尤其發現有好幾個島，整個島都是柱狀玄武岩，例如查某嶼、錠鉤嶼，很像上帝遺落在台灣海峽的樂高積木。澎湖另一個特點是燈塔、燈標特多，跟著燈標飛，應覺就像高速公路上的分隔柱。

澎湖的石滬也很有特色，從空中還看到有長得像皮卡丘形狀的石滬，太可愛了。從空中看石滬，看到的是線條，到地面上才能感受到石塊之巨大、堆壘之艱難，在在充滿先民的巧思智慧，這是齊柏林在《飛閱澎湖》書中留下對澎湖的讚嘆。

家園正面臨的危機

但是因為缺贊助，加上拍攝直昇機無法越海飛行，所以這次《看見台灣》影片裡沒有澎湖部分，這是齊柏林與澎湖的遺憾。二〇一三年十二月《看見台灣》上映，初期片商還沒有在外島澎湖的戲院上映打算，十二月三日齊柏林導演參加了一場最為特別的映後座談，就是一群由澎湖七美國中來的學生，乘坐了包含陸海空，三種交通工具，千里迢迢、跋山涉水到達了台北來觀看《看見台灣》，在電影放映之後，齊柏林導演的現身，也讓學生們報以熱烈的掌聲與歡呼。

也因為這項特殊安排，齊柏林在前馬公市長蘇崑雄安排下，二〇一四年一月二十三日齊柏林把《看見台灣》這部片公益放映的第一站設在澎湖，當時吸引一萬二千人免費觀賞。首場放映時，齊柏林面對觀眾說，澎湖是個美麗的島嶼，但在拍攝影片當時，因面臨技術及經費問題，無法跨海前來澎湖空拍美景，實為遺憾，現場鄉親對他的誠意都報以熱烈的掌聲。

齊柏林剛開始從公務員轉變投入空拍事業，接著投入設備，提升空拍美景的效果，在《飛閱澎湖》時，他的層次是介紹美景層次，但是到《看見台灣》時，他已經蛻變成一種新視野。

《我的心，我的眼，看見台灣：齊柏林空拍二十年的堅持與深情》一書，寫出齊柏林改變的初衷。齊柏林說：在八八災變後直升機許可飛行的第一天，他就租機進入災區，「那景象讓我嚇到了，我以前拍攝的土石流崩塌規模，不過是風災目擊規模的一丁點而已」。

看到這樣的景象，齊柏林心痛不已。深深覺得，這樣的記錄工作不快點做，可能以後也就來不及做了。「我們只記得災難來臨的慘烈狀況，卻從未從頭去細究，何以災難會發生？他覺得，紀錄工作的意義，不僅是單純記錄台灣這片土地的景色、樣貌，還能進一步去觀察和警戒環境災難，」齊柏林在書中敘述。齊柏林說這是他拍攝《看見台灣》的動力。

在齊柏林生前最後階段，他空拍澎湖影像，已經不再是漂亮的美景，而是澎湖海岸線堆積的垃圾。齊柏林是用他的生命告訴我們，美麗的家園正面臨的危機。

（摘錄自《貝傳媒》，二〇一七年六月十五日）。

備註：

依國際海事組織（International Maritime Organization, IMO）分析結果，海洋污染來源約有四十四％來自陸上污染源，三十三％來自大氣傳輸，十二％來自船舶污染，十％來自海洋棄置，一％來自海域工程。

根據資料統計，全世界總量一億五千萬噸的海洋廢棄物，其中七成以上都是民眾日常生活中最常使用的吸管、塑膠外帶杯、塑膠提袋、塑膠包裝容器、免洗餐具等，讓我們的海不再純淨，而是塑膠濃湯；沙灘不再潔白，而是遍地垃圾；餐桌上的海鮮不再新鮮，而是塑膠碎片；海龜吃的不是水母，而是塑膠袋。

澎湖的海洋垃圾，不是單純發動志工海灘淨灘就能解決的問題，其中還涉及這些垃圾的終端處理。根據縣環保局統計，馬公地區每天約產生五十六噸的垃圾量，一個月平均量有一六八〇噸左右，夏季觀光旺季時期，每個月平均多出十噸垃圾，目前全是委外焚燒，每噸垃圾焚化費用本來是每噸四五〇元，今年漲至一千五百元，但是如果包括垃圾外運的運輸費用，每噸處理費用高達三千六百元，而澎湖是離島，外運垃圾還得看老天的臉色，若天候不佳，還會產生垃圾滯留危機。

（摘錄自《貝傳媒》，文／廖環華，二〇一七年六月十五日）

附錄II

整合澎湖在地海洋文創資源，開創新契機

澎湖早在五十年前就有貝殼加工文創產品出現，後來引進台灣成為熱賣商品，因此希望將經濟部資源帶進澎湖，借助國家之力讓澎湖在地的海洋、原住民等文創資源整合，激盪更多的創新及合作機會。

大東山文創基地樂活人文之家、大東山珊瑚寶石股份有限公司、湖西鄉公所於四月十八日共同舉辦「二〇一七澎湖海洋文創設計論壇活動」，吸引數十位在地文創藝術家、產官學界代表參加，進行零距離的創意碰撞與思維交流，透過創意交流、經驗分享、凝聚共識，一起關心故鄉發展，尋找澎湖未來藝術文化及觀光產業之展望方向。當天主辦的大東山集團姐妹花呂華蕙、呂華苑，也邀請財團法人資訊工業策進會產業推動與服務處專員日嘉瑜，為在地業者說明經濟部中小企業處推動「點石成金·文藝青年1＋N群聚」計畫，盼推動群聚跨業合作創新商業模式建立，將澎湖文創升級轉型，開創新契機。

海洋文創設計論壇，湖西交流

文／鄭家瑜

海洋文創設計論壇主持人呂華苑致詞表示，澎湖早在五十年前就有貝殼加工文創產品出現，後來引進台灣成為熱賣商品，因此希望將經濟部資源帶進澎湖，借助國家之力，讓澎湖在地的海洋、原住民等文創資源整合，激盪更多的創新及合作機會。

首先議程由資策會專員日嘉瑜說明「點石成金．文藝青年1＋N群聚」計畫，並準備申請書提供有意願的職人工藝家、珠寶設計師、文創商品創作者、資訊服務業者、通路平台行銷業者等單位加入。日嘉瑜表示，此計畫將開放設計平台運用方式、引入職人工藝師經驗讓新銳設計師學習的機會，傳承工法與技藝，為設計品牌時尚產業注入國際競爭力，啟發新銳設計師以具台灣地方特色內涵重新審視設計視野，多元地思考提升設計能耐，同時為在地業者吸引國際觀光客與贈禮客群關注，加速與商業市場接軌。

為把握時機，主辦人呂華蕙特別在中午換場休息時間，安排手作串珠項鍊、手鍊製作，希望藉由在地青年文創藝術家發揮創意的製作交流過程中，彼此撞擊產生美麗的邂逅。

家園在你血液中

下午論壇由夏威夷大東山珊瑚寶石博物館呂華蕙館長開場，及銀色種子執行長周郁萍、商奇整合行銷執行長白啟昌、旭傳媒總編輯左承偉、澎湖縣政府參議洪棟霖、大東山珊瑚寶石有限公司董事長呂華苑等六位產官學專家，分別從不同行業的專業角度提出精闢見解，包括「珠寶與人生這一章」澎湖美人魚文創源起和分享、「女力天下」談婦女小型創業之眉角與經驗分享、「兩岸文創一二三」以茶文化為例、「年輕世代新旅行」旅行是為了跳脫舒適圈、「澎湖國際合作發展的新未來」、「國際婦女手工藝推廣與南太平洋國民外交經驗分享」等議題，共同分享對海洋文創發展的前瞻性看法。

呂華蕙從高中時期離開澎湖，住在夏威夷長達半世紀，卻在偶然間，聽到一句「家園在你血液之中」，讓她下定決心五十年後回到澎湖、深耕故鄉，她以「珠寶與人生這一章」分享澎湖美人魚文創源起，就是希望在人生另一階段回到澎湖貢獻畢生所學，將技術帶回澎湖，幫助在地青年文創子弟，並分享夏威夷州政府如何行銷夏威夷島的觀光、旅遊、會展等技術層面，精彩演講也獲得在場文創青年讚賞和掌聲。

姊妹倆有志一同，壓軸演說的呂華苑長期透過手工藝創作，幫助台灣推廣國民外交，曾多次走訪馬紹爾群島，二〇一六年十一月前往所羅門群島深受地方民眾熱烈歡迎，預計下一次將走訪帛琉，卻也讓她反思，為何不回到故鄉分享，而決定舉辦創意論壇，分享不用金錢、全民都能做到的外交新模式。

（摘錄自《澎湖日報》，二〇一七年四月十九日）

馬高傑出校友呂明鑑，湖西鄉藝廊書法展

文／陳正筆

榮獲二〇一七年度馬公高中傑出校友獎的大東山珠寶集團世家子弟呂明鑑，應邀將於六日起在湖西鄉公所二樓文化藝廊，舉辦書法特展。

呂明鑑，湖西鄉龍門村人，在十一個孩子中排行老八。父親大東山創辦人呂清水早期在澎湖以捕魚起家，不同於一般漁民，當年可是澎湖水產學校第一屆第一名畢業生，聰明靈活的呂清水懂得如何以更有效率的方法來捕魚，把漁船組裝馬達，提升漁產技術，裕隆公司還委託他成為澎湖區的「裕隆馬達」代理商。由於為人豪爽，講信重義，僅三十六歲就當上澎湖漁會的理事長，生意源源不絕，事業經營順利；巔峰時家裡有十幾艘漁船，開了海洋用品店，代理遠東漁網公司，經銷美國奇異燈泡、東芝漁船專用燈泡，甚至擔任了二屆縣議員。

半根香打天下

呂明鑑目前旅居美國紐約，被形容是一位迷人又充滿熱情與智慧的「厝味的人」，在異國從商之餘，不忘自己的國粹傳統文化，精勤於書法創作，並運用於服飾設計，深獲國際人士激賞，他尊重不同的民族、宗教與慈善團體，曾擔任美國華人珠寶商會美國華僑進出口商會會長，是臺灣之光，更是澎湖之光。

呂明鑑的成功不是偶然，與大多數的澎湖子弟一樣，都是帶著二串蕉和三點水的精神離鄉背

井，赤手空拳打天下，一九八四年九月一日紐約曼哈頓第五大道，呂明鑑在這裡租下一個辦公室，用一個玻璃杯裝了半杯米插上一柱香，向上天祈禱。這是呂明鑑從臺北到紐約發展的日子，九月一日就是「永久第一」的意思。

有人問呂明鑑之所以成功的因素，他以「半根香打天下」的精神來回答。他說開幕那天燒剩下的一截香，讓他獲得啟示，「當我拿著這半截香晃得夠快時，別人看到的就不是一個亮點，而是一片亮光，我是以速度來勝人家。」

這段看似玩笑話，卻饒富禪機禪意的事件，憑藉這種積極奮鬥精神，正是一個企業能夠在世界舞臺上，從無到有且發光發熱的神奇力量。

呂明鑑說，一塊石頭扔在地上是不值錢的，撿起來寫上字或刻上祝福的話語或圖案，就能夠換錢；不起眼的稻草竹子，做成手工藝品就能夠換錢；保存在博物館裡面的文物我們不能拿它來換錢，但是注入文化內涵的產品就能賺錢；如果一塊石頭寫上「愛」或是在一段竹子上寫「福」，就變成有價值的紀念品。

呂明鑑回憶說，珠寶生意做到今天的規模，最初的起點就是幾個年幼的兄弟姊姐們，將貝殼、珊瑚用小砂輪磨亮及弄出個形狀，然後拿到遊客多的地方賣錢，貝殼做的小鳥、烏龜、心形、天使、十字架、圓珠等，用繩子一穿就能換錢，工藝不精沒有關係，抽象的造型也許更受歡迎。

從最簡單、最容易獲得的材料著手，運用最質樸的思維，腳踏實地經營，終於發展成今天的跨國珠寶集團，這樣的歷程，堪值澎湖在地鄉親的借鏡與倣效。

呂明鑑是馬公高中第二十二屆畢業，美國華僑進出口商會理事長、美國華人珠寶商會理事長、世界珍珠協會創辦人、蘇州大學客座教授、美國珠寶學院顧問、二〇一〇年被聯合國列為五十位和平貢獻獎得主之一，現任紐約大東山珊瑚寶石股份有限公司董事長。

呂明鑑不僅是一位成功經營珠寶的商人，為人謙遜，這項定名為「福氣．上善若水」所展示的書法，率性的筆觸寫出很帥的字，時而溫文儒雅，也有龍飛鳳舞的奔放與大氣，字字蘊含禪理，是十分殊勝的作品。

（摘錄自《澎湖時報》，二〇一七年四月六日）

澎湖開拓館轉型——小城故事庭園咖啡館開幕

文／洪羅仁

澎湖開拓館有了新亮點，籌備一年多，由澎湖知名的藝術家及咖啡達人洪閒芸主持的「小城故事庭園咖啡館」，二〇一七年五月三日上午正式開幕。而由洪閒芸及大東山博物館館長呂華蕙小姐共同策畫聯展的「風的記憶：細說東山聯展」亦同時展出。展出的內容除了有洪閒芸精選的油畫外，亦包括呂家所珍藏的照片及珠寶。

已經有八十四年歷史的澎湖開拓館，前身為日本澎湖廳長官舍，臺灣光復後延續做為縣長公館。但王乾同前縣長之後的縣長不再入住，所以縣府將公館改以為開拓館，展出澎湖開拓歷史。陳光復就任縣長後，即指示文化局進行場館活化轉型計畫，經過一年餘的招商、整修，終於完成，並於三日正式開幕。

開幕活動由文澳國小打擊樂團及矢野先生的表演揭開序幕。包括議長劉陳昭玲、副議長陳雙全及多位議員、馬公高中校長黃肇國、藝文界人士等近百人參與。經過縣府團隊的努力，「風的記憶：細說東山聯展」及「小城故事庭園咖啡館」才能順利啟用，提供觀光客一個喝咖啡、欣賞文化藝術作品的地方，相信將來會成為澎湖旅遊新亮點。

開拓館是澎湖文化發源地，而且位於市中心，庭院花木扶疏，可說是鬧中取靜的好地方。若每天早晨在此喝杯咖啡，欣賞音樂和藝文作品，相信能讓每個人一天工作充滿能量，澎湖發展也會越來越好。

（摘錄自《貝傳媒》，二〇一七年五月三日）

專題特寫

關於呂華蕙的創作與人生

呂華蕙（Flora Lu）生於澎湖湖西良文港，十五歲去臺灣，三十歲到夏威夷。澎湖長者常言「離鄉不離心」，雖然長年在海外，但心繫心愛的家鄉。

做一件和自己興趣相同的工作，一輩子只會做一件事，那就是「珠藝創作」，使用大自然的寶藏珊瑚、珍珠、海貝、寶石等素材，加上巧思巧手創造出獨一無二的藝飾作品。戴上呂華蕙的設計，最能突顯女人的個性與信心，現任夏威夷大東山博物館館長、夏灣學苑珠寶創意老師。

出生在澎湖縣湖西鄉良文港，二歲搬到馬公，馬中初中畢業後搬到臺北，那一年十五歲，在臺北求學時半工半讀，創作珠藝是興趣也是謀生，三十歲移居夏威夷，結婚養育兒女，創夏威夷大東山博物館，除了常常回來高雄楠梓加工出口區的工廠設計生產之外，推廣臺灣的國民外交是興趣也是使命。二〇一七年承蒙同鄉洪閒芸妹的大力遊說之下，也將工廠遷移回澎湖，原本以為人生創作五十年，離鄉半世紀或許該有不同的計劃，沒想到一輩子是澎湖人，澎湖在她的DNA裡，所以決定回來了。

十五歲時貝藝師承澎湖老師傅郭春木先生及趙松田先生，祖父呂再成張漁網的印象給予技術突破的靈感，手藝承外祖母小時候摺紙、彩繪旗子的啟蒙，三D來自兒時冬至與母親捏雞母狗的經驗，色彩來自對大自然界的喜愛，生意事來自父親呂清水做人的大氣，因為兄弟姊妹多，擁有各式各樣的天然寶石為設計材料是非常幸福的，一輩子做自己高興的事，隨心所欲，稀奇古怪的變化，半世紀手作「可配戴的藝術」（wearable art），這次在澎湖開拓館的展出是分享更是傳承。

自喻為澎湖美人魚，在澎湖良文港海邊出生，望著臺灣海峽，想像這世界到底有多大多遠，十五歲游向海峽的北岸臺北，三十歲往東，游到太平洋彼岸夏威夷的檀香山，偶爾也游去馬紹爾及索羅門海域；出外半世紀後，又慢慢游回心愛的出生地：澎湖。

專題特寫

溫儒隨喜——鄉土藝術家洪閒芸

洪閒芸，澎湖縣湖西鄉隘門村人，一九五八年生，專業飲料調製吧檯師傅，現於馬公市民生路經營「蒙地卡羅咖啡館」，認識她的人都稱她為「洪姐」，溫儒隨喜的個性，在本地相當具有人緣。

洪姐在二〇〇二年由本縣知名畫家鄭美珠帶領進入油畫世界，雖然只隨鄭老師學習了十二堂課，即因老師有事而中止課程，但先天對繪畫的熱愛與後天不斷努力鑽研自學，短短十多年的時間內，作品即相當成熟完整，頗受各界人士喜愛，目前仍持續利用極少的空閒時間創作，每年均有數幅新作品產出。

二〇一五年先後在湖西鄉公所及馬公市公所展出攝影作品，有時也會教授手作藝品，創作領域似乎越來越開闊，而她也不滿足於現有的成就，仍不斷探索未知的領域，期望有新的發現。

身為澎湖女兒的洪姐，洪閒芸作品題材多以早期澎湖農家生活為靈感，灰牆、牛車輪、老窗、酸菜甕、菜瓜花、蕃薯簽糜（稀飯），一花一物間流露對家鄉澎湖的豐沛情感，呈現濃厚懷舊之感。

曾在外地打拚，最後卻還是選擇回歸故鄉的她，將生命的經歷轉化為一幅幅動人的故事，透過洗練的筆法，勾勒故鄉早期農家生活的單純與美好，儘管生活困苦、物資不豐富，但心靈卻無比滿足。

一如洪姐所說，「流浪過許多城市的我，每當秋風吹起，懷念的仍是那一鍋番薯簽糜，因為那是故鄉最美的滋味和孩提時甜甜的夢。」

附錄III

大東山璀璨閃耀——牽起海洋外交

遠在南太平洋的索羅門群島，是擁有近六十萬人、面積二萬八千多平方公里的國家。同樣的碧海藍天、熾熱艷陽、混著鹹味的陣陣海風，讓大東山珠寶集團董事長呂華苑、夏威夷大東山博物館館長呂華蕙，想起了她們的故鄉——澎湖。以海洋資產打造的獨特工藝，不但將大東山推上國際，成為前美國第一夫人蜜雪兒・歐巴馬、已故前英國首相柴契爾夫人等人愛用飾品，更促使呂華苑、呂華蕙姊妹兩人，遠赴索羅門群島，舉辦「海洋創作」手工藝品研討工作坊，再次完成一趟橫跨太平洋的海洋外交。

文／劉瑩楓

（轉載自《台灣光華雜誌》二〇一七年三月號）

大東山珠寶集團董事長呂華苑、夏威夷大東山博物館館長呂華蕙，千里迢迢飛抵距離台灣十多個小時航程外的索羅門，是二〇一六年七月一趟參訪行程所埋下的種子。

如珍珠串般的海洋外交

當時邦交國索羅門群島總理蘇嘉瓦瑞（Hon. Manasseh Sogavare）應邀來台，行程中特地來到大東山珠寶集團參訪。見到精湛的珊瑚工藝、享有國際盛譽的珍珠飾品，讓同樣來自島國的他留下深刻印象。返國後他念念不忘，透過外交部向呂華苑發出邀請函，希望舉辦工作坊，將大東山多年來的經驗，分享給當地居民。

為人海派的呂華苑聽聞消息，二話不說隨即答應，與旅美的姐姐呂華蕙前往索羅門。呂華苑帶著九大箱、一百多公斤的加工機具及珠寶串珠素材，和么兒謝立品一同從台灣出發；呂華蕙從夏威夷趕來會合。積極熱忱的呂華苑負責講解課程，而有一雙巧手、充滿創意的呂華蕙，則向工作坊學員親自示範貝殼及珍珠等的加工技術。

索羅門受限於加工機具取得不易，儘管坐擁豐富的海洋資源、有傳統手工藝品，卻少有加工飾品。工作坊中四十多位從索羅門各省挑選出的藝術創作者，本身極具美感天分，若有了加工技術的輔助，就更能做出精緻的飾品。

因此這趟行程，呂華苑、呂華蕙不但親自前往授課，還帶來四台加工機具。以往耗費大半時間打磨的貝殼，只要放上機器，隨即變得光滑晶亮；而必須敲敲打打才鑽得出孔洞的貝殼，有了打洞機的輔助，也變得簡單許多。學員初次見到機具充滿好奇，頻頻詢問，即使島上供電不易，也競相爭取設置機具。

「南太平洋的各個島國都擁有獨特、擅長的在地工藝，本身也擁有美感，缺的就是加工技術。」呂華苑說。此趟前來，兩人除了分享工藝加工技術，也鼓勵學員盡情發想、展現自身創意。因此，工作坊的最後一天，特地將時間開放給學生自由發揮，利用兩人帶來的材料，做出精美的首飾、項鍊。三天下來，台上、台下師生打成一片，「我是台灣的朋友」這句話，更時時刻刻掛在他們嘴邊。

兩人是應索羅門群島總理蘇嘉瓦瑞之邀才首度踏上這裡，然而以一顆顆貝殼、珍珠串起的海洋外交，卻早已不是頭一回。結束索羅門三天的行程，呂華蕙又轉往索羅門附近的馬紹爾群島共和國，參加由南太平洋大學舉辦的編織研討會，分享工藝文化。這是呂華蕙第七次踏上馬紹爾，十多年前，旅居夏威夷的她，就曾應南太平洋大學與我駐馬紹爾大使館之邀，來到這座島嶼。

每每她來到馬紹爾，見到居民不懂得利用當地豐富的海洋資產，總是深深惋惜。島嶼擁有豐富的天然資源，散見海岸的貝殼只要略經加工，就能化為精美飾品，提升附加價值。幾次來到馬紹爾，呂華蕙都無私地分享手藝，並將無意間發現二戰時期美軍棄置在海灘的可口可樂廢棄玻璃瓶，打磨後編織為美麗的飾品。

澎湖海洋之女，工藝分享

赴抵馬紹爾、索羅門的交流分享，也勾起了呂華蕙的兒時回憶。

起家於澎湖的大東山珠寶集團，一九六三年落腳台北南京東路前，呂家大家長呂清水憑著靈活的生意策略，打下了生意版圖，成為澎湖成功企業家，極盛時期曾擁有數十艘漁船。然而，早在一九六一年來襲的強烈颱風，卻摧毀了呂家的一切。當時意氣風發的呂清水，因為替其他漁民作保，欠下大筆債務。一度走投無路的全家大小，只好搬至蒔裡海邊，努力做起漁貨加工，期待東山再起。

自日本習得貝殼打磨技藝的鄰居見他們生活困苦，無私地傳授加工技術。記憶裡，排行老七的呂華蕙時常在家中和幾位兄弟姐妹做起手工，將澎湖貝殼打磨、穿線作成別針飾品，寄給在台北求學的姊姊，再販至西門町中華路珠寶飾品批發商場，賺取學費。

「來到馬紹爾、索羅門，分享台灣加工技術，將不起眼的貝殼化為飾品，既是分享技藝，也是分享理念。」呂華蕙說。

一個簡單的開始，如同珍珠般串起了兩國的外交情誼。這趟停留馬紹爾的行程，呂華蕙除了分享大東山五十多年來累積下的海洋工藝，一向關心孩子教育問題的她，甚至注意到當地孩童的資源不足，主動邀集馬紹爾台商吳淑靜與黃鳳林同學共同響應，捐贈了一萬支的鉛筆與文具，留下善舉。為此，對台友善的馬紹爾群島共和國總統 Hilda Cathay Heine，還特別接見呂華蕙與我駐馬紹爾群島共和國大使唐殿文一行。

因無私分享而來的意外收穫，呂華蕙早有體會。一九八六年大東山事業朝向海外發展，繼美國康州後，夏威夷也設立分公司。一九九二年大東山還化身為博物館，成為夏威夷民眾認識水晶、珊瑚等礦石的最佳寶庫。因此，興建之初原本用來向客戶介紹產品的空間，轉化為博物館，讓大小朋友隨時隨地都能來到大東山認識珊瑚、貝殼等豐富的世界海洋物產。

開館二十多年來，面積僅有一百坪、當初為紀念母親而問世的夏威夷大東山博物館，每年迎來了一萬多名的學生入館參觀；每月一千多名學生，都能在此體驗製作寶石手環，認識各式各樣豐富的寶石、礦物。

分享經驗，孕育海洋人才

地點回到台灣，一路見證台灣珠寶產業史的大東山珠寶集團，成功走向國際後，在台灣發展海洋工藝的道路上，同樣沒有缺席。

如今大東山珠寶集團總部，距離當年事業再起、昔日有著「珊瑚巷」之稱的南京東路三段八十九巷三弄，僅有一街之隔。除了一樓門市外，總樓層八層的集團總部，更藏身一座珊瑚博物館和文創基地。

地下一樓鮮少對外開放的空間，蒐集有大東山從父親一代、歷經五十多年累積下的珊瑚藝術品。原本生長在海中、顏色深淺不一的珊瑚，都在工藝師傅的巧手下，化為栩栩如生的觀音佛祖、蟠龍雕鳳等作品；而總部五、六樓，不僅時常邀來藝術家、學者舉辦講座，也常是消費者體驗手作飾品的人文空間。將珠寶飾品的消費、手作體驗，串連整合的點子，全是出自大東山珠寶集團幾位兄弟姊妹與董事長呂華苑的發想。

呂華苑幾年前離開澎湖水族館館長一職後，便返台全心投入公司對外發言的角色。來到台北南京東路集團總部，為大眾介紹大東山一路歷程的，都是排行老么的她。

擔任澎湖水族館館長期間，呂華苑早已亟力推廣海洋珠寶工藝文化；曾是「台灣優良設計協會」草創成員，現為協會榮譽理事長，並於二〇一六年獲台灣文創協會頒發「台灣文創產業奉獻獎」的呂華苑，對推動台灣新一代設計人才，更是不遺餘力。早在二〇一五年，大東山即已一改珠寶產業的業態，首度對青年學子開放實習機會。「由於材料珍貴，鮮有業者願意接受實習生。」呂華苑說。

透過華梵大學工業設計學系暨研究所教授黃士嚴的引薦，十多位華梵大學工業設計系、中華大學工業設計的學生，利用課堂所學將大東山的材料，化為美麗的工藝品。總部五樓工作坊入口處，各式風格不一的作品就是出自學生之手。二年前首度開放實習制度以來，迄今已培養了十八位學生。

湛藍無際的大片海洋，伴隨大東山呂家二代度過家族、人生事業的跌宕起伏。如今，走過五十多年，已是國際知名珠寶品牌的大東山在呂華苑、呂華蕙兄弟姊妹的合力下，也將如同海洋般，為台灣海洋文創，打磨出晶亮光澤。

專題特寫

澎湖女兒大東山珠寶姊妹，以寶石技藝推展國民外交

文／陳正筆

澎湖女兒呂華蕙、呂華苑姊妹於二〇一六年十一月二十三日，應索羅門總理之邀千里迢迢，千辛萬苦的轉機再轉機，抵達南太平洋的一個島國——索羅門群島，她們攜帶有關的機械資材一起前往。

索羅門群島是南太平洋的一個島國，位於澳洲東北方，巴布亞紐幾內亞東方，是大英國協成員之一，共有超過九九〇個島，陸地總面積共有二八、四五〇平方公里。索羅門群島的首都霍尼亞拉，是第二次世界大戰在太平洋的轉捩點所在地。

呂華苑是大東山珊瑚寶石公司董事長，她表示感謝大使館協助安排該公司來到索羅門舉行「海洋創作手工藝品研討工作坊」，為期三天的海洋創作手工藝品研討工作坊，共有四十四位來自不同省及社團的索國藝術家參加，他們發揮創意並融合臺灣風格，創造新產品設計與商機，也希望能鼓勵當地藝術家，激發她們的珠寶設計創意與技術潛能。

讓台灣澎湖揚名國際

在索羅門臺灣農耕隊，圓滿順利成功完成三天的技術研習課程，在成果發表會上，呂華苑盛裝向四十餘位新朋友面前分享歌舞，獲得滿堂喝采，而索國朋友們也一一展示他們設計創作的作品走秀，更掀起活動的高潮，大家都綻開燦爛的笑容載歌載舞，充滿熱情熱鬧的氣氛。

呂華蕙表示，此行的成功，很多事都是發揮團隊的精神，謝謝中華民國外交部的安排，索羅門的于德勝大使真是一位非常了不起的外交官，是位慈祥又有真本事的大使，是國家不可多得的人

才，而于夫人更是不簡單，賢慧可敬，這是我們此行學習到很多之一項。她感謝外交部給了這個服務分享的機會，同時也盡了一份為我們臺灣澎湖人及國際公民的責任。

呂華蕙説，「我們一路走過布里斯本、索羅門、斐濟及馬紹爾，都特別強調我們來自臺灣澎湖，也蒙馬紹爾女總統特別召見。在索羅門報紙的頭版報導我們舉辦活動的消息，連續二天獲得索國主流媒體《島嶼太陽報》及國家廣播公司的大幅報導，成功的在索國各界引起熱烈迴響，讓臺灣澎湖揚名國際，一切都是中華民國外交部的努力。」

與會的索國藝術家對於能獲選參加這次活動，感到非常驕傲與光榮。她們積極參與活動，致力融合索國與臺灣手工藝品創作風格，創造出新的產品風格，呂華苑盛讚索國藝術家的天賦極高，尤其是與會藝術家所展示的回收紙、貝殼錢、木雕及石雕及項鍊等創意作品，更是令人驚艷。

駐索羅門群島于德勝大使，感謝大東山公司前來指導索羅藝術家，也希望未來能繼續看到該公司前來索國。于大使表示，目前索國政府積極拓展觀光，本次工作坊將可協助推廣並提升索國手工藝品的水準，對於吸引觀光客購買索國產品將甚有助益。本次活動成功地啟發索國藝術家的創作靈感，增加本地紀念品的多元性，協助索國藝術品與世界接軌，將可有效的吸引國際觀光客注意，進行增加銷售數量。

前澎湖水族館館長呂華苑，以近鄉情怯的心情，日前應澎科大觀光休閒學院于錫亮院長之邀，歸返澎湖，於該院階梯教室分享遠赴索羅門進行珍珠寶石技藝傳授當地婦女的寶貴經驗，讓觀光休閒學院四十餘位同學，獲得深刻的印象與啟發。

在國際風雲詭譎之秋，澎湖女兒呂華蕙、呂華苑姊妹，以民間私人的力量，奉獻友邦鞏固邦誼的精神，獲得輝煌成果，是我們澎湖人的驕傲。

（摘錄自《澎湖時報》，二〇一七年一月九日）

附錄IV

父親「東山」再起，呂華苑「珠」光「寶」氣

享譽國際的台灣品牌「大東山珠寶」，是全球最大珍珠和珊瑚供應商之一，這個龐大的珠寶王國發跡於澎湖小漁村，創辦人呂清水一生大起大落，卻能東山再起，如今十一個子女與後代散居世界各地，堅持不分家，傳承第一代的拚戰精神，立志將台灣精品走入世界舞台。

文／高有智、謝錦芳

（轉載自《中國時報》二〇〇九年十二月二十七日）

呂清水的么女呂華苑坐鎮在光鮮亮麗的南京東路門市部，她意氣風發分享大東山集團佈局全球的各個據點，帶著滿是自信的神情，但回想當年家境窮苦潦倒，總有說不出的感傷，她年幼時還差點被送到救濟院領養，最後還是留在「大東山家族」，就算苦，還是一家人，總算走出一片天。以下是呂華苑娓娓道出家族的傳奇故事：

問：妳對父親的印象為何？他早期經營的事業很成功？

答：我父親身高一百八十公分，長得很灑脫，澎湖鄉親對他生前的印象，他常常一大早就騎著一台腳踏車，沿著海邊巡視漁船和漁具，工作很勤奮，他是第一屆澎湖水產學校第一名畢業，畢業證書還是第一號，早期也組裝澎湖第一艘電動漁船，三十六歲時就當上漁會理事長，也擔任過兩任縣議員。

風災加上父作保被倒　家境驟貧

在全盛時期，家裡有數十艘漁船，他還引進台產裕隆馬達和日製的久保田馬達，也是遠東漁網澎湖地區總代理，經銷美國奇異牌和日本東芝牌漁船專用燈泡。父親個性豪爽，為人重義氣，家裡常常就是賓客雲集，成為地方的公共論壇，我從小就要學著奉茶，和客人打招呼。

問：你家後來為何變成窮苦潦倒？

答：一九六一年葛樂禮颱風肆虐澎湖，父親損失了全數漁船，又幫漁民借款作保欠下數百萬元（當時每人的年均所得約五百元），房子、家產都被查封，只剩一台縫紉機，父親還為此曾被收押看守所，最後因違反票據法被判罰金，所以母親交代我們不能幫人家作保，也不能去賭博。

母曾送二女到救濟院　後又領回

我父親在看守所時，祖父又過世，家裡窮到沒有錢買棺木安葬，小孩又多，總共有十一個子女，母親一度想把最小的我和姊姊華娟送到「仁愛之家」救濟院，讓人家領養，不必跟著受苦，不過，最後於心不忍，才又把我們帶回家。

問：父親在最低潮時如何面對？妳和父親有哪些鮮為人知的互動故事？

答：父親始終不屈不撓，又從珊瑚加工業起家，成立「珊瑚貝殼加工廠」，創立了大東山珊瑚珠寶公司，後來也在台北設廠，舉家因此搬遷到台北，逐漸拓展珊瑚珠寶事業，他常說：「他是戰敗將軍，但不是失敗將軍，戰敗將軍跌倒了，還會站起來，失敗將軍失敗了，也就完了。」

父親晚年時，因為腦瘤開刀，雖然切除了腦瘤，身體行動卻不方便，但他還是很在意事業，家人都會攙扶到澎湖巷（珊瑚巷）門市櫃臺旁的「特別座」，他是我們的鎮店之寶，常有老顧客會前來寒喧問暖，他也有指揮全局，穩定軍心的作用。

我小時候常覺得與父母親比較有距離，父親病倒時，我還是高中生，在病床旁幫他抽痰，並照顧他生活起居，幫他刷牙，彼此距離也縮小了，關係更親密，從前以為父親是龐大的巨人，但後來發現，其實人一旦生病，也都有脆弱的一面。

父自喻戰敗將軍再起　資助多人

問：妳從小就在珊瑚工廠長大，對這樣成長過程有何印象？

答：我們是「家庭即工廠」，當時南京東路三段八十九巷三弄是知名的珊瑚巷，家裡的員工有兩、三百人，我父親招收很多學徒，來自全台各地，也照顧很多澎湖鄉親和身心障礙者，他總是希望能教給他們一技之長，有一天也能獨當一面，自己當老闆。

工廠員工和我們就像一家人，大家一起上工，一起吃飯，一起生活，我下課回家後就是開始當小童工，記憶中聽到收音機傳出廣播劇的聲音，母親總愛一邊工作，一邊講忠孝節義的故事，鼓勵員工向上向善，把所有員工當成自己的子女，她還會撮合男女單身員工，老闆娘兼媒人。

同時接觸顯貴與勞工　學會惜福

問：童年的貧困經驗，對妳人生有無特別的歷練？父母親對妳最大的影響？

答：我小時候，為了協助父母親曬魚乾，並沒有機會上幼稚園，不過，只要一有捕撈魚貨上岸，我就負責到處去找鄰居婦女來打零工，猶如「小工頭」，反而造就隱形的領導性格，也培養了溝通協調能力。

從小在工廠長大，父母親敦厚認真的身教時時影響我，因為出身珊瑚珠寶業，不但接觸達官貴人，也和基層勞工一起工作，父母親總是提醒我，不能輕看每個人，這也讓我懂得放下身段，珍惜身邊的人事物。

母是素人畫家　與雷根結緣

呂清水的太太呂洪閨淑出身書香門第，但卻從來沒有受過教育。丈夫過世後，她在六十歲第一次出國才寫下自己的名字，在排遣時間之餘，自學作畫寫字，成為「素人畫家」，十年來留下百餘幅作品，儘管罹癌依舊創作不輟，還曾贈畫給美國前總統雷根祝賀連任，雷根特地回函致謝，兩人結下特別的情誼。

呂洪閨淑出身澎湖龍門村西廟洪家，祖父洪明庭是清朝秀才，父親洪美輪也是漢文老師，不過，呂洪閨淑卻不曾唸過書，呂華苑說，據傳曾有算命師父預言母親如果會唸書，一定會不得了。

儘管沒有受過正式教育，呂洪閨淑卻發揮自學能力，持家教子，在失去丈夫後，子女安排她到美國和三子呂榮鑑同住，他買了畫筆和畫紙讓她排遣時間，沒想到卻畫出興趣，她也把多年誦經的經文擇要寫在畫紙上，送給子女親友，當作最溫暖的祝福。

出國同一年，呂洪閨淑檢驗罹患癌症，她持續創作，其中一幅就是送給雷根，原本雷根曾到台灣參觀過大東山珠寶，結識呂家人，後來移民美國的五女兒呂庫生了大場病，孫子寫信向當時總統雷根求救，希望能為媽媽打氣，沒想到雷根果真打電話給呂庫，呂洪閨淑得知後，特別在雷根連任時，創作一幅畫餽贈。

除了呂洪閨淑故事感人，呂華苑的兒子謝立根也是抗癌的小詩人，曾獲周大觀基金會頒發二〇〇四年全球熱愛生命文學獎章，並出版詩集《一〇〇個希望》。

肯替別人想　全家各盡其職

訪談呂華苑，無意間走進了六〇、七〇年代台灣珊瑚珠寶加工業興盛的時光隧道，從光鮮耀眼的精品門市店到窄小平淡的老舊巷弄，感受到大東山家族堅毅奮鬥精神，一步一腳印的成長故事，她打開了話匣子娓娓道來，一談就是六小時，言談間總是鉅細靡遺提到家族大小成員，品牌和家族故事幾乎融為一體。

擔任國際崇她台北一社社長的呂華苑，是商場知名女將，但回到大東山家族就是永遠的「阿妹」，她謙稱自己只是家族對外發言的角色，所有哥姊都可以管她，大姊呂華麗有時還會注意她的穿著，甚至寄禮券要她去買舒適的氣墊鞋。大東山的小孩苦過，如今更珍惜家人親情。

呂華苑目睹家人為還清債務和擴展版圖，彼此犧牲奉獻，尤其二姊呂華鋮當年就職馬公中學，每月微薄八百元薪水就要繳五百元償還銀行，訂婚聘金也繳納父親的罰金。

幾位兄姐從小就必須學著照顧弟妹，從曬魚乾、磨貝殼，手指都曾破皮流血，三姐呂華照當起小媽媽料理大小家事，呂滿、呂庫兩姊妹還曾在台北，跑遍大小藝品店兜售，大哥呂樑鑑年輕時候就隻身前往中國海南島設珍珠養殖場，二哥呂明鑑跑遍世界行銷大東山，三哥呂榮鑑在紐約曼哈頓從事半成品量售和原料批發，六姐呂華蕙精於設計，同時也深耕夏威夷的華人界，七姐呂華娟致力於發展海洋生技和大健康產業，她則負責教育和推廣，兄弟姊妹各有所職。

「惟善為寶」是呂家家訓，呂華苑的母親生前也是不斷告誡子女：「財富有時盡，德行彌久新，肯替別人想是第一等學問。」父母親勤儉克難的身影始終是大東山家族的支柱。

專題特寫

歐巴馬夫人加持，大東山看「漲」

金融海嘯衝擊下，國際時尚精品業績大受影響，不過，大東山珠寶集團卻異軍突起，在美國第一夫人蜜雪兒・歐巴馬加持下，全球各地訂單如雪片飛來，珍珠項鍊業績更是成長五倍以上，以珊瑚加工起家的大東山，短短四十多年間成為全球最大珍珠及珊瑚寶石供應商，寫下台灣精品的傳奇故事。

二〇〇九年四月初，蜜雪兒出席倫敦G20晚宴所配戴的珍珠項鍊來自台灣的大東山，這串珍珠項鍊是呂家二哥呂明鑑捐給「非裔美人基金會」做為慈善拍賣之用，輾轉由蜜雪兒買了下來，結果蜜雪兒意外成為大東山最佳代言人。極有生意頭腦的呂明鑑，二千年曾爭取到梵諦岡授權推廣「千禧年天主教平安文物」。

呂華苑指出，許多政商名流包括已故美國總統雷根、芭芭拉・布希、英國前首相柴契爾夫人等，都是大東山的客戶。雷根在加州州長任內曾到南京東路大東山選購禮物，做為送給尼克森女兒的結婚賀禮。

大東山「希望珍珠」系列的爆紅，背後還有一段故事。一九九六年某一天，在紐約的呂明鑑騎腳踏車出意外，當時他的事業夥伴又被同業挖角，讓他經歷生命的低潮，他於是回到台北，有一天走進位於和平東路的靈糧堂，無意間翻到《聖經》中有關珍珠的記載（「天國又好像買賣人尋找好珠子，遇見一顆重價的珠子，就去變賣他一切所有的，買了這顆珠子。」—馬太福音第十三章四十五到四十六節），於是靈機一動，推出五種天然色彩的「希望珍珠」系列。消費者在購買時，公司同時捐出一定金額給慈善團體，不料，「希望珍珠」大受歡迎，成為大東山最成功的品牌。

憑藉著不屈不撓的精神，呂清水家族一棒接一棒，第三代三十六個孫子女中，已有三分之一投入潛力無窮的家族企業，擴展全球版圖，從台灣到美國紐約、夏威夷及中國海南、香港等地，大東山也曾在中國建立了海水珍珠養殖場；從最初的珊瑚加工，成功轉型開拓珍珠市場，進而創造高附加價值的品牌，大東山家族苦拚實幹的故事具體呈現台灣精神。

附錄V

隨緣順勢、揮灑自如
——專訪大東山珊瑚寶石股份有限公司董事長呂華苑

文／編輯部（轉載自《珠寶世界》二〇一六年三月號）

呂華苑是大東山珠寶集團創辦人呂清水的八女，二十年來扮演家族事業體對外發言人的角色，大東山集團由呂清水於一九六三年創辦，第二代十一位子女繼承發揚，目前事業體遍及台灣、香港、紐約、康州、夏威夷、海南島，不僅「垂直整合」也以「多角化」發展，囊括珍珠養殖、設計、加工、製作、批發、店鋪銷售、品牌形象經營等，整個團隊將事業體如同變形蟲一般不斷開展觸角，成功多元的行銷模式讓大東山珠寶事業長勝不衰。

全家同心克服逆境

頭腦聰明、行事果斷的呂華苑在團隊中相當活躍，她說：「大東山家族成家不分家，深信團結就是力量，齊力可以斷金。」現在大東山第三代已經開始逐漸接棒。採訪這天，剛好遇上第三代經營澎湖希望天地的侄子呂恒旭與妻子來台北帶貨，呂華苑邀請他們夫妻一同入座。呂華苑受訪時分享品牌故事，等同講述家族歷史，於分享間再次強化家族傳承。

大東山的命名是寄寓「東山再起」，原來呂華苑幼年時，因父親呂清水為人作保，結果一場天災導致負債。家庭遭逢巨變，四歲起便開始工作幫忙家計，協助父母親曬魚干。呂華苑十歲時，呂清水來台灣開設珊瑚、貝殼加工廠，她也跟著父母轉學來台。當時珊瑚加工業者在南京東路三段八九巷群聚，這條巷子也被稱作「珊瑚巷或稱澎湖巷」。呂華苑每天放學回家就是幫忙做生意，串項鍊、黏珊瑚。踏入青春期，亭亭玉立的呂華苑晚上讀書，白天辦展，有時更客串模特兒，她笑稱自己是「第一代的 Show Girl」。當時的 Show Girl 不只是擺擺姿勢、拍拍照片這樣輕鬆，還要場內陳設、招呼客人、說明商品、並對顧客心理有所掌握了解，必須十八般武藝樣樣精通。

以獨特行銷手法打開新道路

呂華苑婚後陪同夫婿前往美國攻讀博士，伴讀期間除了養育四個孩子，自己也取得東密西根大學國際貿易碩士，並抽空幫報紙《世界日報》、《世界周刊》、《密西根新聞》撰寫珠寶與人生專欄。

一九九七年呂華苑返國協助家族事業，接下家族事業對外發言人的角色，並積極推廣珠寶文創設計，以豐沛的國際經驗，帶領台灣珠寶業由傳統產業成功轉向文化創意發展。

呂華苑決意要做別人沒有做過的，當時人人都在談「珠寶鑑定」，呂華苑將目標設定在「珠寶鑑賞」。台灣的產業正希望透過文化創意進行轉型，呂華苑覺得是完美的時機，開始投入品牌創新及設計提升的行列。赴美前呂華苑主要負責家族企業的金流管理，如今挾著專業所學由行銷角度切入。

二十年前返台初期，她觀察台灣消費者「怕買假、怕買貴」，呂華苑想藉由教育來提高消費者對產品的認識。政府也正極力推動「周休二日何處去？」於是她企劃辦講座，以五大主題「知性、人文、藝術、創意、設計」做為分享主軸。大東山珠寶講座推出後，深獲好評，密集到每週辦一場，呂華苑共辦了近百場主題演講。

全心致力推廣珠寶文創

演講之外呂華苑也寫書，先是在一九九七年主編了一本《希望寶石》，之後配合大東山四十週年又編寫《世界珍寶：大東山珊瑚藝術之美》專書。「我所處的時代，婦女生養孩子成長後，再想重回職場，女性大多從事傳銷、保險，我希望提供多一些職業選擇，珠寶是美的事業，由女性來銷售及創作珠寶非常合適，因此編寫《希望寶石》，使女性能親近寶石、研究寶石，幫助入行。」

在台灣的珠寶設計人才培育上，呂華苑給予資源協助，提供樣品物料給珠寶設計相關科系老師及學生，使他們實際接觸熟悉材質，在從事珠寶創作時可更加得心應手。目前他擔任台灣優良設計協會榮譽理事長，十五年期間呂華苑不只為大東山主辦了三次中華國寶珍珠珊瑚珠寶藝術設計競賽，也配合工業局的新一代設計展和台灣優良設計協會及台灣創意設計中心，贊助執行了十五屆的新一代設計競賽，二〇一七年七月更舉辦「點石成金設計競賽」。

而讓台灣揚名國際的大東山代表作「希望珍珠」（Wish Pearl），呂華苑說明是歐巴馬競選總統期間，美國紐約的二哥為了協助慈善晚會募款，因此推出「希望珍珠」讓支持者購買。歐巴馬順利當選後，美國第一夫人蜜雪兒戴著大東山的珍珠項鍊出席配戴出席多種國際場合，引發國際關注也引領「希望珍珠」和「第一夫人珠寶」的熱賣風潮。

性別非限制　女性經理人的柔軟和力量

呂華苑在二〇〇八～二〇一〇年擔任國際崇她社台北一社社長，二〇一六到一八年又回鍋再度擔任第二次的社長。崇她社重要的宗旨是為國內外的弱勢民眾，尤其是女性，爭取他們應有的權利。呂華苑認為：女性特質是職場的利器，例如女性經理人較具柔軟度，不應把優勢視為劣勢，但也不用過度伸張女權。「在我的經營管理經驗中，任何機會、任何挑戰臨到，我都是全力以赴！」呂華苑提到，「就像當年在澎湖海邊幫忙處理魚乾，為了在中午以前將魚處理好，以趕得及曬在澎湖時裡海邊，鞭策著我要往前，從做中學，從實做經驗中了解。」

不停止的拚勁和衝勁

多年推廣珠寶文創設計不遺餘力，呂華苑以自己的名字推出了時尚珠寶品牌：「大東山珠寶時尚華苑」與「華苑時尚」，價位在二千至二萬，貴而不貴，以具現代感的設計，讓人容易配搭出具有個人風格的時尚造型。珠寶不是用來炫耀財富，而應在乎配戴時候的感受。她提到：「我一直在推動消費者認識各式各樣的寶石，你的衣服就是一塊畫布，我不是賣珊瑚給你，而是提供你整體形象風格的營造。」她拿著一件珊瑚與彩虹珍珠的作品說明解釋：他們兩者的搭串，可以和服裝相得益彰。

忙碌不停的呂華苑，成立大東山文化創意有限公司後，於二〇一六年五月擔任大東山珊瑚寶石股份有限公司董事長，此外並規劃社會公益志業，以帶動在地多元就業方案。雖是不同的企業規模，但都是由呂華苑負責，讓人忍不住期待她繼續帶著無懼的勇氣，在變化的市場趨勢中，如何揮灑精彩！

影響力人物 2

澎湖女兒的珍珠人生

被人需要，為人服務的福氣哲理

Daughter of Penghu: A Pearl's Life

作　　者｜呂華苑 （Pearl Lu）
總 編 輯｜胡芳芳
出　　版｜大好文化企業社
榮譽發行人｜胡邦崐
發 行 人｜胡芳芳
總 經 理｜張成華
主　　編｜古立綺
編　　輯｜方雪雯
封面設計｜陳文德
內文設計｜林佩樺
美術主編｜楊麗莎
封面攝影｜黃世澤
行銷統籌｜張榮偉
客戶服務｜張凱特
通訊地址｜11157臺北市士林區磺溪街88巷5號三樓
讀者服務信箱｜fonda168@gmail.com
郵政劃撥｜帳號：50371148　戶名：大好文化企業社
讀者服務電話｜02-28380220
讀者訂購傳真｜02-28380220
版面編排｜唯翔工作室 (02)23122451
法律顧問｜芃福法律事務所　魯惠良律師
印　　刷｜鴻霖印刷傳媒股份有限公司　0800-521-885
總 經 銷｜大和書報圖書股份有限公司 (02)-8990-2588

ISBN　978-986-93835-4-7（平裝）
出版日期｜2017年11月8日初版
定　　價｜新台幣 399元

Printed in Taiwan

國家圖書館出版品預行編目資料

澎湖女兒的珍珠人生：被人需要，為人服務的福氣哲理：/ 呂華苑著. -- 初版.
-- 臺北市：大好文化企業，2017.11
376 面；17X23 公分. --（影響力人物系列；2）
ISBN　978-986-93835-4-7（平裝）
1.呂華苑　2.企業家　3.臺灣傳記
783.3886　　106018572